绍兴人才发展蓝皮书（2024）

中共绍兴市委党校◎编著

中国言实出版社

图书在版编目（CIP）数据

绍兴人才发展蓝皮书. 2024 / 中共绍兴市委党校
编著. -- 北京：中国言实出版社，2024. 10. -- ISBN
978-7-5171-4968-2

Ⅰ. C964.2

中国国家版本馆CIP数据核字第2024XY2130号

绍兴人才发展蓝皮书（2024）

责任编辑：张国旗
责任校对：宫媛媛

出版发行：中国言实出版社

　　　　地　址：北京市朝阳区北苑路180号加利大厦5号楼105室
　　　　邮　编：100101
　　　　编辑部：北京市海淀区花园北路35号院9号楼302室
　　　　邮　编：100083
　　　　电　话：010-64924853（总编室）　010-64924716（发行部）
　　　　网　址：www.zgyscbs.cn　电子邮箱：zgyscbs@263.net

经　销：新华书店
印　刷：北京虎彩文化传播有限公司
版　次：2024年10月第1版　　2024年10月第1次印刷
规　格：710毫米×1000毫米　　1/16　　19印张
字　数：271千字

定　价：56.00元
书　号：ISBN 978-7-5171-4968-2

编　委　会

前　言

党的二十大报告鲜明指出："深入实施人才强国战略。培养造就大批德才兼备的高素质人才，是国家和民族长远发展大计。"党的二十届三中全会为深化人才发展体制机制改革作出全面部署，一方面，实施更加积极、更加开放、更加有效的人才政策，完善人才自主培养机制，加快建设国家高水平人才高地和吸引集聚人才平台；另一方面，强化人才激励机制，坚持向用人主体授权、为人才松绑。习近平总书记关于人才工作的一系列重要论述为绍兴市做好新时代人才工作指明了方向，也为绍兴市打造人才支撑中国式现代化市域实践提供了根本遵循。

绍兴市作为长三角一体化重要节点城市，在人才发展相关的体制机制、产业平台、市场主体、人才生态等方面都进行了积极探索，其做法也具有一定的代表性。体制机制方面，绍兴市不断完善党管人才领导体制，成立人才工作领导小组，更好发挥市委在人才工作的领导核心作用；产业平台方面，绍兴市积极探索产业与人才的最优融合点，如建设印染、集成电路、袜业、珍珠、伞艺、厨具、轴承等七大特色产业工程师协同创新中心，集聚一批海内外科研院所、高校、企业等相关领域工程师，共享科技要素资源；市场主体方面，绍兴市积极鼓励企业人才管理模式创新，如绍兴市民营企业新和成集团推崇"教师文化"，企业成为培养人才的"校园"，以利于发挥人才积极性和创造性；人才生态方面，绍兴市积极打造最优人才生态，聚焦"国际化、年轻化、开放式"，围绕青年人才全链条引进、全流程服务，高标准举办全球性赛会活动，高水平构建国际人才服务体系，搭建平台载体，推动各类人才集聚发展。

回顾这几年的人才发展历程，绍兴人才工作取得了显著成效：人才吸引力方面，绍兴全市人才资源总数超 150 万；高端人才集聚方面，国家重点人才工程入选数连续两年蝉联全省第一、位居全国同类城市前列，累计集聚顶尖人才 8 人、省级以上领军人才 1100 余人；人才工作法治化方面，在全省率先起草并实施首个人才发展综合性地方法规《绍兴市人才发展促进条例》。此外，绍兴市还启动建设全省首个教育科技人才"三位一体"高质量发展试验区，多次获评全国人才工作创新最佳案例。正是由于绍兴市坚持顶层设计与抓手载体同步发展，才有了绍兴市在人才工作方面所取得的坚实硕果。

新时代人才工作已成为中国式现代化的一项重要工作，未来较长时期，每个城市都应着眼人才发展，厚植人才成长沃土。为更好优化人才体制机制、理顺人才政策主客体关系、有效破解人才发展面临瓶颈堵点，特编撰本书，与广大人才工作者交流。

中共绍兴市委党校编写组

2024 年 8 月

目 录

典型案例篇

总　论

习近平总书记强调："硬实力、软实力，归根到底要靠人才实力。全部科技史都证明，谁拥有了一流创新人才、拥有了一流科学家，谁就能在科技创新中占据优势。"近年来，绍兴市委、市政府认真贯彻党的二十大精神和习近平总书记关于做好新时代人才工作的新理念新战略新举措，大力实施人才强市战略，加快建设新时代"名士之乡"人才高地，围绕打造"年轻化、国际化、开放式"城市人才生态品牌，以"产才融合"为鲜明导向，探索出一条人才发展的市域实践之路，取得了明显成效。

一、主要成效

（一）人才吸引力显著提升

全市人才资源总数超 150 万。根据 2024 年中国城市人才吸引力排行榜，绍兴市从 2019 年的第 53 位提升到 2024 年的第 23 位，上升 30 位，表明了绍兴市对于人才的强劲吸引力。在 2023 年基层党建和人才工作述职评议中，绍兴市居全省第 2 位。

（二）海内外高端人才加速集聚

国家重点人才工程入选数连续两年蝉联全省第一、位居全国同类城市前列，累计集聚顶尖人才 8 人、省级以上领军人才 1100 余人。2023 年，绍兴市新增就业大学生 14.6 万人，创历年新高，新增青年博士首次突破 1000 人。

（三）人才工作制度建设取得新进展

在全省率先制定首个人才发展综合性地方法规《绍兴市人才发展促进条例》，于 2024 年 5 月 1 日正式实施，在绍兴市人才工作法治化、制度化进程中具有里程碑意义。

（四）教育科技人才"三位一体"率先破题

启动建设全省首个教育科技人才"三位一体"高质量发展试验区，获批设立市委教育科技人才一体化委员会，率先实现相关议事协调机构实质化整合，构建教育科技人才发展一体推进、良性循环新格局。

（五）多项工作在全国全省推广

《打造"浙里工程师"数字化平台引领产业高质量发展》获评 2023 年全国人才工作创新最佳案例，特色产业工程师协同创新中心建设、"以外引外"等工作获得省委主要领导的批示肯定。

（六）人才工作国际影响力不断提升

绍兴市成功举办 2023 世界女科学家大会、国际先进制造青年科学家大会等国际性重大活动，吸引来自美国、英国、俄罗斯、南非等 30 多个国家和地区的 600 余位科学家和国际科技组织代表参加活动。

（七）人才优先发展理念进一步强化

在将人才强市上升为首位战略的基础上，不断加强人才发展财政投入和保障，相关文件明确规定，市、县（市、区）人民政府应当将人才工作所需经费纳入本级财政预算，人才专项投入一般不低于本级一般公共预算收入的 3%。

二、特色亮点

（一）以人才管理改革试验区为突破口，深化人才发展体制机制改革

启动建设绍兴滨海新区人才管理改革试验区，出台《关于建设绍兴滨海新区人才管理改革试验区的意见》，实施"免评"、"双聘"、重大招商项目领军人才认定等 30 余项改革举措。在总结经验的基础上，继续授牌成立杭绍临空人才合作创新区、诸暨"海归小镇"、上虞"未来城"等人才管理改革试验区，制定专项改革举措，推动差异化、错位化、特色化发展。实施人才发展体制机制综合改革市级试点。制定《关于支持绍兴文理学院人才发展体制机制改革的若干举措》，以人才强校为牵引、学科建设为重点，支持绍兴文理学院结合绍兴产业特色加快推进应用型高水平大学建设。建立高层次人才"编制池"，设立 200 个事业编制，进一步畅通高校院所和企业人才流动通道。

（二）以"名士之乡"英才计划为引领，建立完善立体化引才育才体系

整合全市 13 个人才计划，制定印发《绍兴"名士之乡"英才计划 2.0版实施办法》。构建赛会引才、以才引才、乡情引才、设站引才、机构引才等立体化引才网络，突出"高精尖缺、海外、全职、年轻"等导向，重点聚焦省级"万亩千亿"新产业平台和"315"科技创新体系、"4151"先进制造业强市建设，围绕巩固提升现代纺织、绿色化工等优势产业集群，引进急需紧缺人才。健全创新型越商精英人才培养、卓越工程师培养、高技能人才培养、名师名医名家名教练培育、乡村人才培育、青年人才引进培养等重点人才培育体系。加强本土人才国际化培养，每年选派 100 名左右高层次

人才赴国内外知名高校、科研院所、重点实验室等进修深造。

（三）以产才融合为导向，打造工程师协同创新市域范例

建设印染、集成电路、袜业、珍珠、伞艺、厨具、轴承七大特色产业工程师协同创新中心，受到《新闻联播》等主流媒体栏目的关注。揭榜全省首批数字经济多跨应用场景"浙里工程师"，入驻工程师 2753 人，"浙里工程师 2.0 版"纳入《浙江省卓越工程师培养工程实施意见（试行）》。加强工程硕士联合培养，截至目前，已有 17 家研究院与 221 家企业联合开展工程硕博士培养工作，累计培育工程硕博士 1353 人，参与技术攻关项目 591 个，攻克重点技术难题 430 个，获评国家级教学成果奖一等奖。出台《关于打造新时代高素质技能人才高地助力先进制造业强市建设的实施意见（2022—2025 年）》，新增高技能人才从 2018 年的 1.6 万人提升至 2023 年的 3.5 万人，绍兴市公共实训基地被世界技能大赛中国组委会确定为"中国集训基地"。

（四）以打造青年发展型城市为目标，实施"青创未来"系列举措

2018 年以来，推出"活力绍兴智引全球"招才引智人才专列项目，已累计进入全国 40 余座城市的 400 余所高校，线上线下举办招聘会 752 场，建立招才引智联络站 80 个，并形成"博士专列"、"海外专线"、"线上专线"等多种模式。开展教育、卫健系统"千名硕博"全球引才活动。2020 年引进湖北高校毕业生超 1000 人，2022 年推出面向上海招才引智"八项举措"，重磅举办"复旦大学·绍兴周"、"清华大学·绍兴日"等活动，被主流媒体称为"最有温度的城市"。

（五）以增值服务为理念，全力优化人才创新创业生态

率先出台"增值式"人才服务十条举措。滚动实施人才服务年度"十件实事"，相关做法在《中国组织人事报》头版刊发，入选全省政务服务增值化改革"一市一品"特色亮点项目清单。推广应用"绍兴人才码"，推出

安家补贴"无感智兑"、人才公寓"码上选房"等 54 大项 101 小项服务事项，为各类人才提供个性化定制服务，实现"一码在手、服务全有"，目前绍兴人才码累计赋码 120 万人。高标准建设全省首家人才服务综合体——海智汇·绍兴国际人才创业创新服务中心，开展人才综合服务 15.2 万人次，办理人才事项 8.7 万余件。推进人才租赁住房建设五年行动（2020—2024）计划，建成绍兴国际青年人才社区、绍兴人才之家，打好"人才投、人才贷、人才保、人才险、人才板"金融服务组合拳，解决人才"发展大事"、"关键小事"。

（六）以多跨协同为路径，凝聚人才工作整体合力

树牢"管行业就要管人才、抓项目就要抓人才"的理念，先后成立市人才发展集团、市高层次人才服务中心，组建滨海新区人才工作局，在宣传部、教育局、经信局等部门设立人才工作处，压实相关部门主体责任。根据省委部署要求，推进全面加强"三支队伍"建设，结合绍兴实际，聚焦擦亮"胆剑精神"、"名士气度"、"越匠品格"三张金名片，谋划构建"1+6"政策文件体系，及重点任务、重大政策、重要活动、难点问题"四张清单"，进一步强化人才工作合力。强化教育、科技、人才一体贯通，率先建设全省首个教育科技人才"三位一体"高质量发展试验区，探索组织领导、工作力量、政策法规、资源配置等一体协同推动机制。

三、存在问题

（一）人才发展体制机制还不够完善

人才评价"四唯"问题还一定程度存在，市场评价、社会评价、用人单位自主评价等多元化评价方式运用较少，评价决定权仍主要掌握在政府一侧，市场、行业协会、用人单位的参与度不高。部分国有企业、事业单位等

不同程度存在着需要的人才引不进来、有用的人才用不起来、优秀的人才留不下来等诸多问题。人才流动还存在一定壁垒，针对当前部分人才"工作在绍兴，生活在杭州"等情况，需要进一步打破惯性思维，创新人才政策和机制，减少户籍、社保、人事、档案的限制，为人才合理流动提供政策依据。

（二）人才激励政策趋于同质化

2018年以来，二、三线城市加大人才新政出台力度，各地在"房子、票子、帽子"上加大投入，但政策较为相似。客观而言，绍兴在吸引人才的政策额度上居于全省前列，但因为绝大多数城市都出台了相似的人才政策，在政策吸引力上不具备明显优势。调研中，大多数人才表示，当初在择业时会比较各地人才政策，但目前各地给出的条件都较为优惠，人才激励政策在择业中更多属于"锦上添花"而非主导因素，而是对城市生活"性价比"、未来发展前景等因素有更多考量。

（三）高能级人才创业创新平台不多

绍兴市虽已建设纺织、化工等16家省级产业创新服务综合体，引进了上海大学、天津大学等高校院所共建35家产业研究院，但还没有能在全国喊得响的重大平台，对高层次人才的承载力吸引力还有待提升。同时，绍兴高新技术企业数量、规模以及重点实验室、博士后工作站等数量与杭州、宁波等城市相比还有差距，提供给人才施展才能的平台相对有限。在绍12所高校中尚无"985"、"211"高校或"双一流"大学，高校的高层次人才"蓄水池"作用还有待发挥。

（四）对青年人才的城市吸引力不够

一座城市是否对青年人具有吸引力，直接关系到城市未来发展的命脉和潜力。根据2024年2月浙江省青年工作联席会议发布的设区市浙江青年发展综合指数（2023）优秀榜单，杭州、宁波、温州、湖州和嘉兴获评综合指数优秀等次城市，绍兴没有进入，县（市、区）青年发展综合指数（2023）优秀榜单只有上虞区进入，一定程度说明绍兴对于青年人才吸引力有待提升。

（五）人才资源配置的市场化程度不高

实践证明，"政府引导、企业主体、市场配置"是一种较为科学完善的人才工作模式，其中，市场在人力资源配置中起决定性作用，绍兴市人力资源服务业产值占 GDP 比重 1.2%，低于全省的 2.9%。与苏州市人才及用工保障的 80% 以上是由市场机构提供相比，绍兴市仍有一定差距。

（六）用人单位尤其是企业的人力资源管理水平有待提高

人才强企是人才强市的重要支撑，企业人力资源管理服务能力则是人才强企的重要前提。通过对全市营业额 5 亿元以上的 120 家企业调研，只有 10% 的企业人力资源管理部门能够有效支撑业务发展，60% 尚处于水平较低的初级阶段。

（七）人才工作者专业性还有待提升

人才工作特别是人力资源开发工作专业性较强，绍兴市无论从政府层面，还是企事业等用人单位层面，人力资源开发工作者受过专业系统培训的比例不高，许多中小企业以兼职人员为主，日常的知识更新培训不及时，必定会影响全市人力资源开发的质量与水平。

（八）人才工作合力不够

人才工作与经济、科技、产业工作融合还欠深入，经济部门、产业部门、教育部门、科技部门与人才部门相互之间的沟通衔接还需进一步增强，"招商引资"和"招才引智"两条线资源整合不够，主动培育市场、发挥市场作用意识不强。由于思想观念、人员力量、职能定位等方面的原因，乡镇（街道）在人才发展中的作用还没有充分有效发挥。

四、下一步发展

下一步，绍兴市将认真贯彻省委、省政府的决策部署，采取更有力度的措施、提供更加优质的服务、营造更加良好的环境，在全社会营造尊重人才、鼓励创新、宽容失败的良好氛围，推动城市与人才共同奋斗、共创未来。

（一）进一步优化人才发展体制机制

深入推进人才评价和职称制度改革，突出能力业绩导向，建立科学合理的人才评价指标体系；坚持动态评价，打破一评定终身；坚持多样化的人才评价实施主体，积极向行业协会及用人单位下放职称评审权，全面推行职业技能等级认定及认定权下放，推进人才评价主体的专业化、社会化。结合绍兴市产业特色、地域特色实施特色人才政策，制定重点产业人才目录，着力引进产业发展紧缺急需人才。

（二）进一步深化教育科技人才"三位一体"集成改革

抢抓机遇，以"三支队伍"建设为牵引，优化工作机制，建设好教育科技人才"三位一体"高质量发展试验区。根据科技发展新趋势，优化高校科研院所学科设置、人才培养模式，探索建立与新质生产力相适应的专业体系、人才培养体系、教育评价体系。创新"科教＋产教"模式，推动校企"双向流动"、校研"双向赋能"，提高产学研合作效能；创新"攻关＋转化"模式，完善"企业决策、协同攻关、市场验收、政府补助"机制，积极探索中试项目全周期管理，提高科技成果转化效率。

（三）进一步提高人才工作的市场化程度

探索人才工作政府购买服务模式，把规划研究、人才评价、高端对接等专业服务采取外包的方式交由专业机构承担，积极培育专业化人才服务市场。举办好中国（绍兴）企业人力资源管理服务创新博览会，加快集聚各类人力资源服务要素，激发企业人力资源服务潜在需求，培育具有绍兴地方特色的人力资源服务产业体系。实施好人力资源服务业扶持政策，积极吸引猎头、培训、咨询、测评等各类中高端人才中介机构入驻，形成"产业集聚、人才集聚、信息集聚"的完整产业链，直接用专业的市场力量深度开发人力资源，用高端人力资源产业助推实体经济的创新与转型。

（四）进一步提高用人单位的主体地位

积极争取国家事业单位改革试点，从岗位管理、人才招聘、人才引进、职称评审、激励保障等方面改革探索，赋予用人单位更多的调配权、选用权、评价权和奖励权。落实并完善高校科研院所绩效工资动态调整机制，落实事业单位高层次人才绩效工资总量单列、科研人员职务科技成果转化现金奖励等政策。将人才密度和创新强度作为规上工业企业亩均效益评价重要指标，通过科学测评企业人才创新指数，推动能源、土地等资源要素向人才工作先进企业倾斜。每年在全市评选一批重点引才企业和人力资源管理标杆企业，给予表彰激励，不断激发企业"引育用留"人才主体作用。

（五）进一步提升人才支持与服务水平

加强财政投入，努力提升全社会研究与试验发展（R&D）经费投入。建立专项产业及人才创投资金，制定政府产业基金、人才基金股权投资管理办法，充分利用市场机制，实现政府资金与社会资本对人才创投项目支持的有机结合，在加强对优质创业创新项目资金扶持的同时，发挥财政性资金对社会资本的撬动作用。坚持分类扶持，建立天使基金、风投基金、产业基金等多种类型基金，重点扶持种子期、初创期的人才创新创业项目。鼓励更多的银行开设人才银行，逐步形成"政府资助＋天使投资＋风险投资＋银行贷款＋本土企业参股"等多位一体的金融扶持生态链，加强对人才创新创业的帮扶。深化实施人才安居工程，建立人才安居专项资金，建设人才安居房、人才小区，为人才住房提供有力保障。强化督查，查找问题，补足短板，积极帮助人才解决实际问题，提升人才满意度。

（六）进一步加强人才工作的整体合力

建立顺畅的沟通交流机制，推动组织、发改、经信、教育、科技、人社等人才工作相关部门在研究重大政策、出台经济及产业重大规划、建设重大平台、举办重大活动等方面，及时通报情况、加强信息沟通、实现资源共享，使人才工作与经济工作、科技工作和产业工作有机结合、相互支撑、相互促进。依托专业机构，建设一个稳定的、常态化的人才资本对接平台，加强供需摸排，通过经常性的人才专项计划评审、论坛、路演，有针对性地邀请企业、人才、金融机构参加，实现"人才＋项目、人才＋技术"的多点融合。

（七）进一步发挥乡镇（街道）在人才发展中的基础性作用

乡镇（街道）是人才工作的基础单元。《绍兴市人才发展促进条例》第四条明确规定，乡镇人民政府、街道办事处负责开展本辖区内人才工作。下一步将采取包括完善对乡镇（街道）及其领导班子考核办法、表彰宣传工作先进、加强工作人员专业培训等措施，增强乡镇（街道）人才工作力度。

政策法规篇

第一章

绍兴人才政策研究

近年来，绍兴市委、市政府高度重视政策在人才工作中的引领作用，结合新的发展形势和需要，按照更加积极、更加开放、更加有效的总要求，不断修改完善，从 1.0 版 2016 年人才新政"20 条"，到 2.0 版 2017 年人才强市三年行动计划，到 3.0 版 2019 年高水平建设人才强市的若干政策，再到 4.0 版 2021 年关于加快建设新时代"名士之乡"人才高地的若干政策，为推动人才工作高质量发展提供了强有力的人才政策体系支撑。

一、近年来绍兴人才政策的发展概况

2016 年，绍兴市出台"绍兴人才新政 1.0 版"——《关于加强高层次科技创业创新人才队伍建设加快推进创新驱动发展的意见》（绍市委发〔2016〕38 号），简称"绍兴人才新政'20 条'"，涵盖了人才引进、培育、扶持、激励、保障、服务等多个环节，首次提出以货币化、市场化方式解决高层次人才住房保障问题。突出"高精尖缺"导向，加大高层次科技创业创新人才项目资助和创业扶持力度，初步形成了绍兴现行人才政策的框架体系。

2017 年，绍兴市出台"绍兴人才新政 2.0 版"——《高水平建设人才强市三年行动计划》（绍市委发〔2017〕106 号），对未来三年全市推进人才强市建设作出了总体部署和安排,强调人才内外并重,把绍兴"海外英才计划"发展为"海内外英才计划",将引才对象扩展到国内高层次人才,在重视高端人才的同时,也加大了高校毕业生的引进力度,再加码吹响了新时代人才事业的冲锋号。

2019 年,绍兴市出台"绍兴人才新政 3.0 版"——《高水平建设人才强市的若干政策》(绍市委办发〔2019〕92 号),整合了原来 13 个单独的人才政策,形成 1 个政策文件,对技能人才、大学生创业、博士后等相关政策进行了全新升级,加大了创业创新、企业博士后工作站等人才政策的奖补力度,提高了多项政策补助标准,形成了更加完善的人才政策体系。

2021 年,绍兴市出台"绍兴人才新政 4.0 版"——《关于加快建设新时代"名士之乡"人才高地的若干政策》(绍市委办发〔2021〕39 号),包括实施更加积极的人才招引政策、更加有效的人才激励政策、更加开放的创业发展政策、更加贴心的服务保障政策等四部分,对人才项目扶持、高层次人才安居、本土人才培养等政策进行进一步完善,新增"名士之乡"特支计划,分层次遴选十大领域的高级专家、拔尖人才和青年拔尖人才,体现了对象更加精准、涵盖范围更广、政策更可持续、人才获得感更多的特点。

总的来看,人才政策在内容方面主要包括引进培养政策、强化创业扶持政策、优化服务保障政策和强化政策兑现落实四个部分,按受益主体包括企业、人才、第三方机构,按人才类别分包括高层次人才、高校毕业生、社会事业人才、高技能人才,按服务事项包括奖补类事项、服务类事项。应该说,经过这些年的迭代完善,绍兴市人才政策已经形成涵盖人才工作全链条、全周期的体系。

二、人才政策的积极成效

积极发挥政策作用,引导企事业等用人单位发挥主体作用,引进各类人才、重视人才培育,以人才驱动高质量发展。同时尽可能为各类人才在绍兴创新创业提供支持帮助。

（一）为企业等用人主体授权

支持企业自主认定人才，给予上市公司、专精特新"小巨人"企业、地方贡献靠前的高新技术企业以及投资额50亿元以上的重大招商项目和内生项目人才认定自主权，允许重点产业人才适当放宽人才项目的申报资格条件。积极推进企业技能人才自主评价，符合条件的企业可根据国家职业技能标准或评价规范，结合生产经营特点，自主确定评价标准，运用理论知识考试、技能操作考核、业绩评审等多种方式面向本单位员工开展技能人才自主评价。员工获得的职业技能证书由企业自主认证后纳入人社部门等级证书信息查询系统，效用等同于国家职业资格证书。

（二）降低引才、育才、用才成本

工资收入和成长平台事关各类人才的基本生活与未来发展。人才政策支持企业引进培养产业紧缺人才，在降低单位人力成本上给予最大的政策支持。（1）降低人才引进成本。2018年开始，绍兴市县联动开展了历史上规模最大的招才引智"春秋专列"计划，绍兴大部分的企事业HR都曾跟随专列到全国重点高校引才，费用基本由财政承担。除此之外，还有几项补贴：一是大学生来绍参加人才交流活动补贴，对受邀参加应聘求职、短期实习等人才交流活动的高校在校生，给予交通补贴，安排食宿。二是大学生就业见习实习补贴，对来绍见习实习的高校在校生，给予相应交通补贴、见习实习补贴。（2）降低人才培育成本。政策涵盖了单位发展需要的多个层次人才的培养，重点是技能人才的培养，解决企业发展过程中技工短缺的问题。此外，符合条件的人才赴国内外进修深造、参加职业培训并获得技能等级的，以及攻读工程硕士、工程博士并取得学历、学位、工程师职称三证的民营企业人才等给予一定补助。对企业实行新型学徒制、招聘校企合作定向培养毕业生也给予一定补助。（3）降低人才使用成本。主要包括在安家补贴、专家津贴、首席技师岗位津贴、高层次人才薪酬补助等人才补贴方面政府给予一定支持。对企业引进的人才，在正常工资以外，政府再每年多发一笔额外的"津贴"。

（三）打通人才成长通道

除了用人单位对员工成长的培养以外，政府也根据人才政策授予人才各种学术称号、荣誉，为各类人才评定相应职称和技能等级等，并给予相应奖励。如国家和省级引才计划人才可直接申报认定高级专业技术资格，市"名士之乡"英才计划人才、市专业技术拔尖人才可直接申报高级专业技术资格。推动高技能人才与专业技术人才职业发展贯通，从之前单一工程系列扩大到农业、工艺美术、文物博物、实验技术、艺术、体育、技工院校教师共8个系列，推进职称制度与职业资格、职业技能等级制度有效衔接，提高技能人才待遇和地位，打造创新型、应用型、技能型人才大军。同时，专业技术人才也可以参加职业技能评价，激发广大青年学技术、学技能的积极性。对解决重大工艺技术难题和重大质量问题、技术创新成果获得省部级以上奖项的高技能人才，可破格晋升职业技能等级，并单列一定名额支持申报高级专家、拔尖人才和青年拔尖人才。

（四）解决人才关注的痛点、难点问题

《人才强企人力资源管理调研诊断报告》显示，人才选择绍兴的原因中，总体生活满意度、住房保障、儿童保育和老人照看、基本医疗保障都是人才的关注点，很多问题光靠企业的力量很难解决，人才政策需着力打通这方面的堵点。（1）解决人才落户问题。落实《绍兴市户口迁移登记暂行规定》，实行引进人才零门槛落户、先落户后就业。（2）解决人才住房问题。启动实施人才安居工程，通过人才公寓、人才租房补贴、人才房票等多种途径，解决人才的住房问题。推行国际青年人才社区"7天免租"入住、上虞青春公寓"零元入住"等。（3）解决子女入学问题。建立实施绍兴市引

进高层次人才子女"教育绿卡"制度，符合条件人才的子女在义务教育段可选择就读学校一次，幼儿教育段的由教育部门统筹优先安排就读，高中段的通过中考成绩折算，对符合本地学校录取条件的，可转入相应学校就读。（4）解决人才服务问题。推出高层次人才服务"一卡通"制度，提供创业创新、医疗保健、文体休闲、交通出行、出入境签证等方面的优惠政策和便捷服务。妥善安排来绍高层次人才配偶就业。根据国家和省市有关政策，畅通外国专家来绍创新创业"绿色通道"，落实外籍人才服务一窗受理、一类事办理，支持 AB 证外籍人才在全市国有旅游景点享受市民待遇。

（五）支持单位建设更高水平人才发展平台

筑巢才能引凤。人才平台是培养和集聚各层次人才、促进人才作用发挥的重要载体，加快搭建人才干事创业的平台成为一种战略选择和必然趋势。越来越多的企业高度重视人才平台建设，通过平台招到了人才，尝到了甜头，如新昌的新和成集团，是绍兴市最早设立博士后工作站的一批企业，现在每年进站的博士后都在 10 人以上，博士后工作站也为企业贡献了许多研究成果，多个产品已实现产业化，填补了国内空白，打破了国际垄断。企业可以借助政府出台的人才政策建立院士工作站、外国专家工作站、博士后工作站、博士创新站、学会服务站等人才平台，鼓励支持企业依托自创自建的企业研究院、企业技术中心等平台自主引进高层次人才，提高人才密度和创新能力。发挥绍兴民间资本充足、民营经济发达优势，通过"政府引导＋企业投资＋专业运营"模式，鼓励民营企业将老旧厂区、空置厂区改建成为人才创业园，为落地人才提供"一站式"配套服务。目前，全市已运营民营才创园 10 个，吸引资本近 70 亿元，引进海内外优质人才项目超 250 个。

三、建立人才政策闭环机制

为了确保人才政策宣传好、执行好、实施好，充分发挥政策作用，绍兴建立了人才政策调研、起草、制定、宣传、实施、评估、完善等环节在内的闭环机制，尤其重视政策发布后的宣传实施。

（一）加强政策宣传解读

为了使广大用人单位、人才广泛知晓绍兴人才政策，人才相关职能部门采取多种措施，包括召开新闻发布会、印制人才政策宣传册、在各类人才活动中专题宣讲、在全国性网站及高校网站与微信群发布等。

（二）制定政策兑现细则

开展政策"最优颗粒度"梳理。按照"减材料、减环节、减时间"，"直兑、即兑、快兑"的原则，对人才政策进行"最优颗粒度"梳理，对兑付类型、申请材料数、办理环节、办理部门、审批承诺时间、责任部门等事项进行细化优化。在政策兑现系统上线100多个政策事项，实现全市所有人才政策事项"一网通办"。

（三）优化政策兑现办事流程

为了推进政策兑现网上办、不跑腿，市委、市政府开发建设了"越快兑"、"无感智兑"等网上办事窗口，实现人才政策事项及时主动兑现。此外，对成功申领"绍兴人才码"人才可通过数据共享、数据比对完成自动审批，无须提交申请，职能部门将资金按月拨付至申请人市民卡账户。建立容缺受理机制，申请人提供的主要材料符合政策兑现条件，但次要材料或手续有欠缺，提供书面承诺后受理部门可先予受理和办理，缺少的材料在兑现前补充即可。对新引进到岗但尚处于缴纳社保过渡期的青年博士，在签订正式劳动合同且用人单位和个人承诺后即可按规定申请人才政策。这意味着青年博士与用人单位签订劳动合同后，就可以快速通过绍兴"人才码"直接申请房票补贴、安家补贴等，高效解决人才安居等需求。

（四）开展人才政策绩效评价

定期对人才政策出台、预算安排、政策执行、执行成效等进行评价，根据评价结果对政策逐条提出废止、保留、修改等意见，以进一步优化完善人才政策。

四、政策实施过程中的主要问题

近年来，城市之间的人才竞争加大，突出表现在政策之间的竞争。如2024年1月2日，温州市重磅发布4.0版"人才新政40条"，引聚更多人才"来温州·创未来"，该政策最大特色就是坚持人才为本的理念，40条政策的前7条都是关于人才认定、住房、子女教育、家属就业、落户、社会保障、生活服务等事关人才切身利益的事项。绍兴的人才政策虽经过多次修改完善，但面对新的发展形势和要求，与周边地市相比，仍存在一些不足。

（一）政策不够精准

人才政策面大量广，散落在各个部门、各个文件，且政策调整较快，没有统筹规划一套全系列全配套全衔接的实施细则，需要时找起来费时、用起来费事。此外，针对重点产业特别是未来产业领域的专项人才政策不够健全。

（二）重事务性规定轻机制性规定

推进人才工作创新发展和高质量发展，体制机制是核心问题、首要问题。纵观目前的人才政策，关于人才引进、使用、培养等方面具体事务相关规定比较多，但有些在执行层面还缺乏具体的细则，如人才柔性使用作为一种十分重要的人才使用、流动方式效果明显，但缺乏相关规定。

（三）重高端人才轻基础性人才

人才队伍是由各类人才组成的有机系统，虽然高层次人才在经济社会发展、科技创新中具有引领作用，但他们作用的发挥也离不开其他层次人才的支持。具体政策方面往往更偏向于对高层次人才的支持，对基础人才的支持相对较少。

（四）重引进轻培养

无论从政府层面还是用人单位层面，普遍存在重人才引进、轻人才培养等问题。人才引进后续培养机制不够完善，引进培养评价标准较为单一，缺乏定性定量的综合测评指标，导致人才引进难、培育难等问题依然在一定范围内存在。

（五）重政府引导轻市场调节

政府仍然是人才公共服务的主要提供者，随着形势的发展，依靠政府的"保姆式"服务难以满足日趋多元化、个性化、高端化的人才服务需求。人才市场服务体系不够健全，人力资源服务企业主要集中在劳务派遣、人才招聘等传统行业和领域，但科技评估、品牌营销、科技中介等服务型机构功能相对欠缺，缺乏有实力、规模大、市场认可度高的人力资源服务机构。

（六）重鼓励创新轻容错免责

面对日趋激烈的竞争，建立健全创新创业项目容错免责机制，营造鼓励创新、宽容失败环境，让人才及人才工作者放下包袱，轻装上阵，具有更为重要的现实意义。现有人才政策关于容错免责制度规定的对象较为狭窄，更多的是针对人才工作者队伍，而对于人才本身的容错免责规定有所欠缺。同时，容错免责规定内容较为宏观，对于容错边界、容错免责的程序和认定标准等有待进一步细化。

五、下一步建议

针对这些问题，建议在全面深入调研、对以往政策绩效评估的基础上，借鉴周边地市好的做法，结合绍兴市实际，坚持服务发展、人才为本、统筹兼顾的原则，坚持问题导向、效果导向，对人才政策进行全面优化、系统集成、结构重塑，形成相互衔接、务实管用的政策体系，提高绍兴市在激烈的人才竞争中的政策优势。

（一）优化青年人才政策

虽然近年来绍兴市对青年人才工作高度重视，新增大学生就业数连创新高，但 2023 年绍兴市没有进入浙江青年发展综合指数（2023）优秀榜单，在青年发展环境、青年生活品质、青年人文素养、青年职业发展、青年权益保障、青年社会参与和青年人口态势 7 个一级指标中只有青年人文素养进入优秀等次。因此，要认真对照《绍兴市中长期青年发展规划（2021—2025 年）》，查弱项补短板，进一步优化政策支持和社会环境，帮助青年解决就业、住房、婚恋、养老等多方面难题，更好满足青年多样化、多层次发展需求。

（二）统筹优化包括高素质劳动者在内的人才保障政策

自 2012 年以来，我国劳动年龄人口每年以三四百万人的速度逐年递减，尤其是随着我国劳动年龄人口的平均受教育年限从 2010 年的 9.08 年提高到了 2024 年的 10.8 年，除了对人才的住房、子女教育制定政策之外，对农民工的公租房、子女教育也要出台相应政策。要树立人人皆可成才的理念，修改完善农民工的公租房、子女教育等相关保障政策。

（三）优化支持产才融合发展政策

产是才之基，才是产之魂，产才融合是发挥人才驱动作用的关键要领。人才与产业深度融合，是今后人才工作发展的重要方向。这几年卓越工程师、技能人才队伍建设按照产才融合要求加大建设力度，取得了一些成绩，但仍存在专业对接不充分、人才培养理念滞后、产学研结合机制不健全、人才流动不畅、人才培养与评价体系不完善等一系列问题，需要进一步优化政策，完善专业人才需求库，改进人才培养、评价办法，注重培养应用型、创新型和国际化人才，促进企业、高校和科研机构之间的深度合作交流。

（四）优化推进人才管理改革试验区建设政策

聚焦地方重点产业方向，支持和指导人才管理改革试验区制定差异化专项人才支持政策。支持滨海新区人才管理改革试验区在"30条"重点举措基础上，谋划新一轮改革举措，进一步推广人才"举荐制"等改革成果；围绕光电人才高地建设目标，支持杭绍临空人才合作创新区探索建立杭绍人才互认机制；支持上虞"未来城"人才管理改革试验区聚焦青年人才，在人才安居、创业发展等方面谋划支持力度更大、操作性更强的人才专项政策；推动诸暨海归小镇人才管理改革试验区人才专项政策落地实施，争取欧美同学会创新创业大赛空天装备产业赛永久落户。建立与北京、上海、广州等人才改革先行探索地的联动机制，借鉴和落地一批好经验好做法。

（五）优化人力资源服务业政策

实施更加开放的人力资源服务业扶持政策，实施人力资源服务增值化改革行动，充分利用现代信息网络技术，统筹推动人才有形市场和无形市场、普通性市场和专业性市场以及城乡市场建设，充分发挥市场机制在人才引进、培养、使用、评价等方面的基础性作用，有效发挥市场的人才价格机制、供需调整机制、培养开发机制、评价发现机制、流动配置机制及竞争激励机制等。鼓励发展人才猎头、创业孵化、人事代理、人才培训、人才规划、人才评估、人才绩效、薪酬体系、人才创业指导和服务等人才服务中介产业，加强人才资源开发专业人才队伍培养教育。

（六）优化激励创新、宽容失败的政策

认真贯彻落实《绍兴市人才发展促进条例》《绍兴市人才工作容错免责清单》，健全完善严格的知识产权保护制度、符合人才创新规律的科研经费管理办法，健全知识产权侵权预防、预警、应对和维权援助等机制，完善容错免责的具体实施程序和办法，鼓励支持人才创业创新。

第二章

绍兴人才发展体制机制改革研究

体制机制是管根本、管长远的。体制顺、机制活，则人才聚、事业兴。党的十八大以来，习近平总书记更是站在党和国家事业发展全局的战略高度，对人才工作提出了一系列新理念新战略新举措，要求坚持深化人才发展体制机制改革，提出要着力破除体制机制障碍，向用人主体放权，为人才松绑。

一、管理体制改革

2016 年，中共中央印发《关于深化人才发展体制机制改革的意见》，在改革人才管理体制方面把理顺政府、市场、社会、用人主体关系，明确各自功能定位作为改革重点，着力加以推进。近年来，绍兴认真贯彻落实党中央决策部署，积极推进人才管理体制改革，取得了明显成效。

（一）绍兴市人才发展管理机制改革措施

1. 积极完善党管人才领导体制。将人才强市创新强市上升为首位战略，成立由市委书记任组长、市长任第一副组长的人才工作领导小组，根据需要动态调整人才工作领导小组成员单位，更好发挥市委统揽全局、协调各方的领导核心作用。组建市委教育科技人才一体化委员会，建立人才科技工作述职评议和目标责任制，加强统筹力度。推动宣传、经信、教育、科技、人社、卫健、科协等重点部门设立人才工作处室，成立市人才发展集团、市高层次人才服务中心、市人才发展研究院，设立驻北京、上海、深圳、成都 4 个招商引智办事处，进一步推动人才工作力量变革重塑。2022年以来，依托重点人才工作推进例会"组团式"破解人才发展难点问题 250余项。

2. 保障和落实用人主体自主权。聚焦用人主体和人才发展需求，制定出台《绍兴市人才发展体制机制综合改革试点方案》，提供授权人才项目自主评审、授权人才薪酬绩效自主管理、授权高级职称直接评聘和中级及以下职称自主评审等 10 项授权事项政策"工具箱"，并确定 15 家首批市级试点用人单位，全面放开高校职业技能等级认定工作。越城区 2021 年以来将工程技术领域中初级职称评审权下放到企业。

3. 健全市场化、社会化的人才管理服务体系。积极加强人力资源服务业建设，培育各类专业社会组织和人才中介服务机构，人力资源产业园实现区、县（市）全覆盖，截至 2023 年底，全市共有人力资源服务机构 683家，从业人员 2579 人，全年营业收入 146 亿元，帮助实现就业和流动 41.7万人次。连续六年举办绍兴市人力资源发展大会，开展企业人力资源管理能力提升培训、HR 冠军挑战赛、HR 游学会、知名猎头对接会等丰富多彩活动；发布绍兴市人力资源服务业研究报告和绍兴市人力资源服务业榜单。

4. 加强人才管理制度体系建设。在不断完善人才政策体系的同时，制定《绍兴市人才发展促进条例》，明确规定了人才工作中的政府职责，包括开发区管理机构和乡镇人民政府、街道办事处的工作职责、部门职责等。规定了市、县（市、区）人民政府应当构建完善县（市、区）、部门间人才工作协同机制，以及人民团体和社会组织做好人才的沟通、联络、推荐、服务等工作，落实用人单位自主权等内容。

对照中共中央印发的《关于深化人才发展体制机制改革的意见》要求，

面对新的发展形势与任务，绍兴市人才发展体制机制改革建设仍存在一些问题与不足，包括工作上条线作战，资源合力不强，相关自主权还没有做到应放尽放；同时也存在相关权限下放后用人单位承接基础不牢、能力跟不上，人力资源服务业不够强等问题，需要进一步解放思想、勇于创新、推进改革。

（二）推进绍兴市人才发展管理机制改革的建议

1.进一步优化党管人才工作机制。要树牢"大人才观"，着力构建"大人才"工作格局，加强党对人才工作的全面领导，发挥党总揽全局、协调各方的领导核心作用，进一步完善政治引领、责任落实、争先创优、多元投入、队伍建设机制，推动形成党建统领、整体智治、高效协同的人才工作新格局。优化完善人才工作考核机制，在考核办法中单设人才发展体制机制综合改革专项，将人才管理改革试验区建设成效、人才发展体制机制综合改革市级试点推进速度、人才政策制定创新度等辨识性改革成果纳入综合考核范围。

2.进一步向用人主体放权。进一步明确优化政府人才管理服务权力清单和责任清单，推动人才管理部门优化权力清单。聚焦用人主体改革需求高频事项，迭代优化政策供给体系，不断丰富政策工具箱，给予人才"引育留用"更大自主权。精准衔接省市两级改革试点工作，优先推荐人才发展体制机制综合改革市级试点单位申报省级试点，积极向上争取高级职称自主评审、省级人才项目自主评审、特级技师、首席技师自主评价等政策支持。

3.进一步发展市场社会力量。实施好绍兴市人力资源服务业高质量发展三年行动计划，推动人力资源服务业企业规模不断壮大、专业能力不断提升、集聚效应不断显现、数字化水平显著提升、规范化程度显著提高、发展环境日益优化，全面推进人力资源服务与重点项目、重点特色产业深度对接协同，持续做深"人力资源服务业＋制造业"文章。坚持"专业的事由专业的人做"的理念，加大人才发展领域政府购买服务力度，让更多的社会组织参与人才工作。

二、引进机制改革

（一）探索实施"引才十法"

人才引进按是否迁移户口、转人事关系来分，可分为刚性引进和柔性引进。刚性引进是行政机关、企事业单位人才引进的普遍方式。在这方面，绍兴市以"量质并举"为前提，探索实施"引才十法"，其中最具代表性的举措主要包括：

1. 以外引外情感引才。依托浙江（绍兴）外国高端人才创新集聚区、国际科学家交流中心等国际化人才交流平台，通过园区共建共治、设立"以外引外"专项奖励、提升文化认同等方式，激励海外人才深挖"亲友圈"，帮助引进与绍兴产业相匹配的高水平创新型人才。例如，浙江（绍兴）外国高端人才创新集聚区入职的海外人才已引荐集聚省级及以上海外高层次人才16人。某俄罗斯专家入职新昌万丰航空并入选国家级领军人才后，说服从事高端纺织机械研发的妻子来华发展，属地相关部门了解后第一时间推荐给当地纺机企业，也成功入选国家级领军人才。

2. 双招双引同频引才。坚持人才招引与产业发展同步规划、招商引资与招才引智同步推进，设立北京、上海、成都、深圳四大驻外招商引智办事处，强化"双招双引"意识，将人才引育作为项目引进的必谈条款，将人才指标作为项目评估重要维度，将人才发展作为项目赛比重要依据。对投资超过50亿元的重大招商项目、重大内生项目集聚的高层次人才，符合相应条件的予以直接认定。2023年，全市通过"双招双引"集聚省级以上领军人才38人，引进青年博士110人，与香港科技大学、深圳湾实验室等多个平台实现项目合作。

3.专设赛道精准引才。将办好人才大赛作为精准引聚紧缺产业人才的重要载体，高质量举办全国高校"精材成器"新材料创新创业大赛、全国大学生软件创新大赛等全国性赛事，每年举办海内外高层次人才创新创业大赛、"万亩千亿"新产业平台全球创业大赛，围绕数字经济、生物医药、智能制造等重点领域设置7大赛道，一、二、三等奖项目落地后可直接认定为市级领军人才并给予政策支持。在绍兴"名士之乡"英才计划评审中设立集成电路专项，明确数字经济相关人才入选占比不低于30%。目前，全市直接认定大赛获奖项目43个，评审认定数字经济领域人才项目105个。

4.开行专列开放引才。坚持"引进来与走出去"相结合，立足主导产业、特色产业紧缺急需，连续7年双向开行招才引智"产业专列"、"学院专列"、"海外专列"，举办"就爱在绍兴"高校人才周活动，覆盖国内40多个城市、400余所高校及相关二级学院，打造"活力绍兴、智引全球"开放式引才品牌。近三年全市年均新增海内外高校毕业生超12万人，2023年新增青年博士超1000人，青年人才流入流出占比跃升至全国第21位。2023年，上虞区通过市场化方式赴东南亚对接交流，与马来西亚拉曼大学等境外高校达成战略合作，为大学生到企业实习实践提供了更多的机会。

5.校地共融联动引才。立足重点高校科研优势、人才优势和地方产业优势、资金优势，通过创新开展科技攻关、共建科研平台等合作方式，畅通校地人才合作流动渠道，实现共引共育。例如，高质量举办"复旦大学·绍兴周"活动，依托复旦大学资源推进绍芯实验室2.0建设，共建复旦曹娥江基础研究基金，共同引进集聚优质人才。充分利用浙江大学资源，高标准建设浣江实验室，大力引聚尖端人才开展航空航天技术攻关，短短不到一年就实现省顶尖人才零的突破，迅速集聚7名国家级领军人才。深化推广工程硕博士"1+2"联合培养模式，与多个高校联合培养工程硕士500余人，一大批人才毕业后直接就地入职培养企业。

6.改革授权快捷引才。推动教育科技人才一体贯通协同，建立健全以用人单位为主导的人才引进评价机制，以包容信任为基础的人才使用激励机制。积极探索开展人才发展体制机制综合改革市级试点，赋予首批 15 家试点单位人才评审、资金管理等方面更大自主权，科技人才项目经费"包干制"入选第一批省级科技人才发展体制机制"揭榜挂帅"改革试点。全力打造滨海新区、杭绍临空人才合作创新区、诸暨"海归小镇"、上虞"未来城"等人才管理改革试验区，开辟法人举荐、薪酬认定、青年科学家"免评审"等人才认定"直通车"系列改革举措，快速高效引进高层次人才。

7. 赋能激励自主引才。深入践行"四下基层"，每年年初组织开展"百院千企"大走访大调研活动，常态化加强与企业沟通衔接，摸排了解企业用才缺口，激活企业引才主体意识、发挥引才主体作用。用好全市 5000 余名驻企服务员队伍，下沉企业面对面讲解辅导最新人才政策，帮助提升企业引才用才能力，协调解决引才用才难点问题。对于引进省级以上领军人才的用人单位，人才全职到岗后，给予引才奖励，民营企业引才积极性不断提高，2023 年入选国家重点人才项目的 151 人中，有 132 人依托民营企业申报入选，占到 87.4%。

（二）探索人才柔性引进方式

柔性引进是根据市场经济条件下人才引进方式多元化和人才社会化发展的要求，采用的一种打破国界、地域、户籍、身份、档案、人事关系等因素制约的人才引进新模式。这种柔性引进的人才，户口不迁、关系不转、双向选择、来去自由，具有操作简便、灵活实用、权利清晰、可选性大、量广质优等诸多特点，特别适用于绍兴这样的城市，已被绍兴市众多企业广泛采用。总结绍兴市人才柔性引进方式，主要有以下几种：

1. 聘请顾问。企业不惜重金访贤求才，聘请国内外高等院校、科研院所的专家、教授、高级工程师担任企业的政策、管理、技术、信息顾问，参与公司的技术开发、项目论证、经营决策与市场谋划等活动，为企业的稳健发展提供智力保障。

2. 课题攻关合作。企业与高等院校、科研院所合作开发科技含量高的产品。

3. 国际技术合作。寻求国际合作，引进国外先进技术，推动产品创新，实现技术开发质的飞跃，也是绍兴企业柔性引进国外高层次人才的重要举措。

4. 设立博士后流动工作站。绍兴博士后工作经过20多年的发展，实现从无到有、从有到优的突破。截至目前，绍兴市已建有博士后工作站154家，在站博士后已超过470人，其中国家级博士后工作站33家，浙江新和成股份有限公司获得独立招收培养资格。

5. 委托开发。企业与大专院校、科研院所及其技术人才签订某项技术开发协作合同，明确规定双方的权利和义务。合作双方相互比较了解，这类合作往往是细水长流型的。

6. 共建研发机构。实行这种方式的企业大多是高新技术企业，本身具有一定的经济实力和研发能力，为了进一步提升企业的核心竞争力，与高校院所共建研发机构。共建研发机构按建立地点分主要有三种模式：（1）研发机构在企业，高校院所派技术人员来企业；（2）研发机构在高校院所，企业派技术人员、出经费；（3）研发机构建在企业与高校院所外的第三处。共建研发机构按目的又可分为三类：（1）以研究方向为导向，开展战略性的产学研合作；（2）以产品开发为导向的一般科研合作；（3）以人才培养为导向的科研合作。

7. 专利、技术入股。企业与拥有专利技术的高校院所科研人员合作，由企业投资、科研人员以其专利、技术入股参与收益分配。

8. 并购企业引才。企业为了提高研发能力，通过并购外地有一定开发实力的企业，达到占有人才、企业快速扩张的目的。

9. 硕博士假期实习。企业为在读硕士、博士提供挂职锻炼和社会实践基地，此期间的研发成果为企业所用。期满后，这类人才很可能被企业刚性引进。据统计，每年都有几百名硕博士来绍兴市挂职锻炼和参加社会实践，专业涉及经济管理、企业管理、法律、纺织、精细化工、机械制造、环境保护、计算机、医学、医药、能源工程等几十个专业。

10. "星期天工程师"。聘请高等院校、科研院所的技术人才来企业兼职，利用业余时间完成企业的技术任务，企业提供相应报酬。这类人才多数是以个人名义利用双休日为企业开发产品，提供技术服务。

综观绍兴市人才引进方式，主要有以下两方面特点：一是紧缺高端人才柔性引进相对较多，其余人才刚性引进较多；二是从大院名校引进人才使用柔性方式较多，从企业引进人才使用刚性方式较多。柔性引进人才已经成为绍兴市许多企业人才引进的主要方式。绍兴市人才需求缺口长期存在，来自上海等发达地区的"星期天工程师"为填补这一缺口发挥了重要作用。但调研中，基层和企业普遍反映，由于政策对柔性引才的规定不够详细，有些事情很难操作。而温州、厦门、合肥、石家庄等许多地市都规定了专项的柔性用才的具体办法。《绍兴市人才发展促进条例》已明确要求制定柔性用才具体办法，建议绍兴市职能部门在深入调研的基础上，结合绍兴市实际制定《绍兴市柔性招才引智办法》，秉承"不求所有、但求所用，不求所在、但求所为"原则，在不改变和影响市外人才与所属单位人事、档案、户籍、社保等关系的前提下，采取引才补贴、薪酬补助、人才津贴、优化服务等方式，鼓励支持市外优秀人才（团队）利用周末、法定节假日或业余时间，通过顾问指导、兼职服务、联合攻关、成果转化、退休特聘等形式提供智力服务。结合其他城市专项的柔性用才的具体办法，绍兴市可从如下三个方面明确柔性用才的含义方法、支持措施和兑现程序。

1. 明确柔性用才的具体含义及方式方法。如《石家庄市柔性引才实施办法（试行）》规定柔性引才是指石家庄市用人单位在不改变引进人才的户籍、档案、社保、人事等关系的情况下，吸引高层次人才到石家庄市工作或创业的人才引进方式。提出了项目合作引才、挂职兼职引才、创新平台引才、以才引才聚才和其他柔性引才五种方式。柔性引进人才的服务年限原则上不少于1年，每年在石家庄市工作时间一般累计不少于1个月。对设在市外的研发机构全职聘用人才，工作时间按全职计算。

2.明确柔性用才的支持措施。如《温州市柔性引才实施办法（试行）》对"人才飞地"引才、校地平台引才、短期聘用引才、股权投资引才、退休返聘引才、工作站点引才、项目合作引才等七类情形都分别规定了相应的支持措施。《德阳市柔性引进优秀人才实施办法（试行）》规定打造"企业引才育才，政府补贴买单"模式，在科技领域向用人单位予以项目资金支持，在教育、卫生、文旅及金融领域按申报年度内用人单位实际支付人才（团队）计缴所得税劳务报酬的20%，向用人单位发放个人每年最高4万元、团队最高8万元的柔性引才工作补贴。

3.明确柔性用才政策的兑现程序。如合肥高新区规定人事劳动局定期发布柔性引才计划备案通知，有柔性引才需求的用人单位按照要求做好备案申请；区内用人单位柔性引进人才的，应当与人才签订项目合同或者工作合同，明确双方的权利、义务和目标责任；柔性引进的人才开展智力服务期间，用人单位应为柔性人才建立临时档案，在柔性引才期满后，对引进人才的服务内容和成效进行考核评价；柔性引才达到预期成效的用人单位，按照相关程序报主管部门审核，经政策兑现会审议并公示通过后，按规定拨付资助资金。

三、培养机制改革

近年来，绍兴市各级政府、主管部门及用人单位都十分重视人才培养，积极创新方法，提高人才培养的针对性和有效性。

（一）绍兴市人才培养机制改革的做法

1.加强政策引导，完善培养支持体系。《绍兴市人才发展促进条例》对创新型越商精英人才培养、卓越工程师培养、高技能人才培养、名师名医名家名教练培育、乡村人才培育、青年人才引进培养等都做了明确规定。实施"名士之乡"英才计划，培养自然科学、工程技术、社会事业等重点领域高层次人才。加强本土人才国际化培养，每年选派 100 名左右高层次人才赴国内外知名高校、科研院所、重点实验室等进修深造，给予相应支持政策。制定《绍兴博士后人才创新发展管理办法》，对新建的国家级工作站、企业分站和省级工作站给予一次性建站资助，对新招收的博士后人员给予日常经费资助和生活补贴，对获得中国博士后科学基金或省级博士后科研项目择优资助的给予相应的资助。

2. 服务制造业，加强紧缺人才和技能人才培养。如面对集成电路产业人才紧缺的实际，一方面，引进建立浙江大学绍兴研究院微电子研究中心、杭州电子科技大学集成电路产业学院；另一方面，支持本地院校调整优化学科专业或建立微电子学院来加强集成电路人才培养供给，如 2024 年绍兴文理学院新增光电信息科学与工程专业、微电子科学与工程专业，越秀外国语学院新增数字经济专业，绍兴市职教中心 2019 年筹建微电子学院、2020 年招收首届"中芯订单班"等。先后出台《关于加强新时代高技能人才队伍建设的实施方案（2023—2025 年）》《绍兴市数字经济创新提质"一号发展工程"高技能人才倍增行动实施方案》，实行"国际工匠"成长计划，开展"金蓝领"培训，提出 2023 年至 2027 年，累计开展数字技能培训评价10 万人次以上，全市数字高技能人才总量达到 3 万人以上，占高技能人才总量比例提升 3 个百分点。

3. 加强阵地建设，建立人才创新创业学院。将绍兴海智汇·国际人才创业创新学院打造成为市场化、可持续发展的创业创新综合性服务平台，用于创业培训、创业活动，重点包括创业培训辅导、创业项目对接、创业社群营造，积极提供创业培训、创业实践、创业指导、创业组织、创业大赛、创业资本生态闭环等各类专业创业培训服务，提高创业创新能力与水平，努力营造绍兴创业创新完整生态链及生态环境。各区、县（市），部分用人单位也建立了相应的人才培养基地。

4. 优化政策，鼓励企业发挥人才培养主体作用。《绍兴市人才发展促进条例》第十六条明确规定，市、县（市、区）人民政府应当建立人才引进培养奖励补贴制度，鼓励、支持企业事业单位引进培养人才。此外，该条例第二十二条明确规定，用人单位应当建立职工培训制度，依法提取和使用职工教育经费，经费使用情况应当向本单位职工公开。许多企事业用人单位也结合本单位实际，探索开展参与项目攻关、师徒结对帮助、定期学习进修、多岗位锻炼、参加各类学术会议、导师制培养等多种多样的人才培养方法。

（二）推进绍兴市人才培养机制的问题及建议

从实际来看，绍兴市的人才培养机制还存在一些问题：一是培养能力不足。如面对集成电路人才缺口，虽然全市已有 8 所高职院校设立了 30 个集成电路相关专业，但是培养规模不足、培养层次不高等矛盾依旧突出。二是部分用人单位存在重使用轻培养的现象。据调查，一些用人单位特别是一些中小企业还未能从战略发展的高度重视人才培养工作，对当今人才普遍关心的继续教育、培训重视度还有待提升。在调研企业中，35.0% 的员工三年中未得到专业培训，22.5% 的员工仅参加过 1 次培训，参加过五次以上培训的仅占 7.1%。要抓住绍兴教育科技人才"三位一体"高质量发展试验区创建的宝贵机会，抓住创新能力培养这一重点，在以下几方面下功夫：

1.加快发展高等教育、职业技术教育事业。把发展高等教育、职业教育放在绍兴市经济和社会发展中的突出战略地位，建设高水平应用型大学，打造高水平学科专业，构建产教融合机制。加强高校、科研院所和领军企业在教育科技人才资源一体化配置中的协同作用，促进教育链和人才链、产业链、创新链有机衔接。

2.构建科教融汇协同育人机制。解决科技成果转化"最后一公里"问题，破解人才培养不精准问题。以科技发展需求牵引教育改革，以教育改革推动人才培养，以人才成长促进科教发展，推动教育科技人才与产业发展协同提升。

3.综合运用继续教育体系。有效开展终身教育，进一步推动学习型城市的形成和发展，并将巨大的人力资源转化为人才资源，将潜人才转化为显人才。

4.注重两手抓，一手抓培养，一手抓使用。在培养中使用，在使用中培养，创造各种有利条件，给人才提供进修、深造的机会，以不断开发人才的潜能，让人才在绍兴的经济社会发展中释放出更多的能量，发挥更大的作用。

四、流动机制改革

（一）绍兴市人才流动的特征

近年来，绍兴市积极探索推进人才流动机制改革，简政放权，加强市场建设，充分尊重人才择业自主权和单位用人自主权，积极鼓励人才合理流动，采取有效措施保证人才有序流动达到人才资源合理配置，基本上形成了政府宏观指导、市场有序调节、人才自主流动的机制。人才流动呈现以下特征：

1.人才流动范围广、受地域远近因素影响大。经调研发现，绍兴市人才流入流出受地域远近因素较大，流入、流出前三名城市是与绍兴市相近的杭州、上海、宁波，长三角城市占了10座；从城市级别来看，从大城市流入绍兴市的前几位有上海、北京、深圳、广州、天津等大城市，更坚定了我们敢于到大城市引才的信心与决心；从人才流出分析来看，近一半人才流向了杭州，说明杭州对绍兴人才的虹吸效应还是存在的；从浙江省内流入、流出城市来看，流入的占比顺序从大到小依次为杭州、宁波、金华、嘉兴、温州、台州，流出的占比顺序从大到小依次为杭州、宁波、嘉兴、温州、金华，这与几座城市的地理位置、产业基础、发展环境等因素还是密切相关的。

2.人才流动与产业结构的调整变化关系密切。随着这几年绍兴市坚持转型升级传统产业、大力发展新兴产业、实施产才融合战略，也带动了绍兴市人才结构的优化调整，高层次创新创业人才、新兴产业人才占比显著增加，如2023年一年就新引进博士千余名，同比增长300%，涵盖先进装备制造、生物医药、新材料等多个重点产业。先后探索建立印染、集成电路、袜业、珍珠、伞艺、厨具、轴承等七大特色产业工程师协同创新中心，集聚了一批海内外高水平工程师，平台已归集工程师2700余名。

3.人才流动渐趋年轻化，人才价值取向渐趋多样化。据调查，流动人才中，40岁以下的流动人才约占总流动人才的68.2%，其中30—35岁的人才流动占比最大。人才的价值取向由单一的追求经济利益向综合考虑谋求自身发展、提高自身素质、改善工作环境及看重单位前景等转变。

（二）优化人才流动的问题及建议

当然，人才流动中也存在一些问题。一是择业观念不够新。一些人才在求职观念上求稳定，闯劲不足，愿意到行政机关和事业单位等单位工作，不愿意到企业特别是非公企业工作；愿意到城市工作，不愿意到乡镇工作。二是占有意识比较重。一些部门和单位对人才社会所有的观念还较淡薄，将人才视为自己的"私有财产"，将人才的合理流动同人才流失简单等同起来。三是流动机制还欠活跃。学校、医院等用人单位一定程度上还缺少用人自主权，企业人才和政府人才、学术机构人才之间流动壁垒依然存在，人才市场还欠发达、信息量不足等等。

人才流动是社会主义市场经济体制下劳动择业自由的体现，是人才的正当合法权益之一，是深化人事制度改革、促进人才结构调整、实现人才资源优化配置的重要措施。下一步，建议在以下方面加以改进：

1.更新人才流动观念，改善人才流动环境。人才流动应坚持以下几个原则：一是遵循市场经济规律原则。人才资源作为一种特殊的资源或者说生产要素，市场在资源配置中起决定性作用，应遵循市场经济规律，按市场规则办事，引导人才合理流动。二是要遵循人才规律原则。人才流动不是盲目和随意的，有其自身的规律可循，要发现和研究这些规律，采取适当措施，引导人才合理流动。三是要遵循法治原则。要建立必要的政策、制度和规范，依法管理人才流动，引导人才合理有序规范流动。

2.加快人才市场建设，促进人才合理流动。大力发展人才市场，实现有形市场和无形市场的同步发展、市与县（市、区）人才网络市场的共享及同国内其他主要网上人才市场的链接。积极推进人事代理、人才素质测评、择业指导等新型人才中介服务。人才市场中介组织要积极提供人才供求信息，开展人才职业介绍、流动人才测评、各类人才交流活动及人才流动法律、政策、信息咨询等业务，为人才流动提供周到服务。

3.创新人才流动方式，实现人才灵活流动。刚性流动虽然是目前人才流动的主要方式，但是有许多不便之处，如受到户籍、身份等方面的限制。应以不求所有、不求所在、但求所用这一原则为指导，不断创新人才流动方式，大力发展柔性流动。人才的柔性流动有操作简便、权利清晰、选择余地大、数量扩张快等诸多优势，要充分利用。设立人才驿站，鼓励支持高校、科研院所设立一些周转岗、编制池，实行有别于其他岗位的管理模式，让人才能够保留编制、放心出去闯荡。加强同当地高等院校和科研院所的科技人才合作，技术攻关方案在网上公开招标等。

五、评价机制改革

人才如何评价认定是人才工作的一个核心问题。建立科学的人才分类评价机制，对于树立正确用人导向、激励引导人才职业发展、调动人才创新创业积极性具有重要作用。绍兴市非常重视人才评价制度改革，在多方面作了深入探索。

（一）推进职称制度改革

职称是衡量一个人专业技术水平和贡献的"尺子"，与个人收入、福利、晋升等直接挂钩。现行职称制度从1986年开始实施，随着经济社会发展，逐步暴露出一些不能适应新时代要求的问题。2018 年，绍兴市出台《关于深化职称制度改革的实施意见》，要求打破唯学历、资历、论文限制，明确提出对职称外语和计算机应用能力考试不作统一要求。此外，建立特殊人才职称评价绿色通道，实行学术造假"一票否决制"等。主要在五个方面作了改革：

1. 打破学历、资历、论文限制。根据原来的职称制度，不少单位职工评职称，学历、资历、论文发表数量都是"硬杠杠"。新制度一个非常大的改变是：克服唯学历、唯资历、唯论文倾向，以职业属性和岗位需求为基础，突出业绩和能力导向，科学客观公正评价专业技术人才。对学历、资历、论文著作、科研成果、荣誉奖项等内容可以进行合理取舍、科学设置。新出台的《关于深化职称制度改革的实施意见》明确，将以量化评价体系为基础，打破学历、资历限制，建立特别优秀人才的破格和越级晋升制度。对于那些取得重大基础研究和前沿技术突破、解决重大工程技术难题、在经济社会各项事业发展中作出重大贡献的专业技术人才，可直接申报评审高级职称。符合条件的高层次人才以及在博士后科研工作站期间业绩特别优秀、作出突出贡献的博士后研究人员，可直接认定相应的高级职称。

2. 外语和计算机考试不作统一要求。过去评职称有点"一刀切"，不管评什么，都要考英语、计算机，有些"身怀绝技"的专业人才，因为在英语、计算机方面的劣势而"屡评不上"，严重影响积极性。新出台的《关于深化职称制度改革的实施意见》对职称外语和计算机应用能力考试不再作统一要求，由行业主管部门根据行业专业特点和工作岗位需要，研究提出符合实际的要求。

3. 以用为本聚焦产业发展。坚持以用为本，为绍兴市重点产业提供精准的人才服务。坚持干什么、评什么，重能力、重水平、重实践。以职称制度为抓手，在纺织、化工、金属加工、黄酒、珍珠等传统产业和电子信息、高端装备、现代医药、新材料等新兴产业领域，大力培养聚集一批经济社会发展紧缺急需人才，有效改善人才供给。对于近几年绍兴市出现的新产业、新业态、新模式等新经济特点，细化设置职称专业类别，对设置不规范、专业性不强、纳入淘汰范围的落后产业的职称专业进行精简，充实完善重点产业、新兴产业职称专业。如越城区专门制定集成电路产业高层次人才专项目录，构建以工作经历、薪酬水平和科技成果为导向的人才认定标准。

4.不拘一格评人才。为充分激发各类人才的创造活力，此次改革以人才分类评价为原则，构建了较为完善的职称评价体系。譬如建立高层次和紧缺急需人才职称评价绿色通道，对引进的高层次、紧缺急需人才，可采取"一事一议"方式评定。事业单位可申请设置特设岗位进行聘任，不受岗位总量、岗位等级、岗位结构比例限制；针对基层中小学教师、卫生、农业等系列专业技术人才，制定符合基层实际的评价标准，实行单独分组、单独评审，同时合理设置城市专业技术人才申报职称的基层工作服务经历条件，鼓励和引导城市高层次人才加大对基层单位的帮扶力度；高技能人才与工程技术人才职业发展通道实现互通，符合条件的高技能人才可参加工程系列专业技术人才职称评审。建立职称评审绿色通道，世界技能大赛金牌获得者、中华技能大奖获得者，享受国务院政府特殊津贴的高技能人才、新时代突出贡献浙派工匠、浙江大工匠等，可直接申报正高级职称。

以前，评职称存在"外行人评内行人"的现象，这次改革将建立以同行专家评审为基础的业内评价机制，并积极引入市场评价和社会评价。职称评价方式也更为丰富多元，结合不同行业和专业的自身特点，采取多种评价方式，提高职称评价的针对性和科学性。针对以往事业单位职称聘任过程中"职称终身制"和"能上不能下"的问题，将通过深化事业单位评聘结合改革加以解决，建立和完善以岗位任职条件、聘期考核为核心的聘任制度，对取得职称后达不到岗位任职条件要求的人员实行低聘，形成"能者上庸者下"的竞争格局。

5.学术造假者"一票否决"。近年来，论文造假、学术造假现象屡见报端。新制度坚决杜绝这一行为，坚持把品德放在专业技术人才评价的首位，对学术造假等行为实行"一票否决制"。此外，还将探索建立以个人电子信息档案为基础的职称诚信档案制度，将考试作弊、职称申报中涉及学历、经历以及论文、科研项目成果等学术造假行为纳入失信黑名单。

（二）推进技能人才评价改革

1994 年，我国建立职业资格证书制度。2019 年，人力资源社会保障部印发的《关于改革完善技能人才评价制度的意见》，明确健全完善技能人才评价体系，形成科学化、社会化、多元化的技能人才评价机制，发挥政府、用人单位、社会组织等多元主体作用，建立健全以职业资格评价、职业技能等级认定和专项职业能力考核等为主要内容的技能人才评价制度，形成有利于技能人才成长和发挥作用的制度环境，促进优秀技能人才脱颖而出。主要有五个方面：

1. 深化技能人员职业资格制度改革。对关系公共利益或涉及国家安全、公共安全、人身健康、生命财产安全的水平评价类职业资格，依法依规转为准入类职业资格。对与国家安全、公共安全、人身健康、生命财产安全关系不密切的水平评价类职业资格，逐步调整退出目录，对其中社会通用性强、专业性强、技术技能要求高的职业（工种），可根据经济社会发展需要，实行职业技能等级认定。

2. 建立职业技能等级制度。由用人单位和社会培训评价组织按照有关规定开展职业技能等级认定。符合条件的用人单位可结合实际面向本单位职工自主开展，也可按规定向本单位以外人员提供职业技能等级认定服务。符合条件的社会培训评价组织可根据市场和就业需要，面向全体劳动者开展。

3. 建立职业标准开发体系。建立由国家职业技能标准、行业企业评价规范、专项职业能力考核规范等构成的多层次、相互衔接的职业标准体系。完善职业标准开发机制。国家职业技能标准由人力资源社会保障部会同有关行业部门组织制定并颁布；行业企业评价规范由行业组织和用人单位参照《国家职业技能标准编制技术规程》开发；专项职业能力考核规范按照有关规定组织开发。推动成熟的行业企业评价规范和专项职业能力考核规范上升为国家职业技能标准。

4.完善评价内容和方式。完善评价内容和方式，突出品德、能力和业绩评价，按规定综合运用理论知识考试、技能操作考核、业绩评审、竞赛选拔、企校合作等多种鉴定考评方式，提高评价的针对性和有效性。

5.转变政府职能。进一步明确政府、市场、用人单位、社会组织等在人才评价中的职能定位，建立权责清晰、管理科学、协调高效的人才评价管理体制。改进政府人才评价宏观管理、政策法规制定、公共服务、监督保障等工作。推进人力资源社会保障部门所属职业技能鉴定中心职能调整，逐步退出具体认定工作，转向加强质量监督、提供公共服务等工作。鼓励支持社会组织、市场机构以及企业、院校等作为社会培训评价组织，提供技能评价服务。

（三）推进项目化评价

人才评价关键要做到以用为本、才尽其用，而人才发挥作用要依托具体的平台、单位、项目等，以此为导向，在实践中逐步形成了一系列项目化，以创新能力、实绩、贡献为导向的人才选聘制度，提高了评价的针对性和精准性。

1.揭榜挂帅制。推出"揭榜挂帅"项目选才机制，针对全市高端装备、电子信息、现代医药、新材料等新兴产业领域重点攻关的企业"卡脖子"技术需求，面向全球知名高校院所、行业领军人才和团队发出"英雄帖"，"谁有本事谁揭榜，攻克难题即可拿走'榜金'"。在巨额"榜单"背后，是包括"发榜、揭榜、评榜、奖榜"在内的全套"闭环"流程，让"揭榜挂帅"机制真正成为人才聚集、项目攻关、产业升级的"源头活水"。

2.大赛选拔制。目前，绍兴市从市本级到区、县（市），从面对高层次人才、大学生到农创客，从综合性到专业性，从自主举办到委托第三方承办，形成了一系列、多层次、多角度的各类大赛。如绍兴市前七届海内外高层次人才创新创业大赛累计吸引 1956 个优质项目参赛，其中 112 个项目获奖，73 个人才企业落地。大赛一、二、三等奖项目符合相应类别人才项目申报条件，且已全职到岗落户的，经实地核查，可直接认定为"名士之乡"英才计划 A 类、B 类、C 类人才项目。认定项目落地后，将分别给予 500 万元、300 万元、200 万元的项目资助，以及销售奖励、创投跟进奖励等最高 5 个 500 万元配套补助。

3. 专家举荐制。为吸引青年"后浪"，绍兴市推出青年人才专家"举荐制"，2023 年 11 月 17 日，在浙江绍兴举办的第三届产业人才创新发展论坛暨 2023 中国·绍兴"名士之乡"产才融合发展大会开幕式上，绍兴市创新聘任来自高等院校、知名智库、科创中心等单位的 8 位专家为"绍兴市青年人才举荐专家"。这些专家举荐的 40 周岁以下青年人才，可直接被认定为绍兴市级领军人才，并享受相关政策支持。

4. 免评审认定制。对世界大学排名前 100 名高校的 40 周岁以下青年博士等可免评审认定市级引进人才。

5. 公司法人举荐制。明确上市企业、县域税收前 30 名的高新技术企业、荣获县级重才爱才先进单位的企业，可举荐技术负责人认定市级领军人才，给予相应政策扶持。

6. 重大项目支持制。明确投资 30 亿元以上的重大招商和产业项目可推荐高级管理人才或技术骨干，直接认定市级人才人才，给予相应政策扶持。

7. 委托专业机构制。依托猎头等专业性人力资源服务业专业机构具有专业性的人才库、专业性人才评价能力等专业优势，出台补贴等专项人力资源服务业支持政策，支持鼓励人力资源服务业专业机构为绍兴推荐、评价、选聘高层次人才。

（四）推进自主评价

近年来，绍兴市采取有效措施，积极推进自主评价，取得了较好成效。

比较有特色的是越城区 2021 年以来借力绍兴滨海新区人才管理改革试验区建设与绍兴市民营企业职称社会化评价改革契机，将工程技术领域中初级职称评审权下放到企业，让企业拿起选人用人"指挥棒"，实现从"政府评"向"单位评"、"定期评"向"灵活评"、"评个人"向"评体系"的转变，进一步为人才松绑、为创新赋能，激发专业技术人才的创新科研活力。这一企业为主导的人才评价改革，改变了原先的人才评价体系，由以学历和论文为主导转向以企业评价和工作经历为导向，实现了向用人主体放权，为人才松绑。这项评价模式被省级人才部门专项政策借鉴推广。

1.提高自主评价能力，提升监管服务效能。一是向用人主体放权。把握滨海新区作为绍兴人才特区和科技新区的优势，在试验区内进行职称评审改革能以最快的速度惠及全区 80% 以上的高新技术企业。二是实现谁用人谁评审的评价模式。发挥用人单位对申报人员实际工作熟悉的优势，授权头部企业中级评审权。三是强化人社部门服务监管责任。深入工作一线，了解自主评审工作中的要点和难点，为企业提供及时有效的政策支持与指导。加强事中事后监管，进入重点企业进行职称政策宣讲，组织业务培训会和座谈会，确保自主评审高质量完成。

2.创新自主评价方式，突出德能绩实效。一是拓宽评审与认定申报条件。突破学历、专业、资历硬性要求。学历与专业不满足的，通过增加专业工作年限可参评；资历不满足的，通过取得的科研成果与奖项可参评；绍兴市高层次人才 A—E 类人才、突出贡献高技能人才可直接认定。二是制定系统科学的评审标准。注重技术创新、科研攻关、成果转化、传技带徒等方面表现，将 70% 的评分权重放在专业能力与工作业绩上。三是运用多种务实的评价方式。通过个人述职、笔试面试、实践操作等形式，邀请企业内部领导、行业专家，重点高校的知名教授，行业相关企业的技术专家，确保评价的科学性和评审结果的权威性。

3.创新自主评价方式，提升人才薪酬待遇。一是建立职称与薪酬挂钩的分配方式。引导用人单位实行评聘结合、以用促评，具有高级职称人员享受绍兴市高级人才目录 E 类人才待遇，集成电路产业中初级职称新进人员享受越城区集成电路产业人才目录 D 类新进人才待遇。二是建立与企业人力资源管理制度相衔接的职称制度。建议用人单位在评优评先、职务晋升等方面优先考虑具有职称的专业技术人才。探索越城区集成电路产业中高级人才待遇，最大限度发挥自主评审政策效用。三是发挥职称改革的杠杆作用。根据区内人才结构、人才分布和实际需求现状，充分发挥职称评审的杠杆作用，畅通了企业内各类专技人才的职业发展通道，尤其是职称体系与企业岗位设置、薪酬体系挂钩，员工在通过职称评审后可获得不同程度的提薪，进一步激发专业技术人才创新活力。

如何科学合理评价认定人才，这是一项非常复杂的系统工程。虽然探索改进一直在进行，但人才评价和考核机制仍然不够健全，问题依然不少。如对人才的考评考核手段还相对单一，唯论文、唯职称、唯学历、唯奖项等情况还一定程度存在，对人才偏重于显性考核而忽视隐性考察，如在引进人才考核评价实际操作中，大多采取个人自评、用人单位考评等方式进行，表格式、材料式审查较为突出，等等。

人才身价标准化、数字化、货币化是未来的发展方向，其实现需要一个很长的探索与完善的过程。如济南人力资本产业研究院推出"人才有价"评估定价系统，按照"四 CAI"（才、彩、采、财）标准，包含才能信息、出彩信息、采集信息和财富信息，通过大数据算法和区块链技术，采用 400 多项指标，数千个要素，对人才的当前价值、潜在价值和未来价值进行综合评估，评估出人才的综合身价、金融价值和岗位价值。以人才定价为突破口，与银行、保险、基金等机构联动，构筑起"银行授信、保险担保、政府补偿、基金支持、配套参与"的多维金融创新协同机制，围绕人力资本价值评估、赋能增值、市场配置、价值实现、协同创新等进行产业布局，激发人才的创新创业活力，推进人力资本价值金融化、市场化、社会化，走在了发展人力资本服务业的前沿。

下一步，人才评价机制仍需不断改进和完善，可以从以下方面进行：

一是深化分类评价与考核，增强人才评价的针对性。进一步创新评价手段，坚持市场化、长远化思路，推进人才评价科学化、社会化。以市场化思路优化人才评价，给予管理人才、专业人才等合理评价和回报；以长远化思路优化人才评价，让人才称号回归学术性和荣誉性本位；以科学化思路优化人才评价，正确使用人才评价结果，理性对待各类人才称号。

二是健全多元主体评价机制，发挥用人单位、管理机构、同行专家、社会评价在人才评价中的作用。按照社会和业内认可的要求，建立以同行评价为基础的业内评价机制，注重引入市场评价和社会评价，发挥多元评价主体作用。基础研究人才以同行学术评价为主，加强国际同行评价。应用研究和技术开发人才突出市场评价，由用户、市场和专家等相关第三方评价。哲学社会科学人才评价重在同行认可和社会效益。丰富评价手段，科学灵活采用考试、评审、考评结合、考核认定、个人述职、面试答辩、实践操作、业绩展示等不同方式，提高评价的针对性和精准性。

三是增加隐性元素考察考核占比。坚持凭能力、实绩、贡献评价人才，克服唯学历、唯资历、唯论文等倾向，注重考察各类人才的专业性、创新性和履责绩效、创新成果、实际贡献。着力解决评价标准"一刀切"问题，合理设置和使用论文、专著、影响因子等评价指标，实行差别化评价，鼓励人才在不同领域、不同岗位作出贡献、追求卓越。

六、使用机制改革

人才的价值只有在使用过程中才能显现出来，并得以提升。近年来，绍兴市坚持人尽其才、才尽其用、用当其时的原则，不断探索完善人才使用机制，充分发挥人才自身专长和特点，科学合理使用人才。

（一）绍兴市人才使用机制改革的有益做法

1.加强产业及项目建设，为人才发挥作用提供舞台。筑巢才能引凤，产业和项目是人才发挥聪明才智的重要载体。近年来，绍兴坚持产才融合，以产业吸引人才、以项目聚集人才，以人才推动产业，坚持不懈念好新旧动能转换的"两业经"，通过推进纺织、化工等传统产业改造提升，加快高端装备、电子信息、现代医药、新材料等新兴产业培育，形成了集成电路、生物医药等全产业链发展、高端项目集群落户态势，搭建了人才施展才华的大舞台。如 2021 年 5 月 27 日—28 日，以"人才协同产业　数字创赢未来"为主题的第三届绍兴市人力资源发展大会首次发布了三大"万亩千亿"产业人才需求报告，以绍兴市集成电路产业为例，报告测算到 2025 年，人才使用需求将达到 7.2 万人左右。2025 年四大"万亩千亿"产业人才使用需求总量将达 24.8 万人。

2. 定期摸排更新岗位需求目录，广泛公开发布。每年春秋两季，组织、人社、科技等部门市县联动，摸排涵盖事业单位、国有企业、上市公司、标杆企业、中小微企业、重点项目、博士后工作站、科技型企业、高新产业园区、特色平台、特色小镇等在内的岗位、项目需求，汇总梳理后通过网站、媒体、专列等途径向全国公布。如 2020 年春季摸排 613 家上市公司和十大制造业集群重点培育企业等企事业单位的 15532 个高校毕业生和高层次人才需求。

3. 坚持正确的用人导向，完善人才选任机制。坚持德才兼备、任人唯贤、注重实绩、群众公认的选才原则，制定实施《绍兴市事业单位公开招聘工作实施细则（试行）》，认真实施《浙江省公务员录用实施办法》，公务员和事业人员公开招聘工作坚持做到公开、平等、竞争和择优。制定实施《绍兴市博士后人才创新发展管理办法》《绍兴市支持和鼓励高校科研院所科研人员兼职创新创业的实施细则（试行）》《"绍兴名师"评选管理办法》《绍兴市乡村领军人才选拔管理办法（试行）》等办法，规范各类人才选任使用。此外，重点关注重点紧缺人才使用，规定事业单位引进省级领军人才及以上层次人才，可设立特设岗位。

4. 深化人才分配制度改革，提高人才待遇。完善企业薪酬调查和工资指导信息发布制度，在高新技术企业中全面推行科技人员协议薪酬制度。深化股权激励改革，以技术成果入股公司获得股权激励，引导上市公司扩大人才的持股范围和持股份额。事业单位对急需紧缺的高层次人才，可单独制定收入分配倾斜政策；国有企业引进紧缺高端人才，可实行协议工资制、项目工资制。

（二）推进绍兴市人才使用机制的问题及建议

人才使用实践中也存在一些问题：一是对人才使用的认识有偏差，存在重技术轻管理、重使用轻培养、重生产经营轻企业文化等问题；二是从人才收入分配看，对人才创造的价值尚未形成一个系统有效的回报制度，未能将企事业单位的增量资本与人力资本有效地挂起钩来，对专家、学者、科技精英缺乏有效的分配制度；三是经营者选任方式比较单一，仍以委任制为主，聘任制、选任制、竞争上岗等方式所占比例偏低；四是对人才柔性使用的方式方法仍需进一步规范与保障；五是对退休银发人才的使用制度尚不够完善等。需要在今后的工作中进一步改进提高。

1.进一步加强人才使用载体平台建设。建设好各类经济技术开发区、企业博士后科研工作站、博士创业园和留学生创业园区，使人才掌握的科学技术尽快转化为现实生产力，为有志于创业发展、成就自我的人才创造条件。鼓励用人单位采取压担子、到重点项目或基层挂职、多岗锻炼等方式，不断提升人才的自身能力。在重点项目攻关中推广竞争性人才使用机制，鼓励具备技术攻关能力的创新人才和科研团队揭榜挂帅。

2.优化完善人才收入分配制度。改革分配制度，积极推行技术参股，积极实施期权、股权奖励和新产品推向市场后的按比例分红制度，加大对人才技术创新和产品创新的奖励力度。鼓励国有企业事业单位采用年薪制、协议工资制、项目工资等方式，合理确定高层次和急需紧缺人才的薪酬，鼓励用人单位按照有关规定实行现金奖励与沉淀福利相结合的奖励制度，通过股权、期权、分红等方式对人才进行激励，既充分调动人才的积极性与创造性，又有利于人才的相对稳定。

3. 更好地柔性使用人才。结合绍兴市实际制定专项柔性用才具体办法，明确柔性用才的具体含义及方式方法、支持措施与兑现程序，鼓励支持用人单位更多地、更好地柔性用才。高等院校、科研院所科研人员可以按照有关规定离岗创新创业。继续实施好人才特派员制度，从高等院校、科研院所等单位遴选优秀人才到乡镇（街道）、重点企业担任人才特派员，开展人才交流、技术攻关、项目招引、科技服务、资源对接、战略咨询等工作。鼓励支持高等院校、科研院所可以引进有创新实践经验的企业家、企业科技人员等兼职从事教学和科研工作。

4. 充分发挥退休银色人才作用。认真贯彻好《绍兴市人才发展促进条例》，政府应当按照规定为退休人才服务经济社会发展提供支持和便利，鼓励按照规定通过退休返聘、购买劳务服务等方式，为退休人才在决策咨询、技术服务、人才培养等方面继续发挥作用创造条件。

七、激励机制改革

近年来，绍兴市以激励人才干事创业为目标，坚持物质激励与精神激励相结合，不断创新思路，优化措施，健全完善人才激励机制。

（一）绍兴市人才激励机制改革的积极尝试

1. 完善激励政策。将高级专家、拔尖人才、青年拔尖人才等本土高层次人才纳入"名士之乡"英才计划，给予5万—30万元特殊支持，并根据绩效评价每年给予最高5万元奖励，同时对入选国家和省级领军人才、社会事业高层次人才、高技能人才等的人员给予相应奖励。加强人才政治引领，落实市领导联系高层次人才制度。截至2023年，203名高层次人才担任各级"两代表一委员"，42名高层次人才到群团组织任职，19名海外人才被授予"绍兴市荣誉市民"。

2. 突出激励重点。结合绍兴市经济社会发展以及构建现代产业体系的实际需要，明确了各领域的拔尖人才、卓越工程师及技能人才、社会事业人才等方面的激励重点。加大产业人才培养支持力度，如对民营企业中攻读工程硕博士的人才给予最高8万元学费补助。明确了高技能人才岗位补助政策，对取得紧缺职业（工种）技师、高级技师及以上职业资格证书（技能等级证书）的企业在岗职工，给予相应岗位补助。

3. 优化激励体系。逐步形成了党委政府、主管部门、用人单位等多层次结合的人才激励体系，党委政府从宏观层面负责完善人才激励政策、健全人才激励机制、明确激励重点等，主管部门负责本部门、本系统、本行业的人才激励制度、办法、措施的制定与实施。用人单位作为人才使用的直接主体，在人才激励方面发挥着主导作用。绍兴市许多优质企业都十分注重人才评价激励机制建设，包括新和成、卧龙集团、龙盛集团、华汇集团、万丰科技等，畅通技术技能类、管理类、营销类等职业发展通道；强化发展红利分享，除了给予优厚薪资待遇外，针对不同层级人才，实行差异化长期激励，包括超利分享股权、限制性股权激励和期权激励；注重人才评先评优，开展劳动模范、技术先锋、营销精英等评选活动；最大限度调动各类人才助推企业发展的主观能动性，形成共享共赢的良性互动，塑造重才爱才的良好企业形象。

（二）推进绍兴市人才激励工作的建议

总的来看，绍兴市的人才激励工作仍存在一些问题，包括各地方、各单位人才标准不一，人才工作水平参差不齐；对人才的激励方式主要为资助期内的资金支持，较少关注人才的个人发展和团队建设，这使得对人才激励效果有限，难以激发人才积极性和创造性；激励措施具有短期性，长效性不足，部分企业和人才提出在政策资助期结束后，希望延长或提供其他更加多元的支持方式；鼓励创新、宽容失败的具体措施不够有力有效；知识产权保护措施不够有力等。需要我们进一步加大改革力度，优化激励机制。

1.进一步健全体现人才价值的薪酬体系和收入增长机制。对高层次人才薪酬待遇实行"一人一策",不纳入绩效工资总量。以绩效工资、科研经费、个税奖励等为重点,落实以增加知识价值为导向的分配政策。支持和鼓励用人单位通过分红、期权、股权激励等方式,激发人才创新创业活力。支持和鼓励国有企业事业单位采用协议工资制、年薪制和项目工资制等方式,合理确定高层次和急需紧缺人才的薪酬。改革科研经费管理制度,赋予人才和智力劳动更大的价值。探索通过科学技术奖励、绩效奖励等形式,增加高层次人才实质性收入。

2.进一步加强知识产权保护。各级政府要加强知识产权运营服务体系建设,支持建立重大经济科技活动知识产权分析评议、知识产权交易评估评价、质押融资风险补偿扶持、专利导航等机制,促进知识产权转移转化。支持科研单位按照规定自主使用、处置科研成果,自主分配收益,提高职务发明成果转让收益用于奖励科技成果完成人的比例。在科技成果转化上,改革科技成果管理制度,给予科研人员职务成果所有权和长期使用权,完善技术成果转化定价机制和转化收益分配机制。

3.进一步完善科研经费管理办法。各级政府应当建立符合人才创新规律的科研经费管理办法,赋予项目承担单位项目经费管理使用自主权。符合条件的人才和科技项目可以按照规定实行经费包干制,由项目负责人依据项目经费管理制度自主决定项目经费开支。

4.进一步加强优秀人才奖励。各级政府应当健全以政府奖励为导向、用人单位和社会力量奖励为主体的人才奖励体系,对在经济社会发展中做出突出贡献的人才给予奖励,加强对受奖励人才的宣传表彰,在全社会营造激励先进的浓厚氛围。

5.进一步健全容错免责机制。建立人才创新创业项目容错免责制度,充分尊重科技创新规律,重视科研试错探索的价值,对财政支持的人才项目,未取得预期成效,用人单位、人才计划入选人才或者团队尽到诚信和勤勉义务的，可以按照有关规定免予追责；主管部门和责任人员履职尽责，决策符合规定条件、标准和程序，未为本人、他人或者单位谋取私利的，可以按照有关规定免予追责。

八、服务机制改革

得人心者得人才。近年来，绍兴市以建设"人才之家"为载体，聚焦人才"关键小事"，以"全周期"服务积极回应人才关切，提高人才服务质量和水平。

（一）绍兴人才服务机制改革的进展

1.优化人才服务格局。常态化落实重点人才工作推进例会机制，构建完善"市委人才办＋高层次人才服务中心＋人才发展集团"三位一体的人才服务格局，重点解决人才反映最集中的房子、车子、孩子、本子、票子等问题，提供全方位、全周期、全要素服务。以服务迭代释放强劲人才"引力"。

2.建立"一站式"人才综合服务平台。坚持市县联动、线下线上联动，各地都以市本级为样本，建立一个综合性的"一站式"人才综合服务平台。市本级海智汇·绍兴国际人才创业创新服务中心作为绍兴人才服务综合体样板工程，按照"全国一流、全省领先"的标准建设，包括人才综合服务中心、人才工作展示中心、人才交流活动中心、人力资源服务产业园区和创业创新学院，实现分散在各个部门的人才工作职能统一进驻中心，工作内容涵盖"人才服务、政策宣传、成果展示、项目对接、创业创新、联谊交流"六大功能，为人才生活、工作、创业提供全方位服务。

3.数字赋能人才服务。建成绍兴"人才管家"数字化平台，实现了从"人找政策"向"政策找人"的转变。以安家补贴为例，原先申请人需要提交毕业证等5份材料，改革后人才无需提交申请，由系统自动与3个数据库进行比对、审核，由算法确定发放归属地和补贴档次，并实现系统按月自动发放。按照减材料、减时间、减环节和直兑、即兑、快兑"三减三兑"要求，依托"越快兑"平台，实现人才政策"一网通办"。依托"人才码"，绍兴为各类人才提供个性化定制服务，目前已入库 103 万人，在线办理事项 3.22 万件，覆盖线下服务机构 200 余个，实现人才服务"一码全享"、人才政策"一键智兑"、人才事项"一件联办"。

4.聚焦人才所思所盼精准服务。创新组织实施人才服务"十件实事"，每年深入调研、广泛征集人才相关的"发展大事"、"关键小事"、"同城难事"，形成候选项目后由人才投票选出当年的人才服务十件事。围绕人才融资难问题，建立"人才 + 资本"多元化投融资体系，创新"人才银行"、"人才投"、"人才贷"、"人才保"、"人才险"、"人才板"等，积极引导银行资本、创投资本、财政资金等各类资本向人才集聚。

5.建立重点产业专项服务机制。建立集成电路、黄酒产业人才工作协同推进机制，制定集成电路、黄酒产业人才专项规划，纳入人才工作总体布局。首创实施《集成电路产业人才服务专项计划》，建立集成电路核心企业市领导"一对一"联系机制，配备人才服务专员，"一月一主题"化解集成电路人才困难和问题 95 项。出台产业基金（人才项目）管理办法，组建百亿级集成电路产业基金和 10 亿元规模的人才创投引导基金，建立集成电路人才企业上市培育库。单列人才房源用于集成电路产业人才，支持和引导集成电路头部企业自建人才公寓超 4000 套。每年举办集成电路产业峰会，承办 2023 年全国大学生软件创新大赛，营造集成电路人才创新创业浓厚氛围。

6.探索推进国际化人才服务。优化外籍人才便利管理服务，抢抓全球人才流动战略机遇期，落实外国人来华签证及入境相关政策，实施外国人工作许可、工作类居留许可"双证合办"机制，加快促进外籍人才停居留便利化。提升国际人才配套设施，完善海智汇·绍兴国际人才创业创新服务中心功能，加快建设洋泾湖国际人才社区、国际人才驿站、外国高端人才俱乐部等国际化人才服务综合体，布局建设外籍人员子女学校。

（二）推进绍兴人才服务工作的建议

人才服务永无止境，绍兴市的人才服务离人才的需求仍存在差距，调研中一些人才反映，绍兴市有历史悠久的文化，但契合年轻人才、国际人才需要的场景业态还不够丰富，人才服务的精准性、针对性、市场化水平还需提升。需要进一步创新思路，改进措施，努力打造国际化年轻化开放式的城市人才生态。

1.系统谋划发展"国际化、年轻化、开放式"的城市人才生态。开展人才发展专题调查研究和生态评估，编制发展规划方案，以项目制为抓手，清单化、责任化实施。在开放式方面，强化人才"会客厅"和绍兴"人才码"线上线下联动服务，实现高频人才政策和服务事项"智兑快享"；在年轻化方面，推动盘活城区闲置空间，打造高品质青年人才社区，努力让青年人才创业无忧、生活无忧；在国际化方面，着力打造用好国际科学家交流中心、海归小镇、外籍人才俱乐部等国际化人才交流空间，营造类海外环境。

2.进一步深化人才服务增值化改革。深化落实"增值式"人才服务十条，重点围绕人才认定、居留、购房、子女入学、职业发展等关键事项，构建"一站式"服务；围绕企业全生命周期"劳动用工"阶段的服务需求，在员工招用、合同管理、技能提升、参保服务、纠纷解决、退休服务等环节，推动劳动用工服务集成优化；针对灵活就业、新就业形态劳动者，提升供需对接的精准度。坚持实施人才服务"十件实事"，推动人才服务由"普惠式"向"增值式"迭代，由"碎片化"向"制度化"转变。

3.开拓思路解决难点问题。解放思想，转变观念，持续推动人才服务从"有什么给什么"到"要什么给什么"转变，尤其要针对人才最关注关心的热点难点问题，想方设法满足人才的实际需求。如越城区针对集成电路产业人才快速增长面临的住房问题，推出集成电路人才乐居工程，统一采用"先租后售"模式，由政府平台公司市场化购房商品房源，结合市场评估、人才政策等确定租赁价格，期限3—5年，租赁期满后，若人才想申请回购该房源，不仅能享受折扣优惠，还可使用公积金支付后续购房贷款。

4.为人才提供专业化、集成化服务。通过市场化方法，充分发挥基金、人力资源服务机构等专业背景和能力，在人才金融资本支持、会计法律支持、人力资源管理等方面提供专业化服务。探索建立人才服务专员、专业服务外包等途径，为人才提供集成化、一站式的服务。围绕人才创业全周期配备研发设计、检验检测、知识产权、市场推广、上市辅导等专业服务，大力引进高水平、专业化的孵化器、加速器，开辟检测、认证、审批等绿色通道。

5.支持人才开展自主服务。推出一批高品质人才创客厅、青年驿站，常态化开展创业分享会、才智交流活动。指导支持各类人才学会、人才联谊会、人才研究会依法成立、自主管理，组织开展学术交流、交往联谊、座谈对接、建言献策等丰富多彩的活动，拓展人才圈层资源，丰富人才业余生活，推动人才队伍与党政领导定期面对面座谈、人才专家为社会经济建设建言献策、为地方及企业发展出谋划策等。

第三章

《绍兴市人才发展促进条例》解析

2023 年 12 月 27 日，绍兴市第九届人民代表大会常务委员会第十六次会议审议通过了《绍兴市人才发展促进条例》（以下简称《条例》），2024 年 3 月 29 日经浙江省第十四届人民代表大会常务委员会第九次会议批准，自 2024 年 5 月 1 日起施行。作为浙江省首部关于人才发展促进的综合性法规，这在绍兴人才工作法治化、制度化进程中具有里程碑意义。

一、人才工作法治化的必要性

（一）人才工作法治化是推进法治中国建设的必然要求

深入推进法治中国建设，离不开人才工作领域法治水平的提升。近年来，少数地区出台了地方法规，如广东省出台《广东省人才发展条例》，重点围绕人才培养开发、引进与流动、评价与激励、服务与保障等多个方面，以立法的形式巩固了近年来广东省人才发展体制机制改革取得的成果，一定程度上发挥了法治在人才治理中的重要作用。绍兴市作为经济发达、人才工作实践基础较好地区，理应抓好人才立法，更好发挥法治在人才工作中固根本、稳预期、利长远的保障作用。

（二）人才法治化是坚持以人为本、依法保障人才合法权益的必然要求

过去，人才工作政策性、行政化程度较高，不可避免地影响人才相关合法权利的行使与保护，也一定程度上影响了人才环境的优化，强化法治思维，积极推进人才工作法治化，逐步使人才工作由政策创新推动转向制度规范保障转变，把施展抱负的权利赋予人才，把用好用活人才的权力赋予市场主体，最大限度地减少行政干预，明确人才的权利与义务，依法保障人才的合法权益。

（三）人才法治化是发挥人才优势的必然要求

党的十八大以来，以习近平同志为核心的党中央将人才发展体制机制改革摆在新时代人才工作的突出位置。加强人才立法，营造良好的人才发展环境，通过地方立法固化绍兴市推动人才发展的经验模式，提升凝练人才工作特色亮点，梳理分析破解存在的问题及影响因素，以"求贤若渴"的人文情怀和"走在前列"的创新精神制定一部特色鲜明、切实管用，具有基础性、系统性、开创性的市域人才发展促进条例，具有重要的战略意义。

二、《条例》的主要特点和内容

《条例》共五章四十八条，坚持问题导向，注重解决人才发展工作中的突出问题。

（一）主要特点

1.地方性。《条例》着眼于绍兴实际、绍兴元素，认真总结了绍兴人才发展促进方面行之有效、操作性强的创新举措、实践经验、特色做法，将其在法规层面予以确定，使之具有更好的指导意义和示范作用。

2.全面性。《条例》对各领域、各层次人才以及人才引育聚用留全链条

各环节作出系统全面规定，着力构建全方位全周期人才发展促进体系，推动人才生态持续优化、系统提升。一是对象覆盖广。《条例》对高层次人才和领军型团队、高技能人才、企业经营管理人才、教育卫生文化体育事业人才、乡村人才以及青年人才等相关政策均作出了具体规定。二是周期链条全。《条例》从人才引进、培养、评价、使用、激励、保障等环节着手，创新法规制度设计，健全制度措施，为全面推动人才工作发展提供了全方位支撑。三是要素保障强。《条例》加大人才服务保障力度，明确人才专项投入一般不低于本级一般公共预算收入的3%，并在薪酬激励、人才奖励、金融支持、科研经费管理、人才安居以及生活配套政策等方面作出规定，着力构建有利于人才发展的社会环境、工作环境、生活环境、人文环境和制度环境，积极营造近愿意来的良好氛围，让每一位人才在绍兴更有获得感、成就感和归属感。

3.实效性。《条例》坚持靶向思维、问题导向，把需要破解的实际问题作为立法的切入点和着力点，确保切合实际、务实管用、发挥实效。如针对人才评价和考核机制不够健全问题，坚持人才使用坚持人尽其才、才尽其用、用当其时的原则，建立以创新价值、能力、贡献为导向的人才评价体系，不唯论文、职称、学历、奖项，逐步建立科学、合理、多元的评价机制，分类别、分层次对人才进行评价，并将评价结果作为人才使用的重要参考依据；再如针对人才创新创业容错免责问题，建立人才工作容错免责制度等。

（二）主要内容

1.明确了《条例》的适用范围和人才定义。规定本《条例》适用于本市行政区域内的人才引进与培养、评价与使用、激励与保障等工作。同时规定，《条例》所称人才，是指具有一定的专业知识或专门技能，进行创造性劳动并对社会作出贡献，能力和素质较高的劳动者。

2.明确了人才工作中的职责分工。关于政府职责，《条例》规定市、县

（市、区）人民政府应当将人才工作纳入国民经济和社会发展规划纲要，编制人才发展专项规划，并将人才发展纳入经济社会发展综合评价指标等内容；对开发区管理机构和乡镇人民政府、街道办事处的工作职责作了规定。关于部门职责，《条例》规定市、县（市、区）人才工作综合主管部门负责本行政区域人才工作和人才队伍建设的宏观指导、统筹协调和督促检查，组织实施重大人才政策和人才工程；规定人力资源和社会保障等部门按照各自职责做好有关人才工作。关于其他职责，《条例》规定市、县（市、区）人民政府应当构建完善县（市、区）、部门间人才工作协同机制，加强与其他地区间的平台协作、项目合作、要素流动、生态共建，融入长三角人才一体化发展。《条例》规定了人民团体和社会组织做好人才的沟通、联络、推荐、服务等工作，以及用人单位自主权等内容。《条例》还对推进人才管理改革试验区建设、人才政策动态评估、人才工作者队伍建设以及人才周等内容作出规定。

3. 明确了人才引进相关规定。关于人才引进基本要求，《条例》规定人才引进应当完善市场化引才机制，坚持精准引才，注重柔性引才，打破户籍、地域、身份、学历、人事关系等制约，促进人才资源有效配置。关于人才目录和英才计划，《条例》规定市、县（市、区）人才工作综合主管部门应当编制发布、定期更新高层次人才分类目录，并可以根据经济社会发展需求制定急需紧缺人才目录。《条例》规定本市实施"名士之乡"英才计划，围绕现代纺织、绿色化工、集成电路、生物医药、高端智能装备、新材料、新能源等重点产业，引进高层次人才和领军型团队，培养自然科学、工程技术、社会事业等重点领域高层次人才。关于其他人才引进措施，《条例》对人才引进培养奖补、人才平台建设、一事一议、统筹使用编制、柔性引才等相关内容作出规定。关于高校毕业生就业创业，《条例》规定市、县（市、区）人民政府应当制定并落实吸引高校毕业生到本市就业创业的激励政策和保障措施，提升高校毕业生就业创业服务水平，培育创业孵化基地、众创空间、留学人员创业园等平台，多渠道促进高校毕业生就业创业。

4.明确了人才培养相关规定。关于人才培养基本要求，《条例》规定人才培养应当坚持产才融合，注重人才创新意识和创新能力培养，实现系统培养、整体开发，立足岗位成才，推进终身教育。关于相关主体的人才培养职责，《条例》对高等院校、职业学校、科研院所、企业事业单位等人才培养职责作出规定，并规定用人单位应当建立职工培训制度，依法提取和使用职工教育经费等内容。关于人才培养的重点对象，《条例》分别规定了对企业经营管理人才、卓越工程师、高技能人才、社会事业人才、农业农村人才的培养。关于引进培养青年人才，《条例》规定加强青年人才引进培养，支持符合条件的青年人才参与重大政策咨询、重大项目论证、重大科技计划项目、重点工程建设、标准制定。市、县（市、区）人民政府实施的各类人才计划、工程应当安排一定比例名额，用于支持青年人才引进培养。

5.明确了人才评价与使用相关规定。关于评价与使用基本要求，《条例》规定市、县（市、区）人民政府应当建立以创新价值、能力、贡献为导向的人才评价体系，不唯论文、职称、学历、奖项，逐步建立科学、合理、多元的评价机制，分类别、分层次对人才进行评价，并将评价结果作为人才使用的重要参考依据。人才使用坚持人尽其才、才尽其用、用当其时的原则，充分发挥人才自身专长和特点，科学合理使用人才。关于评价周期和人才认定，《条例》规定人才评价应当科学设置评价周期，注重过程评价和结果评价、短期评价和长期评价相结合，并规定了相应的评价方式。《条例》规定人才认定的实施部门以及人才认定方式，并规定对现有人才认定标准未涵盖但符合本市经济社会发展需求的人才，可以单独评审认定等。关于人才使用，《条例》分别规定了竞争性人才使用机制、人才特派员、离岗兼职、退休人才使用等内容。

6.明确了人才激励与保障相关规定。关于激励与保障基本要求，《条例》规定市、县（市、区）人民政府应当建立完善人才激励体系，构建完善全链条覆盖的人才服务保障体系，加强一站式、集成式、增值式人才综合服务平台建设，建立健全人才服务实事落实机制等内容。关于人才激励措施,《条例》规定建立健全体现人才价值的薪酬体系和收入增长机制。支持和鼓励用人单位通过分红、期权、股权激励等方式,激发人才创新创业活力。支持和鼓励国有企业事业单位采用协议工资制、年薪制和项目工资制等方式,合理确定高层次和急需紧缺人才的薪酬。《条例》还分别规定了知识产权激励、人才奖励、金融支持等激励措施。关于人才保障措施,《条例》分别规定了科研经费管理、人才安居、生活配套政策、人才码、人力资源服务业、诚信建设等内容。《条例》还规定了建立人才工作容错免责制度,规定对财政支持的人才项目,未取得预期成效,用人单位、人才计划入选人才或者团队尽到诚信和勤勉义务的,可以按照有关规定免予追责;主管部门和责任人员履职尽责,决策符合规定条件、标准和程序,未为本人、他人或者单位谋取私利的,可以按照有关规定免予追责。

三、《条例》的绍兴特色

与其他地方的人才立法相比,《条例》在规定内容上有以下几方面的地方特色:

(一)在立法目的上提出加快新时代"名士之乡"人才高地建设。加快新时代"名士之乡"人才高地建设是绍兴市人才工作的总体目标。2020年7月,绍兴市委八届八次全会专题研究人才和科技工作,审议通过《中共绍兴市委关于加快建设新时代"名士之乡"人才高地全力打造高水平创新型城市的决定》(绍市委发〔2020〕16号),明确把人才强市、创新强市上升为首位战略,将人才工作摆在更加突出的位置。

(二)积极推进人才管理改革试验区建设。为深化人才发展体制机制综合改革,破解制约人才引进、培养、使用等环节障碍,绍兴市于2021年率先启动建设绍兴滨海新区人才管理改革试验区,出台《关于建设绍兴滨海新区人才管理改革试验区的意见》《2022年绍兴滨海新区人才管理改革试验区重点工作举措》,实施30余项改革举措。

（三）明确每年 9 月 25 日所在周为绍兴人才周。1961 年 9 月 25 日，鲁迅诞辰八十周年纪念日，毛泽东同志写下了《七绝·纪念鲁迅八十寿辰·其二》，将绍兴誉为"鉴湖月台名士乡"。绍兴市将每年 9 月 25 日所在周明确为绍兴人才周，进一步彰显了绍兴市重视人才、尊重人才的城市内核。

（四）实施"名士之乡"英才计划。坚持引育并重，将"名士之乡"英才计划、"名士之乡"特支计划等全市 13 个人才计划进行全面整合，迭代实施"名士之乡"英才计划 2.0 版，形成全市统一的人才计划。

（五）大力度培养卓越工程师。《条例》规定，"市、县（市、区）人民政府组织实施卓越工程师培养计划，加强工程硕博士联合培养，推进卓越工程师实践基地、工程师协同创新中心和现代产业学院建设"。绍兴市已经建成印染、集成电路、袜业、珍珠、伞艺、厨具、轴承等七大特色产业工程师协同创新中心，并实现全市域覆盖，相关做法获省委省政府主要领导批示肯定和工信部人教司领导调研肯定，"建设一批工程师协同创新中心"写入工信部《关于加强和改进工业和信息化人才队伍建设的实施意见》。

（六）实施人才特派员制度。突出"不求所有，但求所用"导向，绍兴市创新实施"百所高校、百名专家、百个镇街、百家企业"人才特派员行动，计划用三年时间，到 2025 年从全国 100 所左右知名高校、科研院所，特别是列入教育部"卓越工程师教育培养计划"的"双一流"高校，遴选 300 名左右专家人才到绍兴市 100 个左右乡镇（街道）、200 家左右重点企业担任人才特派员，深化绍兴市与全国高校院所科技、产业、人才交流合作。

（七）构建完善全链条覆盖的人才服务保障体系。加强一站式、集成式人才综合服务平台建设，建立健全人才服务实事落实机制，保障人才宜居宜业。2020 年 12 月，绍兴海智汇人才综合服务平台——海智汇·国际人才创业创新服务中心受邀出席第十二届中国人力资源先锋评选颁奖典礼，荣膺 2020 年度中国人力资源产业园"最具特色园区"大奖，2022 年被评为全省十佳人力资源服务产业园。建立健全人才服务实事落实机制，每年都开展人才服务十件实事，着力解决人才面临的关键问题和小事，不断优化人才环境。

（八）要求市、县（市、区）人民政府应当通过数字赋能推进多跨协同，深化"绍兴人才码"场景应用，推动人才服务多源数据共享集成。绍兴"人才码"是在绍人才服务的数字化综合集成，实现人才服务"一码全享"、人才政策"一健智兑"、人才事项"一件联办"。

四、下一步的展望与建议

《条例》的颁布与实施，为进一步推进人才工作的法治化开了个好头，要把这部综合性的人才法规贯彻好、实施好，还有许多事情要做。

（一）加强人才条例的宣传推广。明确责任主体，按照谁执法、谁普法的原则，由相关责任部门制定具体的人才立法宣传方案，通过召开新闻发布会、法条解读、媒体宣传、专题宣讲等多种形式，积极宣传《绍兴市人才发展促进条例》的制定背景、特色亮点、权利义务、责任分工等。

（二）加强人才条例的实施监督。深化落实地方法规制定实施后"一年报告"、"两年执法检查"、"三年后评估"制度，《条例》实施后，责成市政府责任部门制定具体的法规实施计划方案；实施一年后，市人民政府应当向市人大常委会报告实施情况；实施第二年，由常委会组织开展条例执法检查；实施三年后，及时开展立法后评估，提出修改完善建议。

（三）完善配套立法与制度。《条例》作为综合性法规，相对规定比较原则、宏观，真正落地需要进一步制定配套的立法和制度，可以采取"1+N"的思路，在调研协商的基础上，重要的可以继续列入人大地方性法规计划，时机尚不成熟的可以由市人民政府制定政府规章，其他具体事项可以由相关责任部门制定规范性文件。

产业人才篇

第四章

绍兴产业结构优化对人才需求的实证研究

如何处理好产业结构优化与人才的关系，是各级政府部门面临的重要问题。一方面，从内涵上讲，新质生产力离不开产业深度转型升级；另一方面，从劳动者要素角度讲，新质生产力对劳动者的知识和技能提出更高要求，目前，绍兴市正处于深化教育科技人才"三位一体"集成改革的重要阶段，同时，经济发展态势也处于加快新旧动能转换、统筹创新要素协同的关键时期，如何发挥绍兴产业机构优化对人才需求的牵引作用，是绍兴市发展的战略性问题。

产业结构优化主要通过产业结构合理化与产业结构高级化两个角度影响人才供求。首先，产业结构合理化是指，产业结构比例与学术界可参照的标准产业结构接近的程度，例如计算我国各产业增加值占全部产业产值的比重，或者使用各产业就业占全部就业的比重来衡量我国产业结构，然后与西蒙·库兹涅茨等学者计算的标准产业结构对比，从而得出我国产业结构合理化的水平。产业结构合理化对人才供求的影响体现在，依据投入产出模型，来计算各产业对人才的中间需求率和中间投入率，从而评估人才在各产业的前后项关联水平是否合理；其次，产业结构高级化是指，产业机构从低水平向高水平演进的过程，具体表现为产业机构由低附加值结构为主转向高附加值结构为主的过程，或者产业机构由劳动密集型向技术密集型、资本密集型转型的过程。产业结构高级化对人才供求的影响体现在，制造业服务化是如何挤入人才需求的，同时是如何通过调整人才要素配置来改善制造业与生产性服务业融合度的。从理论上讲，产业结构优化对人才需求的影响值得绍兴市学习和借鉴。

基于以上理论与绍兴市实践的考量，本章将梳理绍兴市产业发展和结构优化的实践，以统计数据为依托，以集成电路和医药行业为例，对新兴产业人才需求进行模拟分析和预测，在此基础上得到本研究的结论与建议。

一、绍兴市产业结构优化的地方实践

绍兴市大力推进三个"一号工程"、全面加强"三支队伍"建设，在产业发展和结构优化中取得积极成效，具体表现在如下几个方面：

（一）数字经济创新提质

一是明确目标任务。贯彻落实浙江省数字经济高质量发展大会精神和"两个先行"新征程中实施数字经济"一号工程"升级版的有关文件要求，起草制定《绍兴市深入实施数字经济"一号工程"升级版若干意见》，明确了对标"升级版"绍兴市发展目标思路和主要任务。

二是加快数字产业化。扭住头部企业招引落地快投产、早达产，加快形成以集成电路为代表的新一代信息技术产业集群。通过产业链精准招商，打好"建链头部战"、"强链集群战"、"补链深耕战"三大战役，目前市域范围内已集聚以集成电路设计头部企业豪威科技、国内晶圆代工头部企业中芯国际、封测头部企业长电科技等为代表的集成电路及相关规上企业98家，初步形成以特色工艺为核心的"设计—制造—封测—材料—装备及应用"全产业链。

三是深化产业数字化。加快以"产业大脑＋未来工厂"为核心数字经济系统建设，织造印染、电机等7个省级产业大脑试点建设。电机产业大脑全省率先上线，入选省数字化改革"领跑者"；"电机大脑"、"织造印染产业大脑"、"码上防疫"、"一码找订单"等做法经验分别在省《数字化改革（领跑者）》、《数字化改革》刊出推广；深入实施智能制造五年提升行动，加快推进规上工业企业智能化改造全覆盖、中小企业数字化改造全覆盖、工业互联网重点产业全覆盖，从增加值看，2023 年全市实现规模以上数字经济核心产业制造业增加值 248.2 亿元，同比增长 12.6%，全省第 5 位；全市集成电路产业链实现产值 652.2 亿元，同比增长 22.0%。海峡两岸（绍兴）数字产业合作区获国家四部委正式批复成立。数字经济创新提质"一号发展工程"半年度、三季度综合评价分列全省第 1 位和第 3 位，季度评价全部 5星，年度 A 等。

（二）培育先进制造集群

一是加快实施制造业产业基础再造和产业链提升工程。加快推进纺织等重点行业领域基础技术和产品开发，加大工业强基项目政策支持力度，推动关键基础领域军民融合发展。建立"链长＋链主"协同机制，绘制产业链图谱，实施精准招商。创新推出电机供应链金融特色应用，降低企业融资成本 1 个百分点。先后成功创建集成电路、高端生物医药、先进高分子材料、智能视觉等四个省级"万亩千亿"新产业平台，持续壮大新兴产业动力源。强化集成电路、生物医药产业顶层设计，编制印发《绍兴市集成电路产业人才发展规划（2022—2025）》和《绍兴市生物医药产业人才发展规划（2022—2025）》，启动编制《绍兴市集成电路产业发展规划（2022—2026）》，拟订《绍兴市加快生物医药产业发展若干政策》。绍兴市越城区第三代半导体产业列入省首批未来产业先导区培育创建名单。全市全年集成电路产业链产值规模有望突破 500 亿元。全年完成新兴产业增加值 753.8 亿元，同比增长 16%，高于规上工业增加值 6 个百分点，占规上工业增加值的比重达 39.0%。

二是加快"腾笼换鸟、凤凰涅槃"。纵深推进跨域整合。坚持"市场机制主导+政府因势利导"，攻坚推进越城区 47 家印染企业、35 家化工企业跨域集聚，腾退用地 1 万余亩。目前，原 47 家印染企业已全部关停，整合形成的 5 大印染组团已全部投产、18 个大型化工项目已全部开工，实现企业发展、产业优化、城市提升多赢共赢，相关经验做法获省委省政府主要领导批示推广。深入开展开发区（园区）工业全域治理攻坚行动，创新探索出回购回租、连片治理、余缺对接等十种治理模式。扩面推广"2+6"平台工业全域治理，累计治理亩均低效企业和违法违规企业 5796 家，治理盘活土地 46122 亩。

三是成功创建国家级试点。聚焦现代纺织、医药、黄酒、珍珠等消费品工业，制定工业"三品"数字赋能三年行动计划，建立绍兴制造优品评价标准体系和培育体系，成功创建国家消费品工业"三品"战略示范城市。累计建成 5G 基站 19589 座，重点场所 5G 网络通达率达到 100%，每万人拥有 5G 基站数约为 32.73 个，全市城市地区 PON 端口总数达 11.4 万个，家庭千兆网络覆盖率达到 335.1%，成功创建国家级"双千兆"网络城市。创新"工业智治"模式，打造运行智控（调度名片）、集群智治（产业名片）、全域智理（平台名片）、企业智治（企业名片）、政策智享（政策名片）五张名片，成功入选工信部"工业智治"地市节点建设试点（全国共 9 个城市）。

四是"415X"先进制造业集群培育综合评价连续 5 星。对标省"415X"先进制造业集群培育要求，全力打造"10+2"重点产业集群，目前绍兴共有省"415X"特色产业集群核心区 4 个、协同区 3 个，各项考核指标全省前列，连续两季度获得省"415X"先进制造业集群培育工程综合评价 5 星。

（三）大力发展现代服务业

重点发展信息服务、研发服务、创意设计、物流与供应链服务、融资服务、跨境电商、数字文娱、节能环保服务等生产性服务业。

一是抓平台集群效应。扎实推进省服务业创新发展区、省冷链物流骨干基地建设，深化国家、省级"两业融合"试点、省级物流创新发展试点等工作，服务业高质量发展平台进一步延伸拓展，成功创建省级服务业创新发展区 2 家，省级冷链物流骨干基地 1 家。抓平台红利释放，高标准建设综保区、跨境电商综试区、市场采购贸易试点、中国自贸区绍兴联动创新区等平台，依托杭绍临空示范区绍兴片区、义甬舟嵊新临港经济区发展开放、通道、枢纽，全市进出口总额 3691.9 亿元，同比增长 23.3%，居全省第 3 位；实际利用外资 10.18 亿美元，同比增长 34.0%，规模排名全省第 5 位，增速排名全省第 4 位。抓专业市场转型升级，推进中国轻纺城、诸暨华东珠宝城等重点专业市场国际化、智慧化、品质化建设，大力发展网上市场、直播卖货、线上会展、互联网金融等新业态。

二是抓科创服务能力。全市研发经费支出占生产总值比重为 3.3%。新认定高新技术企业 502 家、省科技型中小企业 1262 家，全年实现技术市场交易额 212.2 亿元。新增省国际科技合作基地 1 家、海外研发中心 1 家。全市 PCT 国际专利申请量 224 件，同比上升 12.6%，全市有效发明专利量 20151 件，同比增长 20.2%。

三是抓物流迭代升级。多式联运稳步发展，全年水路货运量 1874.6 万吨，同比增长 2.5%；完成港口吞吐量 1975.3 万吨，集装箱吞吐量 9.2 万 TEU，"公转水"货运量 123.6 万吨。邮政行业业务总量达 88.18 亿元，同比增长 9.7%，居全省第三位，其中快递服务企业业务量达 9.36 亿件，同比增长 5.5%，"交邮 + 供销模式"等农村末端快递模式不断创新。继续推进绍兴港现代物流园、普洛斯上虞物流园物流智能化改造，推进浙江世纪联华物流配送有限公司新业态新模式培育。

（四）优化"爱才爱企"服务

一是继续推进国家重点人才工程落地。聚焦重点平台、重点企业、重点项目，坚持产才融合、精准发力，建立完善人才供需清单，提高人才匹配度，近年来国家重点人才工程申报数、入选数继续位居全省第一，全国前列。

二是举办人才技能赛事活动。高标准承办全国工业和信息化技术技能大赛决赛，举办全国工业和信息化产业·人才创新成果展并召开全国工业和信息化人才发展高峰论坛及相关分论坛；成功承办首届长三角"5G+工业互联网"大赛决赛和大会，并以两次大赛为契机，持续提升产才融合和5G融合应用的软实力，全力打响"绍兴智造"新品牌。

三是"爱企行动"暖心助企。高规格启动"爱企行动"系列活动，市级举办重点企业"圆桌会"6场、政企亲清"会客厅"3场、集群培育"群英会"4场，越商成长"训练营"3个。全市累计开展"爱企行动"系列活动60余场，参与企业2800余家，收集问题诉求3140条，办结完成3118项，办结率99.3%。制定出台"4151"计划、集成电路、生物医药、软件和内生项目等系列政策，已兑现资金16.6亿元，兑现率106.8%。爱企行动系列活动作为典型案例上报国务院推进经济持续向好督查组。

二、绍兴市产业高质量发展与人才的关联分析

本研究首先构建了产业高质量发展指标体系，指标权重赋值采用改进的熵权法来计算，从而测算了浙江省内各地级市的结果，以及绍兴市与省外的无锡、南通、佛山、东莞的结果，如下表所示。

表 4-1　浙江省各地级市高质量发展指数的测度结果（2006—2019 年）

年份	杭州	宁波	温州	嘉兴	湖州	绍兴	金华	衢州	舟山	台州	丽水	均值
2006	0.5536	0.5043	0.4821	0.4347	0.3907	0.4318	0.4061	0.3111	0.3718	0.3538	0.3630	0.4185
2007	0.5380	0.5192	0.5158	0.4947	0.3755	0.4845	0.4074	0.3444	0.4271	0.3659	0.3901	0.4421
2008	0.6820	0.7199	0.5794	0.5275	0.4722	0.6333	0.4509	0.3921	0.4672	0.4235	0.4381	0.5260
2009	0.7445	0.7577	0.7010	0.6485	0.5016	0.9216	0.6016	0.4450	0.4563	0.5041	0.6415	0.6294
2010	0.9583	0.9187	0.7866	0.7213	0.6336	1.0023	0.6734	0.5736	0.6588	0.5697	0.7057	0.7456
2011	0.9499	0.9317	0.8026	0.6751	0.5916	0.9571	0.6919	0.4925	0.5766	0.5949	0.6636	0.7207
2012	0.8555	0.9528	0.7517	0.7000	0.5981	0.9771	0.6825	0.5104	0.5897	0.5558	0.8829	0.7324
2013	1.0673	1.2599	0.9566	0.8578	0.7558	1.2126	0.9286	0.6985	0.8204	0.7667	0.9671	0.9356

续表

年份	杭州	宁波	温州	嘉兴	湖州	绍兴	金华	衢州	舟山	台州	丽水	均值
2014	1.0712	1.3333	0.9806	0.8947	0.7843	0.9468	0.8144	0.7633	0.7853	0.8181	1.0646	0.9324
2015	1.1978	1.3130	1.0747	0.9455	0.8272	0.9854	0.8993	0.8374	0.8207	0.8324	1.0233	0.9779
2016	1.4026	1.4516	1.1760	1.0198	0.9723	1.0212	1.1431	0.9350	0.9057	1.0841	1.1455	1.1143
2017	1.4875	1.3159	1.1059	1.0242	0.9517	1.2167	0.9457	0.9187	0.4027	0.9184	1.0184	1.0278
2018	1.638	1.5223	1.2224	1.059	1.005	1.2466	0.8985	1.1422	0.4074	0.9305	0.8582	1.0846
2019	1.9201	1.2744	1.1286	1.0454	1.1817	1.5045	0.9417	1.1219	0.3412	0.9827	0.6746	1.1015

表4-2　绍锡通佛莞五市高质量发展指数的测度结果（2006—2019年）

年份	绍兴	无锡	南通	佛山	东莞
2006	0.4318	0.4864	0.4701	0.4650	0.4170
2007	0.4845	0.5079	0.5221	0.4730	0.6032
2008	0.6333	0.6102	0.7063	0.6032	1.1003
2009	0.9216	0.6348	0.8414	0.5744	1.0879
2010	1.0023	0.8875	0.6828	0.7859	1.3221
2011	0.9571	1.0351	0.7896	0.7373	1.4341
2012	0.9771	1.0969	0.8600	0.6090	1.3635
2013	1.2126	1.4054	1.0648	0.7055	1.4623
2014	0.9468	0.6882	0.6048	0.7317	1.5756
2015	0.9854	1.2169	0.9730	0.7433	1.4417
2016	1.0212	1.3400	1.2044	0.8452	1.7411
2017	1.2167	1.2917	1.1616	0.7003	1.6995
2018	1.2466	1.3001	1.2506	0.8833	1.7128
2019	1.5045	1.4153	1.0469	0.8917	—

　　纵向比较发现，测度期内绍兴市高质量发展指数提升幅度大，创新发展起到了重要支撑，横向比较创新发展指数与无锡、佛山和东莞有较大差距。课题研究以新发展理念为指导构建了高质量发展水平测度指标体系和综合评价指数公式，对绍兴市2006—2019年经济发展质量进行了测度，并与长三角、珠三角相关城市进行比较分析。从纵向测度比较看测度期内，绍兴高质量发展指数增长了2.5倍，其中，2017—2019年间，绍兴市高质量发展指数一直处于全省前3位，属于浙江省各地级市高质量发展的第一梯队，并

在 2019 年上升为全省第 2 位，在杭州之后，但与杭州差距较大。其中，共享发展、创新发展是主要动能，绿色发展、协调发展和开放发展是绍兴高质量发展的主要短板。横向比较看，绍锡通佛莞五市高质量发展的基础相近，但"十三五"时期五市高质量发展程度明显分化，绍兴高质量发展总体领先于南通，近年来与佛山的优势进一步拉大，并与无锡呈现"交替上升"态势。2010—2019 年绍兴创新发展指数与无锡、佛山和东莞有较大差距，而创新发展指数与城市人口数量、外来人口数量及科技人才数量紧密相关。表 4-3 为 2010—2019 年绍兴与无锡、佛山、东莞创新发展指数变化与人口变化。

表 4-3　2010—2019 年绍兴与无锡、佛山和东莞创新发展指数变化与人口变化比较

内容　　　城市	绍兴	无锡	佛山	东莞
创新指数提升（倍）	1.1225	1.8659	3.2168	2.28
人口增长（%）	7.3	17	32	27

从表 4-3 可以看出，2010—2019 年绍兴总人口增长率为 7.3%，创新指数提升 1.1225 倍。相比之下，无锡、东莞、佛山人口增长分别为 17%、27% 和 32%，创新指数提升分别为 1.8659 倍、2.28 倍和 3.2168 倍。这种因果关系与专家研究结论一致。美国物理学家杰弗里·韦斯特（Geoffrey West）和他的研究团队研究发现，人类的发明和创造力，以人口规模遵守 5/4 的指数放大规则，即人口规模增加 1%，创新能力会提高 1.25%。以此可以得出，如果一个城市人口是另一个城市人口的 10 倍，那么它的创新就是后者的 17.8 倍，人均创新是后者的 1.78 倍。

人口来源分散的城市，人口中科技人才占比相对高，从而创新指数高，比如东莞。《中国科技统计年鉴 2020》数据显示，2019 年广东省以超全国 16% 的 R&D 人员全时当量位居我国内地 31 省区之首，远超西部 10 省区 R&D 人员全时当量之和，2019 年东莞人口是绍兴的 1.98 倍，创新指数是绍兴的 1.95 倍。2010 年绍兴常住人口总量占全省的 9.03%，2020 年占比下降为 8.16%，2019 年东莞外来人口占常住人口比重高达 76%，东莞外来人口

中 80% 为大专以上年轻劳动力，外来人口的数量和质量提升对东莞等城市创新产生深刻的影响，现代化的移民越来越成为东莞高质量发展的关键要素，原因在于移民文化以其开放性、包容性和创新性为东莞城市化高质量发展提供驱动力。第六次人口普查结果显示，非户籍人口比重与人均专利数成正相关。非户籍人口比重上升 1 个百分点，每万人人均专利授权数将增加 0.77 个。由于专利是创新的一个重要衡量指标，因此非户籍人口与创新具有很强的相关性。创新是一种新的想法，人聚集得越多，想法就越多。特别是，来自不同社会和文化背景的人相互交流更平等，也更容易产生新想法，即"碰撞效应"。另外，新知识和新想法类似公共产品，可以让更多的人受益，即"溢出效应"，这些是绍兴市比较缺乏的。

三、绍兴市产业结构优化对科技人才的供求分析与预测

（一）基本思路

由于我国目前对科技人才还没有统计意义上的规定，《中国统计年鉴》和《中国科技统计年鉴》中目前仅可获得 R&D 从业人员总量、从事科技活动人数和普通高校在校学生数等指标数据，而普通高校在校学生不仅属于科技人才的潜在供给，而且会受到留绍率等多重因素影响，同时绍兴文理学院、浙江越秀外国语学院等在绍高校均属于教学为主型高校，基本致力于技术型科技人才的培养。再加上科技人才净流入量受地区经济发展状况、人才政策以及技术进步等因素的影响，具有一定的不确定性，将上述三大指标纳入统一分析框架加以汇总预测，不仅存在现实操作上的困难，而且预测结果没有实质意义。基于此，本研究在运用历史统计数据进行定量分析时，对科技研发人才、科技人力资源进行分类预测和分析。

由于影响一个地区研发人才净供给量的因素非常复杂，关于研发人才的历史统计数据也比较少，难以反映数据变化的规律性，所以用时间序

列法预测研发型科技人才的未来供给缺乏科学性。而我国著名学者邓聚龙教授创立的灰色系统理论中的灰色模型则以"部分信息已知，部分信息未知"的"小样本"、"贫信息"不确定性系统为研究对象，通过对原始数据进行改造，形成既凸现原始数据变化规律又消除其波动性的生成数，能够较好地解决数据变化波动大以及历史数据不足等问题。所以本研究将研发型科技人才系统作为灰色系统，根据 2015—2019 年绍兴 R&D 人员的基础数据，运用灰色模型估算 2020 年科技研发人才总量，并预测 2021—2025 年科技研发人才供给量。然后根据科创板中的企业研发人才占比，估算出规上企业科技人力资源数量；再根据在绍高校在校学生人数、每年毕业生人数、理工科人数比例、留绍就业比例（考虑现实的合理增长）等，测算出到2025 年，绍兴市科技人力资源和科技研发人才总量。

（二）模型构建

GM（1,1）模型是灰色系统中最常用的模型，但在任何一个灰色系统的发展过程中，随着时间的推移，将会不断地有一些随机扰动或驱动因素进入系统，使系统的发展相继的受其影响。因此，用 GM（1,1）模型进行预测，精度较高的仅仅是历史数据 $x^{(0)}(n)$ 以后的 1 到 2 个数据，越往未来发展，GM（1,1）模型的预测意义就越弱。由于随着时间推移相继进入系统的扰动或驱动因素一般反映在新信息（数据）上，所以，如果随时将每一个新得到的数据置入原始数据序列 $X^{(0)}$ 中，重新建立 GM（1,1）模型，则可以提高模型的预测精度。另外，随着系统的发展，老数据的信息价值将逐步降低，在不断补充新信息的同时，及时去掉老信息，建模序列更能反映系统目前的特征。所以，本文采取 GM（1,1）新陈代谢模型进行预测，即利用历史数据作为原始数据序列建立 GM（1,1）模型，预测一个值 $x^{(0)}(n+1)$，然后在原始数据序列中，置入新信息 $x^{(0)}(n+1)$，同时去掉最老信息 $x^{(0)}$（1），用序列（$x^{(0)}(2), x^{(0)}(3), \cdots, x^{(0)}(n), x^{(0)}(n+1)$）作为新的原始序列 $x^{(0)}$，再重新建立 GM（1,1）模型，如此反复，依次递补，直到完成预测目标。

对 GM（1,1）模型，原始序列为 $X^{(0)} = (x^{(0)}(1), x^{(0)}(2), ..., x^{(0)}(n))$

设 $\dfrac{dx^{(1)}(t)}{dt} + ax^{(1)}(t) = b$

其中 $x^{(1)}(t) = \sum_{i=1}^{t} x^{(0)}(i), t = 1, 2, 3, ..., n$

$x^{(1)}(t)$ 的紧邻值生成序列为：$z^{(1)}(t) = 0.5x^{(1)}(t) + 0.5x^{(1)}(t-1), t = 2, 3, ..., n$

B 矩阵和 Y 矩阵分别为：

$$
B = \begin{bmatrix} -z^{(1)}(2) & 1 \\ -z^{(1)}(3) & 1 \\ \vdots & \vdots \\ -Z^{(1)}(n) & 1 \end{bmatrix}, \quad Y = \begin{bmatrix} x^{(0)}(2) \\ x^{(0)}(3) \\ \vdots \\ x^{(0)}(n) \end{bmatrix}
$$

按最小二乘法得参数 a, b 的估计值：$\begin{bmatrix} \hat{a}, & \hat{b} \end{bmatrix} = \begin{bmatrix} B^T B \end{bmatrix}^{-1} B^T Y$

则 $GM(1,1)$ 模型的白化方程为：$\dfrac{dx^{(1)}(t)}{dt} + \hat{a} x(1)(t) = \hat{b}$

时间序列方程为：

$\hat{x}^{(1)}(1) = x^{(0)}(1)$

$\hat{x}^{(1)}(t) = (x^{(0)}(1) - \dfrac{\hat{b}}{\hat{a}})e^{-\hat{a}(t-1)} + \dfrac{\hat{b}}{\hat{a}}, t = 2, 3, ..., n$

$\hat{x}^{(0)}(t) = \hat{x}^{(1)}(t) - \hat{x}^{(1)}(t-1)$

根据时间序列方程得到与原始数据相对应的模拟序列：

$\hat{X}^{(0)} = (\hat{x}^{(0)}(1), \hat{x}^{(0)}(2), ..., \hat{x}^{(0)}(n))$

残差序列为：

$\omega^{(0)} = (\omega^{(1)}, \omega^{(2)}, ..., \omega^{(n)}) = (x^{(0)}(1) - \hat{x}^{(0)}(1), x^{(0)}(2) - \hat{x}^{(0)}(2), ..., x^{(0)}(n) - \hat{x}^{(0)}(n))$

$$X = \frac{1}{n}\sum_{t=1}^{n}x^{(0)}(k), S_1^2 = \frac{1}{n}\sum_{t=1}^{n}(x^{(0)}(k)-X)^2 \text{ 分别为 } X^{(0)} \text{ 的均值和方差;}$$

$$\omega = \frac{1}{n}\sum_{t=1}^{n}\varepsilon(k), S_2^2 = \frac{1}{n}\sum_{t=1}^{n}(\varepsilon(k)-\omega)^2 \text{ 分别为残差的均值和方差。}$$

令 $c = \dfrac{S_2}{S_1}$,对于给定的 $C_0 > 0$,当 $C < C_0$ 时,称模型为均方差比合格模型。

令 $p = P(|\varepsilon(k)-\varepsilon| < 0.6745S_1)$ 为小误差概率,对于给定的 $p_0 > 0$,当 $p > p_0$ 时,称模型为小误差概率合格模型。

c_0, p_0 的大小决定了预测模型的精密等级,常用的精度等级见表4-4:

表4-4　精度检验等级参照表

精密等级指标临界值	一级	二级	三级	四级
C_0	0.35	0.5	0.65	0.80
p_0	0.95	0.80	0.70	0.60

若模型通过检验,则可用时间相应序列方程:

$$\hat{x}^{(1)}(1) = x^{(0)}(1) \tag{1}$$

$$\hat{x}^{(1)}(t) = \left(x^{(0)}(1) - \frac{\hat{b}}{\hat{a}}\right)e^{-\hat{a}(t-1)} + \frac{\hat{b}}{\hat{a}}, t = n+1, n+2,\ldots \tag{2}$$

$$\hat{x}^{(0)}(t) = \hat{x}^{(1)}(t) - \hat{x}^{(1)}(t-1) \tag{3}$$

进行预测,得出 $\hat{x}^{(0)}(n+1), \hat{x}^{(0)}(n+2)$

(三)预测分析及结论

考虑到规模以上企业、大中型工业企业、高新技术企业等3个统计口径中,规模以上企业涵盖范围最为全面。另外,根据绍兴现实情况,2020年绍兴拥有规上工业企业4638家,基本涵盖三大重点产业中的绝大部分研发比重高的企业。因此,本研究以2015—2019年绍兴市规模以上企业R&D

人员总量为科技研发人才基础数据（表4-5），建立GM（1,1）新陈代谢模型，估算出2020年绍兴市科技研发人才总量为6.4万人左右，"十四五"时期科技研发人才总量增长爬坡乏力。

表4-5 2015—2020年绍兴规模以上R&D从业人员和增长率

年份	2015	2016	2017	2018	2019	2020
规模以上企业R&D人员	39718	43936	46724	53865	60610	64430
增长率	12.20%	10.62%	6.35%	15.28%	12.52%	6.30%

目前在绍高校在校学生约11.67万人，2019年绍高校各类专业毕业生总数2.786万人，其中留绍就业4830人，留绍就业比例为17.34%。由于在绍高校目前仅有绍兴文理学院具有培养研究生资质，其他高校均不具备研究型人才培养的师资力量和学科体系支撑，因此科技研发人才供给基本依赖外地引进或企业对技能型职工的长期培养。假定在绍高校学生人数与毕业生人数增长率未来三年保持不变，即年均增长率7.8%左右，那么，到2025年在绍高校学生人数为16.22万人，累计毕业生17.5万人。在两个假定基础上进行预测到2025年本地高校科技人力资源总供给：一是假定本地高校毕业生留绍比例从2021年开始每年提高到25%，并且留绍毕业生相对稳定，基本没有再流出；二是假定毕业生人数中60%为潜在科技人力资源（根据现有专业估算，主要考虑理工科专业）。那么，到2025年本地高校对绍兴市科技人力资源供给为2.43万人。

假定规上企业科技研发人才增长率为"十三五"时期的平均数，即10.54%，那么到2025年绍兴市规上企业研发科技人员为10.56万人，根据科技研发人员占20%比重，规上企业科技人力资源人员为55.7万人，再假定本地高校对绍兴市科技人力资源供给20%可以转化为科技研发人员（调研时与传统产业领域的企业家交流获得的信息，进行可能性判断），那么，到2025年绍兴市科技研发人员本地供给总量约为11.04万人，科技人力资源大约为58.13万人。综合以上分析结果，可得出绍兴市科技人力资源和科技研发人才总数，具体见表4-6。

表 4-6　到 2025 年本地绍兴科技人才供给量

人才供给 主体	科技人力资源（万人）	科技研发人才（万人）
规上企业	55.7	10.56
本地高校	2.43	0.48
合计	58.13	11.04

四、绍兴产业集群高质量发展对科技人才需求实证研究

产业集群是最有效率的经济组织形式，发展产业集群是实现高质量发展和提升区域竞争力的有效路径。随着产业集群发展阶段的演进，其韧性和势力提升对高级要素人才的依赖越来越强。绍兴实施"双十双百"产业集群行动计划，大力培育先进制造业集群，加快构建现代产业体系，但人才支撑不足成为硬约束。构建有效的人才支撑和保障体系，是深化"两业经"战略亟待解决的重要问题。

（一）基于"双十双百"目标的万亩千亿产业人才需求建模预测

1. 集成电路产业

绍兴市集成电路产业集群发展处于启动阶段，产业启动阶段人才需求预测比较复杂，没有平稳的历史数据参考，为得出比较准确的预测结果，课题组采用了三种方法进行预测。（1）分区块预测，即根据绍兴市集成电路产业主要分布在高新区块、迪荡区块和袍江区块，每一区块的重点环节和目前企业情况进行分块预测，高新区块大约需要 2.3 万，迪荡区块需要 1万左右，袍江区块需要 4 万左右，2025 年实现目标产值总共需要 7.3 万人左右。（2）对标上海、无锡高密度产业园的预测，2025 年实现目标产值 1000亿元，从业人数不低于 5.2 万人。（3）人均总产值模式预测。该方法是目前常用的预测人才模型，参照《中国集成电路产业人才白皮书（2018—2019年版）》对我国集成电路人才需求预测的方法，按人均产值 140 万元计算，

2022年本市集成电路产业集群达到500亿元产值目标从业人员约为3.6万人，2025年本市1000亿元产值目标从业人员约为7.2万人。当然，2018年以来我国集成电路产业发展迅速，人均产值有所提高，在集成电路人均产值提高的情况下，实现产业千亿目标从业人数可能低于7.2万人。综合三种预测方法，绍兴市集成电路2022年从业人员应达到3.4万—3.8万人，2025年应达到7万—7.4万人。

根据对相关企业的调查走访，集成电路产业骨干工程师和操作工招聘难度较大，管理、财务和行政人员等岗位人才招聘压力相对较小，以下重点预测工程师岗位和操作工需求，结果见表4-7。

表4-7 集成电路产业紧缺岗位人才需求预测情况

时间	人才类型	岗位要求	需求人数
2020年底	研发工程师	集成电路设计、微电子、光电信息、电子信息专业硕士及以上	100人左右
	工艺工程师	材料、物理、机械、电子等专业本科及以上	100人左右
	操作工	中专及以上学历，专业不限，女性优先	600人左右
2022年	研发工程师	集成电路设计、微电子、光电信息、电子信息专业硕士及以上	5500人左右
	工艺工程师	材料、物理、机械、电子等专业本科及以上	13000人左右
	操作工	中专及以上学历，专业不限，女性优先	13000人左右
2025年	研发工程师	集成电路设计、微电子、光电信息、电子信息专业硕士及以上	10000人左右
	工艺工程师	材料、物理、机械、电子等专业本科及以上	25000人左右
	操作工	中专及以上学历，专业不限，女性优先	25000人左右

2.生物医药产业

生物医药集群人才需求与行业的产值和生产力进步情况密切相关。根据绍兴市2005—2018年的相关数据计算出绍兴医药行业从业人数与劳动生产率、工业总产值的相关系数分别为0.8889和0.9248。鉴于此，将影响现代医药产业人才需求数量预测的主要因素选择为现代医药产业总产值和生产力进步指数，采用与现代医药产业总产值和生产力进步指数相关的因果分析法来预测现代医药产业集群职工人数。

建立现代医药产业从业人数需求总量 N 的回归模型如下：

$$N_t = a + b * R_t + c * X_t$$

其中，N 表示从业人数，t 表示时间。X 表示工业总产值，R 表示生产力进步指数，计算方式为：$R_t = (x_t - x_1) / x_1$。利用 SPSS 软件，可得绍兴现代医药产业从业人数 N 的回归模型如下：

$$N_t = 5340.7688 - 16887 * R_t + 0.015 * X_t$$

假设绍兴生物医药产业实现 2022 年 500 亿、2025 年 1000 亿工业总产值目标的所需就业规模，首先需预测 2022 年和 2025 年生产力进步指数。因此，建立生产力进步指数预测模型如下：

$$R_t = e + f * t + g * t^2$$

用生产力进步指数对时间 t 进行曲线拟合，结果为：

$$R_t = -0.2925 + 0.1725t - 0.0038t^2$$

计算得出，2022 年和 2025 年生产力进步指数分别为：1.5774 和 1.6490。基于此，绍兴现代医药产业 2022 年和 2025 年实现目标产值所需劳动力人数分别为 53703 和 127494。从全国现有医药产业人才岗位平均分布来看，生产人员比例 39%，销售人员比例 32%，技术研发人员比例 16%，行政人员 11%，财务人员 2%。课题组重点测算了医药研发及生产技术岗位人才需求情况，见表 4-8。

表 4-8 医药研发及生产技术岗位人才需求情况

年份	岗位	岗位要求	需求人数
2022 年	生产技术人员	化学、生物、药学相关专业本科	6000 人左右
	研发人员	化学、生物、药学相关专业硕士及以上	4000 人左右
2025 年	生产技术人员	化学、生物、药学相关专业本科	24000 人左右
	研发人员	化学、生物、药学相关专业硕士及以上	16000 人左右

3. 高分子新材料产业

课题组采用绍兴市各细分行业领军企业人均产值进行测算。现有数据显示如表 4-9：

表4-9　高分子新材料人才主要产品领军企业劳动生产率

重点领域	领军企业人均产值（万元）
高端工程塑料	130
高性能氟材料	130—140
功能性膜材料	140—160
高性能纤维及复合材料	160

课题组认为，绍兴新材料行业采用人均产值150万每人较为合适，以此预测新材料人才需求。

产业的发展必然跟随着技术进步，不过新材料行业的技术进步率无法获得，课题组采用绍兴过去五年全员劳动生产率增速进行替代，构建如下方程：

$$F=(X_n-X_1)\ 1/n$$

其中F代表了全员劳动生产率的年化增长率，X是相应年份的全员劳动生产率。根据最新的数据可以计算得出：F=6.8%。

根据以上数据，如果绍兴市新材料行业在2022年和2025年的产值目标为500亿元和1000亿元，那需要的人员数量分别为：2.9万人和4.8万人左右。新材料岗位需求如表4-10。

表4-10　绍兴新材料人才主要岗位需求

年份	岗位	岗位要求	需求人数
2022年	生产技术人员	化学工程工艺、自动化、药物化学等专业专科以上	12000人左右
	研发人员	化学工程工艺、高分子材料与工程、药物化学等专业本科、研究生	4000人左右
2025年	生产技术人员	化学工程工艺、高分子材料与工程、药物化学等专业本科、研究生	19000人左右
	研发人员	化学工程工艺、高分子材料与工程、药物化学等专业本科、研究生	7000人左右

（二）2021年万亩千亿产业百家企业紧缺人才岗位调查

下表4-11、表4-12和表4-13是2021年"活力绍兴·智引全球"绍兴春季专列面向全国338所高校招聘人才时，根据59家集成电路企业、38家高端生物医药企业和22家先进高分子材料企业紧缺人才需求汇总形成的。从2021年绍兴三大"万亩千亿"产业紧缺岗位需求可以看出，企业用工需求以高素质人才为主，起点是大专，本科以上居多。

表4-11　集成电路产业紧缺岗位

序号	岗位名称	职位要求
1	模拟EDA工程师	1. 硕士研究生以上学历。 2. 熟悉模拟IC设计环境（Cadence Virtuoso）和流程，为客户及公司相关部门提供模拟IC设计和验证流程的集成与技术支持；熟练使用Cadence Virtuoso，Spectre/Hspice等模拟设计工具进行电路设计、仿真、验证。 3. 针对具体模拟设计，提供验证（Verification）方案和流程；搭建相应的验证测试平台（Testbench），善于用Perl/TCL或Python/Skill编程写脚本，熟悉Linux环境。 4. 支持Verilog-A行为模型建模和混合信号电路的验证。
2	仿真软件工程师	1. 计算机、微电子等相关专业硕士研究生以上学历。 2. 熟悉主流PDK结构，有Verilog-A建模经验者优先。 3. 精通半导体器件物理和器件的结构及工艺实现。 4. 熟悉模拟电路仿真流程，对主流仿真软件使用有一定了解，有电路设计、模型相关经验者优先。 5. 具备C/C++编程的基本技能，熟悉Linux开发环境，了解仿真基本原理。
3	电子测试工程师	1. 大学本科学历，电子相关专业。 2. 主要负责测试二极管、MOSFET、三极管、IGBT、IC等。 3. 了解基础的电子元器件（电阻、电容、二极管）。 4. 了解基本的C语言（简单的if、for等语句）。
4	QA质量管理	1. 大学专科学历，理工科专业背景。 2. 负责对进料、过程、成品等材料和产品的质量巡检、记录和标识，确保符合相关质量要求。 3. 对装配过程中产生的质量问题进行原因确认。
5	设备管理员	1. 大学专科以上学历，机电技术教育、机械、自动化等专业。 2. 从事设备巡检、维护、保养及DCS控制等工作。 3. 吃苦耐劳、接受倒班，四班三倒，8小时工作制，遵守公司相关安全、工作要求。

续表

序号	岗位名称	职位要求
6	生产技术员	1.中专以上学历，专业不限。 2.身体健康，无传染病，无色盲或色弱。 3.会使用电脑，能掌握简单的英语单词。 4.有电子厂工作经验人员可适当放宽要求。
7	工艺技术员	1.硕士研究生以上学历。 2.负责联系客户，根据客户要求协调整合各技术部门资源，全权负责新产品的立项、开发和量产过程。 3.负责与客户沟通了解芯片的应用需求，将信息反馈给工厂进行执行及产出。 4.制程整合改善与日常维护，工艺制造流程建立以及技术开发相关工作。 5.与 module 工程师合作完善工艺流程，提升品质。 6.进行 WAT/CP 电性分析及产品失效分析等。
8	SMT 工程师	1.SMT 贴片机的程序编写，管理和备份，数据库的日常维护。 2.按设备保养计划执行保养。 3.负责每天根据 PMC 所排的生产计划准备程序及工具。 4.熟悉电脑基本办公软件（office）。

表 4-12　高端生物医药产业紧缺岗位

序号	岗位名称	职位要求
1	医学分析	1.大学本科以上学历，CET6，医学、药学、生物医学等相关专业。 2.具有肿瘤免疫治疗方面的知识背景，了解肿瘤治疗领域和研究方案。 3.要求对医学信息有敏锐的洞察力，可进行医学分析报告专业写作和专业交流，抗压能力强。
2	QA 质量管理	1.大学本科以上学历，CET6，药事管理、生物学、药学等相关专业，熟悉药事法规，专业理论知识扎实。 2.主动性、抗压能力强，有一定 GMP/GCP/GLP 经验。 3.建立与维护质量保证体系，进行质量管理、生产监督，参加各类审计和稽查工作。
3	PE 技术员	1.大学本科以上学历，CET4，机械、材料成型、高分子材料、化学等相关专业。 2.协助工程师进行新产品的导入、试产的安排、生产指导，现场异常问题的及时排除。 3.协助进行生产工艺的改善、产品性能及结构方面的改善、包括工艺指导书的编写。
4	药物研发合成员	1.硕士研究生以上学历，CET6，制药工程，药物化学，应用化学等相关专业。 2.负责实验室化学合成工艺开发、液相纯化工艺开发，有一定的图谱解析能力，能熟练使用液相、制备系统。 3.能独立完成产品开发并撰写工艺总结，根据要求准备实验计划和撰写实验报告。

序号	岗位名称	职位要求
5	蛋白质纯化专员	1.硕士研究生以上学历，英语口语流利、中英文写作能力强，生物化学、分子生物学、微生物发酵等相关专业。 2.负责微生物发酵，蛋白在原核系统（E.coli）中的表达及纯化；蛋白在真核生物系统（酵母，CHO，293，baculovirus/昆虫细胞）中的表达纯化。 3.精通 AKTA、离子交换、分子筛、亲和层析等蛋白质纯化方法。
6	生物细胞研究员	1.硕士研究生以上学历，具备良好的英文读写能力，细胞生物、生物工程、生物技术、发酵工程等相关专业。 2.负责稳定细胞株的构建、细胞库的建立和细胞培养工艺的开发及优化，具有丰富的细胞培养、细胞转染及细胞株构建经验。 3.具有较强的责任心和工作执行力，具有较强的沟通能力与协作精神。

表 4-13　先进高分子材料产业紧缺岗位

序号	岗位名称	职位要求
1	DCS 管理员	1.大学专科学历，熟悉工艺操作规程，严格执行工艺指标，按操作规程精心操作，详尽如实做好操作记录。 2.加强岗位生产过程、设备运行状态检查，发现事故隐患，立即采取相应措施，并迅速汇报。 3.按要求做好异常警报处理，与现场保持紧密联系，确保现场工况与自控显示一致。 4.严格执行安全操作规程和各项安全制度，严禁超温、超压，及时发现安全隐患并汇报，对本岗位安全负责。
2	实验技术人员	1.大学本科以上学历，CET4，读写流利并可自主查阅各种英文文献，化工工艺等相关专业。 2.严格按照有关操作规程和实验方法做好各项实验工作，及时填写实验记录和实验报告。 3.爱护实验仪器设备，做到定期维修保养并妥善保管，确保实验仪器正常完好、量值准确。
3	工艺设计工程师	1.大学本科以上学历，化工相关专业。 2.熟悉化工各类单元操作，熟练使用 ASPEN，PRO II 等化工模拟软件，熟练使用 AUTO CAD 软件，具备一定的设备、电气、仪表专业知识。 3.按要求完成新、改、扩建项目工艺设计，包括编制工艺框图、绘制 PFD、UFD、PID、平立面布置图、起草各类工艺设计文件等。 4.负责与工程设计公司、供应商进行技术交流，提出设计要求和条件，审核工程设计图纸和文件，审核设备条件图、制造图、技术协议等技术文件，编制项目自控逻辑说明。
4	标准工程师	1.硕士研究生以上学历，CET6，具有理工类文献翻译能力，化学化工类专业。 2.负责分标委标准工作项目管理，对接立项项目，联系石化联合会及国标委跟进审批事宜。 3.协助分标委负责其他标准化相关活动。

续表

序号	岗位名称	职位要求
5	精细化工、医药中间体研发	1.博士研究生学历，精细化工、有机合成、化学工程、化工工艺、制药工程等研究方向。 2.具有较强的技术研发能力和创新意识，具有良好的职业道德修养，能够保守企业商业技术秘密和工作具体内容。 3.有相关项目工作经验，有良好的沟通能力，有较强的团队合作精神，工作认真细心、敬业负责，能够独立完成上级领导分配的工作。

通过以上研究预测，到 2025 年绍兴三大万亩千亿新兴产业共需要技术类劳动者 24.2 万左右，通常新兴产业科技研发人员占比为 20%—50%。课题组通过调研绍兴三大新兴产业的代表性企业，与业内人士交流得知，每个产业研发人员占比不尽相同，同一产业不同企业也是不一样的，比如，生物医药领域，在不同阶段，研发人员占比是不同的，早期研发阶段，研发人员占比会很高，超过 50% 很普遍，随着产业化进展，研发人员占比会降下来。但从企业类型来看，比如以仿制药为主的企业，研发人员就比较少，有的研发人员占比不到 5%；以创新药为主的，研发人员占比普遍达到 30%，有的可能更高。比如，恒瑞医疗是业内医药企业标杆，从以仿制药为主转型到现在以创新药开发为主，一共有 2 万左右员工，其中研发人员大约 4500 人。现在生物医药的趋势是，创新公司负责原始创新，同时有大量的专业服务类 CXO 公司负责协助，拿到证后授权生产。这样一来，创新型医药公司人员主要是研发人员。因此，课题组考虑，按中间数 30% 比较合理，绍兴三大"万亩千亿"产业 2025 从业人员 24.2 万左右，按 30% 的研发人员比例，到 2025 年达到目标产值，需要科技人才 7.3 万左右。

（三）重点传统产业改造提升对科技人才的需求分析及预测

1. 绍兴重点传统产业及其产值

下表 4-14 为 2016 年绍兴主要传统制造业基本数据表。

表4-14 2016年绍兴主要传统制造业基本数据

产业		规上企业数（家）	产值（亿元）	占全市规上工业产值比重（%）	占全市规上工业利润比重（%）	税收（亿元）	就业人数（人）
重点传统产业	纺织	1873	3673.52	36.60	31.36	93.49	315593
	化工	313	1296.95	12.92	15.98	28.75	54827
	金属加工	360	1136.39	11.32	8.25	17.40	46011
	黄酒	14	44.39	0.44	0.64	3.10	6532
	珍珠	23	30.73	0.31	0.51	0.57	2197
	合计	2583	6181.97	61.60	56.75	143.31	425160
特色传统产业	轴承	80	64.87	0.65	0.65	2.76	13650
	厨具	17	50.83	0.50	1.06	2.98	6332
	电机	61	219.57	2.19	2.66	20.53	17662
	合计	158	335.29	3.34	4.37	26.27	37644
总计		2741	6517.25	64.94	61.11	169.59	462804

2. 绍兴传统产业改造提升目标

根据《绍兴市传统产业智能化改造三年行动方案（2019—2021年）》，在全市13个传统产业领域实施智能化改造，到2021年统产业制造业企业全面完成改造，企业装备数控化率达到60%以上，机器联网率达到40%以上，机器人密度达到200台/万人以上。具体目标如表4-15。

表4-15 全市重点传统产业智能化改造三年计划目标

序号	指标名称	2019年	2020年	2021年	三年合计
1	高标准智能工厂（家）	3	3	4	10
2	智能示范车间（个）	30	30	40	100
3	生产线智能化改造项目（个）	300	300	400	1000
4	新增在役机器人（台）	2000	2000	6000	10000
5	规上企业智能化改造完成率（%）	30	30	40	100
6	研发省级以上智能装备首台（套）产品（台）	10	10	10	30
7	新增培育智能装备工程服务公司（家）	10	10	10	30

2021年绍兴市工业转型升级领导小组办公室关于印发《关于深入实施

传统制造业改造提升 2.0 版的实施方案》，为加快推动传统制造业向现代集群制造转型跃升，努力开创传统制造业高质量发展新局面，到 2022 年，传统制造业规上工业亩均增加值、亩均税收年均增长 7% 以上，传统制造业研发费用支出增长 10% 以上，传统制造业质量效益显著提升。力争到 2022 年，基本形成 5000 亿级（工业和商贸收入，下同）现代纺织、2000 亿级绿色化工、重点工业企业装备数控化率达到 65% 以上，重点工业企业工业设备联网率达到 50% 以上，到 2022 年，新增市级以上智能工厂 40 家，市级数字工厂 400 家，新增工业机器人 4000 台。

2020 年《绍兴市实施"双十双百"集群制造（培育）行动计划》十大集群主要经济指标目标如表 4-16。

表 4-16　绍兴集群主要经济指标目标

产业集群	2022 年产值（亿元）	2025 年产值
现代纺织	5000	8000
绿色化工	2000	/
珍珠、智能厨电、黄酒	/	1000

根据以上目标和 2016 年基本数据的提升幅度，参照现代纺织产业产值增长率，绿色化工年均增长 14.6%，金属加工年均增长 20%，预计 2025 年，重点产业集群 2025 年目标产值如表 4-17。

表 4-17　2025 年绍兴重点产业集群产值目标预测及亩均税收

产业集群	2025 年产值（亿元）
现代纺织	8000
绿色化工	3500
金属加工	2800
珍珠、智能厨电、黄酒	1000
合计	15000

根据 2020 年《绍兴市实施"双十双百"集群制造（培育）行动计划》，十大产业区集群亩均税收 2022 年达到 30 万元 / 亩，2025 年达到 40 万元 / 亩。

根据以上测算结果，可以得出如下结论："十四五"时期是绍兴市传统产业改造提升的关键时期，在此期间，绍兴传统制造业产值、智能化水平、生产率、亩均效益将有大幅度提升。与此同时，对科技人才的需求将大幅度上升，科技人才是否有效支撑，将成为传统产业改造提升目标能否实现的关键因素，这与课题组成员近年承担其他课题时，每年调研近百家企业，企业管理人员在谈到何为企业高质量可持续发展的约束因素时都把人才放在首位的信息是一致的，调研中企业家对生产的技能型人才、产品和技术研发设计人才、系统数字化智能化改造、维护和管理人才有迫切需求。

3.绍兴重点传统产业科技人才需求预测

（1）预测基础。首先要确立一个观点，就是企业智能化改造不会从根本上削弱就业人口数量。依据如下：法国战略公司的研究表明，尽管近20年来德国汽车工业是世界上采用机器人最多的产业之一，但近年仍拥有80多万名员工，这与10年前的员工数量相同。还值得注意的是，德国和韩国企业采用机器人的比例远高于法国，但他们的失业率却比法国低。由此可知，数字化技术的运用可以在研发、设计、生产、营销或自动化维护方面创造就业机会。从这个角度来看，2025年的绍兴传统产业就业人数不能大幅低于现有数量。

（2）基于三种因素考虑的预测

考虑因素1：人均工业产值长期平均增长（这其中包括了宏观经济波动、通货膨胀率等多方面因素长期影响的情况），通过过去20年的历史数据测算2000年规上工业产值1045亿元左右，就业人数在44.6万人左右，人均工业产值23.4万元。2020年规上工业产值7045亿元左右，就业人数在62.5万人左右，人均工业产值112.72万元。

从长期的人均工业产值增速来看，可以计算得出为8.15%，假设继续以这个增速增加，2025年的人均工业产值可以达到166.77万元。通过2016年数据可以发现，传统产业占规上工业的利润和就业人口在60%—65%区间，这一比例一般不会在短期内改变，我们假设2020年传统产业占规上工业的就业人口仍旧处于60%—65%区间，可以发现，2020年传统产业就业人口大致在 37.5 万—40.6 万人左右。这一预测和实际情况应该较为符合，因为绍兴市的新兴产业等工业并没有在 2020 年大幅贡献其工业产值。基于这些判断，如果 2025 年要达到 15000 亿元产值的目标，按照 166.77 万元的人均工业产值，就业人数会在 90.36 万人左右。

考虑因素 2：智能化改造加速，机器换人对就业岗位的替代作用。2019—2022 年传统产业平均年新增机器人分别为 2000 台、2000 台、6000 台和 4000 台，4 年平均每年为 3500 台，如果 2023—2025 年均机器人增速保持均衡增长，那么，到 2025 年绍兴机器人比 2020 年新增达到 20500 台（6000+4000+3500+3500+3500）。假定每台机器人平均替代劳动人工数为 10 人，则可代替普通工人 20.5 万人。

综合因素 1 和因素 2，课题组可以测算出大概就业人数在 69.86 万人（即 90.36 万–20.5 万）。这一人数和 2020 年的 62.5 万人数相差不大，符合我们预测前的推论，即企业智能化改造不会从根本上削弱就业人口数量。

考虑因素 3：根据目前科创板中的制造业企业，我们发现研发人员等技术型人才占企业就业人数的比重在 10%—30% 区间，根据不同的行业会有不同的比重，假定绍兴市的传统产业中的研发人员等技术性人才占比在 10%—20% 区间（科创板中很多是新兴产业，所以传统产业取下限值具有现实意义），那么，到 2025 年绍兴传统产业需要 7 万—14 万左右的技术性人才，取中间数为 10.5 万左右。

根据前面对绍兴三大"万亩千亿"和主要传统产业人才和研发科技人才需求预测结果，到 2025 年绍兴产业高质量发展需要研发科技人才约 17.6 万，具体见表 4–18。

表 4–18　到 2025 年绍兴主要制造业科技人才需求

产业\人才需求	科技人力资源需求（万人）	科技研发人才需求（万人）
三大万亩千亿产业	24.2	7.1
八大传统产业	69.86	10.5
合计	94.06	17.6

五、绍兴产业结构优化促进人才队伍建设的短板

（一）外部环境冲击不减

从国际因素来看，西方的逆全球化、地区冲突等变量依然深度影响预期和资源要素畅通循环，对绍兴市这样以传统产业为主、外贸依存度较高、发展方式还在转变过程中的地区带来巨大挑战。绍兴市优化产业结构，需要进一步拓渠道、畅循环、强创新，以高质量吸引力和差异化竞争力，持续提升市场份额。

（二）产业链风险仍然存在

绍兴仍有一批企业配套产品供应存在断链风险，进口替代依然艰难，近期只能通过进一步谈判高价采购或通过转口贸易稳定生产，远期正在引进相关人才或联系国内相关企业和院校进行技术攻关，但这不是"一朝一夕"之功，需要长期技术攻关和研究投入。

（三）创新平台支撑不够明显

绍芯等重点实验室虽已启动建设，但整体建设进度偏慢。目前，绍兴市引进共建产业创新研究院35家，但在规模、层次和绩效上与杭州、宁波、嘉兴等城市相比还存在较大差距，缺乏像中国科学院宁波材料所、浙江清华长三角研究院这样标杆性研究院。

（四）科技人才供求总量结构还不够优

对照"4151"先进制造业集群建设目标，科技人力资源需求缺口还比较大，新兴产业本地人才供求结构失衡较为严重。比如，集成电路产业对人才需求量比较大，预计2025年需求量为7万人左右，供需矛盾较为突出。

六、促进产业结构优化与人才供需平衡的政策建议

（一）进一步完善柔性引才政策

通常引进人才都有年龄限制，比如 45 岁以下等。50 岁以上、60 岁左右的人才通常不是引才的重点对象，有的甚至因为年龄问题被拒绝引进。这是人才引进的一个误区和盲点，也是绍兴市引进人才大有可为的空间。调研发现，60 岁左右的科技人才，有许多年轻人才没有的优势，比如，对能否发挥自身价值更重视，而对经济报酬的要求相对弱化；不再需要评职称争功名，工作中少了急功近利，多了务实与长远发展的考量；对自己掌握的知识、经验与技术少了担心他人学到的想法，多了主动传授、乐于收徒、真心帮扶的热情。这个年龄的科技人才，身体普遍尚好，退休之后，对识其才的用人单位多有感激和回报之心，到杭州一些企业调研，发现他们的工作绩效普遍比较好，用人单位普遍评价投入产出高。建议绍兴市加大柔性引进和引导企业引进该类高层次科技人才。

（二）进一步增强高校与产业联合培养人才的能力

一是建议绍兴文理学院增设微电子学院、新材料学院。文理学院作为绍兴市规模最大、层次最高的高校，有能力通过改革提升，为集成电路、高分子新材料等新兴产业提供科技人才供给，特别是研发型人才培养。每年培养 2000 名左右集成电路和高分子新材料人才。建议元培学院等普通高校增设集成电路强相关专业。除了研发人才以外，绍兴市集成电路产业也急需大量普通工程师类科技人力资源。二是建议在元培学院、之江学院和树人大学等高校中增设微电子科学与工程专业，为应用型人才培育提供强大支撑。根据实际情况，其他高校应该每年培养相关专业学生 3000 名左右。三是改革现有高校培养模式。建议绍兴市集成电路、生物医药、新材料相

关专业的学生采取"3+1"培养模式，即三年在学校学习，第四年在企业实践和进行毕业论文写作。通过订单式培养，让绍兴市相关企业事先确定需求人数，在大三开始由企业和学校共同确定校内课程和企业内课程。通过政府资金支持，鼓励高校老师和企业开展项目合作，让学生常态化参与项目实验和研究，并以此撰写毕业论文。四是加强三大新兴产业高校师资队伍建设。一方面，高校应该积极开拓人才引进渠道和创新人才引进方式，充分利用各个层面的人才计划，同时举办国际性学术会议，建立声誉，搭建与全球著名学者交流研讨机会；另一方面，提供有竞争的物质保障和精神鼓励，大力度提高三大产业师资薪酬，提高到与发达国家一致的水平，设立三大产业创新奖励基金，培育创新人才，增强创新氛围。五是大力实施院校联合培养计划。聚焦绍兴市重点产业集群和产业链，通过与国内相关高校、研究机构、国家重点实验室等签署合作协议，重点培养相关产业的高端人才、进行重点课题攻关、科技成果转化等方面进行深入合作，打造院校合作协同创新的典范，服务绍兴市重点产业发展。

（三）进一步加强产业人才数字化支撑

一是注重人才大数据积累。通过人才专列活动进一步拓展人才招引资源网络，围绕绍兴市产业集群人才需求，对接全球人才供给资源，进一步完善人才大数据中心功能，形成高层次人才三库三清单（即需求库、供给库、存量库；绍兴籍高层次人才清单、产业紧缺高层次人才需求清单、符合绍兴产业发展方向的全球顶尖高层次人才智库清单），实现绍兴产业集群各层级、各类别紧缺人才"按图索骥"。二是定期发布产业人才供需指数。贯彻落实三大"万亩千亿"产业人才数字化服务专项计划，在高端装备、新材料、电子信息、现代医药等重点领域，鼓励企事业单位创建国家工程实验室、国家重点实验室、国家工程（技术）研究中心等重大科技基础设施和重大科研平台，同时形成集成电路产业、现代生物医药产业、高分子新材料产业紧缺专业人才需求目录，及时发布产业人才供需指数，以增强科技人才供需透明度，缓解人才供需对接中的信息不对称。三是打造绍兴人才管理服务"智慧大脑"，提升人才管理服务智能化水平，优化人才项目申报、办事、招聘、评价、流动等环节流程，全面推广高层次人才"一卡通"，提升科技人才满意度。

（四）进一步优化人才激励政策

一是构建长期激励机制。从注重对人才的当前获得激励到当前获得的激励与长期获得的激励机制并重，从主要激励新引进人才到激励新引进人才与在绍兴工作一定时期的杰出人才并重，既要重视对高层次人才的奖励，也要加大对高技能人才的培训投入，促进人才平衡发展。率先制定落实国家关于科研人员职务发明获取报酬和兼职取酬的具体实施办法，鼓励科研人员在完成单位工作任务和经单位同意后，到企业或相关社会组织中开展研究创新等工作，按照相关政策和合同规定获得对应报酬。二是进一步提高人才激励政策精准度。结合城市发展定位和发展规划，编制动态人力资源供需平衡表，及时公布人才缺口，精准快速抢引人才。转变现有以学历或投资金额等为遴选标准的引才思路，探索按照行业类别、职业能力等甄别、选拔人才机制，精准吸引汇聚人才。比如对集成电路和现代医药企业相关专业的本科、硕士人才，可以享受相关博士人才的待遇，这就有利于增强绍兴市人才招引的针对性和有效性。遵循产业发展的人才需求规律，合理配置研究型、应用型与技能型人才，为城市相关产业布局和转型升级汇聚"上下游"人才，防止在人才虚假繁荣中透支承载能力和竞争能力。三是缩短激励政策兑现周期。建立中间环节的沟通和协调机制，简化政策审批和办理流程，确保人才奖励和项目扶持资金及时兑现。每年组织相关职能部门对上一年政策兑现和绩效进行评估，根据存在的问题进行及时调整。四是创新人才激励政策模式。调研中发现有些人才对于购房补贴兴趣不大，但是对科研启动经费有更高的期望，建议可以推出"五选三"模式，制定更多的人才吸引政策，让引进人才自行选择需要的优惠政策。

（五）进一步营造"崇才爱才"氛围

一是要强化不唯所有但唯所用理念，对行业领军人才，只要愿意为绍兴发展贡献才智，就给予量身定做的人才服务"套餐"，搭建平台，吸引其团队与绍兴市产业建立紧密联系，形成"领军人才＋平台＋团队"的人才和产业结合模式，不仅招引成熟型人才，同时招引成长型人才，通过这种模式集聚更多的为绍兴所用的人才。二是以共同富裕第一城为招牌吸引人才。绍兴市作为全国共同富裕十强城市之一，引起全国各界高度关注，尤其区域经济发展差距、城乡差距、居民收入差距小，按照共同富裕可量化的主要指标三大差距排名，列全国共同富裕首位城市。随着人们对美好生活需要的快速跃升，绍兴市经济、社会、文化、公共服务、生态等各方面的优势为越来越多的人知晓和向往，要抓住共同富裕示范区建设的大好机遇，大力宣传绍兴市共同富裕的状况和建设目标，为人才提供美好的可实现的预期，促进人才大量流入。三是打造和宣传人才全生命周期、全家保障的体制机制和政策体系。通过具体制度，构建科学、有效、有心、有情的人才服务保障体系。让人才对个人和家庭的全部未来预期有清晰的判断。比如，对人才提供从落地、到开展创新工作、延退选择、退休、退休以后可享受的住房、医疗、子女教育、家属工作选择等公共服务保障，对于紧缺人才给予子女全学段就学选择等优惠。四是完善引进人才个人所得税补助政策。建议借鉴深圳相关个税代缴政策，通过财政资金设立高层次人才基金，直接通过基金资金补贴高层次人才所缴的个人所得税。

第五章

绍兴人力资源服务业发展研究

人力资源服务业对促进就业、更好地发挥人力资源的优势有着重要作用。在此背景下，如何更好地因地制宜促进本地区人力资源服务业的发展，从而赋能人才创业创新活力，发挥其在带动地区整体发展中的独特作用，是一个需要探索的重要命题。本章研究旨在探讨绍兴市人力资源服务发展情况，并结合行业内典型案例和绍兴市经济发展的特色与需求，对绍兴市人力资源服务业进行全面分析，为绍兴市人力资源服务业的高质量发展提出意见建议。

一、人力资源服务业基本概况

（一）定义与分类的发展历程

早期关于人力资源服务业没有明确统一的定义，有部分学者从产业组织角度定义了人力资源服务业。如学者张焱在 2002 年发表的研究报告中，把人力资源服务业定义为"为生产提供人力资源服务产品的众多经济单位的集合"[①]。白澎在 2004 年的研究中从狭义和广义角度，界定了人力资源服

[①] 张焱 . 入世后我国的人力资源服务 [J] . 人民论坛，2002（1）：31-32.

务业的涵义，认为广义的人力资源服务业包括专业的人力资源咨询公司和能提供人力资源咨询的管理顾问公司；狭义的人力资源服务业则包括猎头公司和劳动力市场[①]。如今，人力资源服务业发展迅速，业务种类由单一性趋向多样化。有学者从人力资源服务内容角度对人力资源服务业进行了进一步的界定。邵鲁、郑美群在2009年的研究中给人力资源服务业重新定义，认为"为人力资源管理、开发、成长、流动等实践活动提供服务的企业与个人及相关业务活动体系是人力资源服务业"[②]。

根据2017年发布的《国民经济行业分类》[③]，人力资源服务行业指为劳动者就业和职业发展，为用人单位管理和开发人力资源提供的相关服务的行业，主要包括人力资源招聘、职业指导、人力资源和社会保障事务代理、人力资源外包、人力资源管理咨询、人力资源信息软件服务等。而近年来，伴随行业纵深化发展，人力资源服务链条不断延长，衍生出丰富业态，覆盖人事管理不同环节，人力资源的服务内容和边界也得到拓展。如学者王书柏在2021年的研究中将人才测评纳入定义范围[④]；民生证券研究院将人力资源招聘和外包等业务又进行了进一步的划分（见图5-1）。总体而言，我国人力资源服务行业内容已包含从招聘到离职的各个环节。绍兴市的人力资源服务行业内容依据2023年浙江省人力资源服务业年度统计报表，将招聘服务、劳务派遣服务、人力资源管理咨询服务、人力资源外包服务、流动人员档案管理、培训服务、测评服务、猎头服务、人力资源信息软件服务等纳入人力资源服务业的范围。

---

① 白澎.论我国人力资源服务业发展的现状和对策［J］.煤炭经济研究，2004，（10）：67-68.

② 邵鲁，郑美群.人力资源服务业对地区社会经济发展的作用研究［J］.中外企业家，2009，（20）：235-236.

③ 参见：https://www.mca.gov.cn/images3/www/file/201711/1509495881341.pdf.

④ 王书柏.后疫情时代我国人力资源服务业发展趋势研究［J］.内蒙古社会科学，2021，42（2）：114-120.

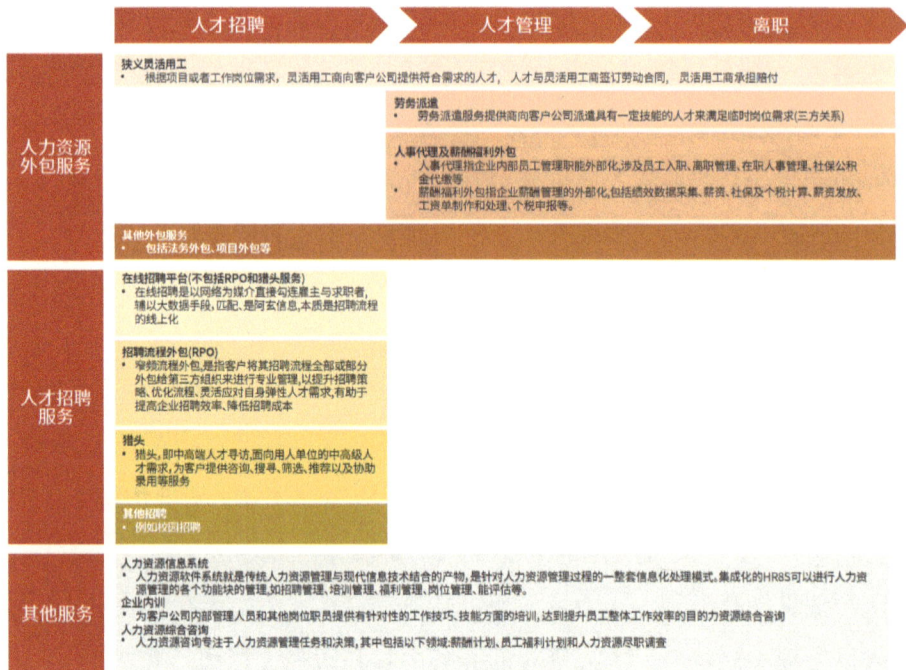

图5-1　人力资源服务市场分类

（二）行业发展状况

1.我国人力资源服务业发展历程

我国人力资源服务行业起源于上世纪80年代，经过40多年的不断深化，业态发展逐步丰富，企业需求日益细化。1980年，我国劳动力资源配置方式发生重大转变，在从统包分配向企业开放式用工转型的大背景下，围绕人力资源配置展开的系列服务逐步发展起来。同期，国家出台了针对外资企业驻华代表处中方雇员的管理规定，外资企业需借助第三方指定机构对中方员工进行人事管理，中智、北京外企、外服控股等国资人力企业相继成立。20世纪90年代至21世纪初，我国人力资源服务行业实现了快速发展。随着我国国民经济发展驶入快车道，人才市场空前火热，由此产生的劳动力招聘、培训及管理等企业需求进一步带动了人力资源服务行业发展。1995—2005年期间，大量外资人力资源企业如任仕达、万宝盛华、瑞可利等纷纷入驻中国，在中国开设分支机构。

进入 21 世纪以来，中央全面部署实施人才强国战略，并在法律层面明确人力资源市场概念，中共中央、国务院 2010 年印发的《国家中长期人才发展规划纲要（2010—2020 年）》提出要大力发展人才服务业。此后一系列政策文件为人力资源服务行业提供了成体系的规范和支持，并拓展了人力资源的服务内容和边界。

近年来我国陆续出台多部人力资源服务行业政策文件（见表 5-1），健全完善行业标准体系，驱动行业专业化、标准化、规范化发展。

表 5-1　2017—2023 年人力资源服务业部分相关政策文件

发布时间	发布部门	文件名称	相关内容
2017 年 4 月	国务院	《国务院关于做好当前和今后一段时期就业创业工作的意见》	大力发展人力资源服务业，实施人力资源服务业发展推进计划。
2020 年 7 月	国务院办公厅	《国务院办公厅关于支持多渠道灵活就业的意见》	优化人力资源服务。把灵活就业岗位供求信息纳入公共就业服务范围，开设灵活就业专区专栏，免费发布供求信息，按需组织专场招聘，送岗位进基层社区，提供职业指导等服务。指导企业规范开展用工余缺调剂，帮助有"共享用工"需求的企业精准、高效匹配人力资源。
2021 年 1 月	中共中央办公厅、国务院办公厅	《建设高标准市场体系行动方案》	提升人力资源服务质量。加快发展人力资源服务业，简化优化人力资源服务许可流程，加强人力资源市场事中事后监管。依托具备较强服务能力和水平的专业化人才服务机构、行业协会学会等社会组织，组建社会化评审机构，对专业性强、社会通用范围广、标准化程度高的职称系列，开展社会化职称评审。
2021 年 8 月	国务院	《"十四五"就业促进规划》	加快人力资源服务业高质量发展。推动人力资源服务与实体经济融合发展，引导人力资源服务机构围绕产业基础高级化、产业链现代化提供精准专业服务。鼓励人力资源服务业管理创新、技术创新、服务创新和产品创新，大力发展人力资源管理咨询、高级人才寻访、人才测评等高技术、高附加值业态。实施人力资源服务业领军人才培养计划。开展"互联网＋人力资源服务"行动。深化人力资源服务领域对外开放，探索建设国家人力资源服务出口基地。

续表

发布时间	发布部门	文件名称	相关内容
2022 年 4 月	中共中央、国务院	《中共中央 国务院关于加快建设全国统一大市场的意见》	健全统一规范的人力资源市场体系，促进劳动力、人才跨地区顺畅流动。
2022 年 5 月	国务院办公厅	《国务院办公厅关于进一步做好高校毕业生等青年就业创业工作的通知》	运用政府购买服务机制，支持经营性人力资源服务机构、社会组织等市场力量参与就业服务、职业指导、职业培训等工作。
2022 年 12 月	中共中央、国务院	《扩大内需战略规划纲要（2022 — 2035 年）》	建立协调衔接的劳动力、人才流动政策体系和交流合作机制，健全统一规范的人力资源市场体系，完善全国统一的人力资源社会保障公共服务平台，推动公共资源由主要按城市行政等级配置向主要按实际服务管理人口规模配置转变。
2023 年 8 月	人社部	《人力资源服务机构管理规定》	加强对人力资源服务机构的管理，规范人力资源服务活动，健全统一开放、竞争有序的人力资源市场体系，促进高质量充分就业和优化人力资源流动配置。
2023 年 9 月	人社部	《人力资源管理专业人员职称评价办法（试行）》	加强人力资源管理专业人员职称评价工作，高质量推进人力资源管理专业人员队伍建设，更好服务人才强国战略、创新驱动发展战略、就业优先战略和乡村振兴战略。

2. 当前我国人力资源服务业情况

当前，人力资源服务行业持续健康发展，人才资源服务机构数与从业人员数量也增长迅速，如图 5-2 所示。人社部发布的数据显示，近几年来行业规模不断上涨，如图 5-3 所示，2023 年全国共有各类人力资源服务机构 14.3 万家，从业人员 124 万人，分别是 2019 年的 3.5 倍和 1.8 倍。在服务能力上，全行业为 3.04 亿人次劳动者提供了各类就业服务，为 5099 万家次用人单位提供了专业支持。[①]

---

① 数据参见人社部：https://www.gov.cn/xinwen/2022-05/28/content_5692806.htm

人力资源服务机构数（万家）

从业人员数（万人）

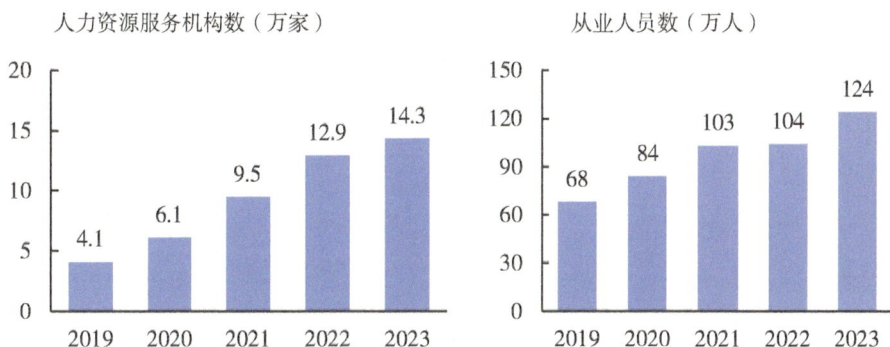

数据来源：人力资源和社会保障部、探迹大数据研究院

图5-2 我国人力资源服务机构与从业人员数量

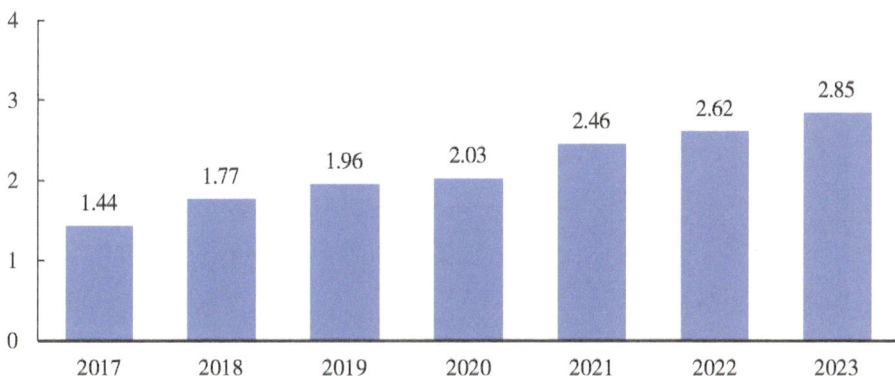

数据来源：人力资源和社会保障部、中商产业研究院整理

图5-3 我国人力资源服务市场规模（单位：万亿元）

按行业来看，目前我国人力资源行业主要为招聘服务、人力资源外包及管理服务、薪酬人士服务等，业务收入占比分别为31.4%、38.8%和16.4%，其中，灵活用工服务异军突起，500—1000人规模的企业是灵活用工最大需求方。[①]

3.人力资源服务业龙头企业成功逻辑分析

纵观我国人力资源服务行业自发展之初至今，我们不难发现几个明显

———————

① 数据来源：探迹大数据研究院。

的特征。首先，尽管行业呈现综合性和集聚性的发展趋势，但在垂直细分领域间仍旧存在明显的壁垒，导致不同领域诞生了各自的领军企业。例如，在 HR SaaS 领域，肯耐珂萨稳坐龙头位置，然而在灵活用工或招聘领域就并非如此。其次，龙头企业的地位并非一成不变，随着市场和技术的变化，新兴企业如 BOSS 直聘的崛起，也有可能改写行业地图。最后，与国际先进水平相比，国内人力资源服务行业的龙头企业在营业额、市场份额、集聚程度上还存在较大差距，展示出本行业还有很大的成长空间和发展潜力。

基于这些观察，可研究归纳出人力资源服务行业龙头企业成功的三种逻辑，分别是先发制人、创新取胜和资本优势。"先发制人"是指企业抓住行业早期的机会，通过早期进场积累客户资源和经验，打响品牌，建立运营体系。然而，先发优势也可以通过敏锐地把握时代趋势和市场空白在后期获得。"创新取胜"强调在技术、模式、营销等方面的创新，使企业获得不可替代性和竞争优势。目前，无论是新兴领域还是传统企业，技术创新都被视为行业发展的关键。而"资本优势"则体现在企业的资金实力，不仅能助力企业初期发展，中期的资本积累和外部支持则更能通过并购等方式转化为明显的竞争优势。

值得注意的是，这三种成功逻辑并非孤立存在，而是可以相互促进和共存的。例如，"先发制人"和"创新取胜"有助于企业吸引资本，"资本优势"又为技术创新和市场扩张提供支持。此外，还需要认识到，这些逻辑之外的因素，如市场营销、内部管理等同样对企业的成功至关重要。尽管我国的人力资源服务企业与国际龙头企业存在一定差距，但正是这种差距预示着巨大的发展空间和潜力。国内企业应当借鉴这些成功逻辑，结合自身特点和市场趋势，探索适合自身的成长路径，在未来的竞争中占据有利地位。

二、绍兴人力资源服务业发展状况

绍兴市人社部门聚焦人力资源服务业高质量发展，加强行业引导，激发市场活力，在迎接并战胜各种挑战中推动人力资源服务业取得长足发展。截至 2023 年底，全市共有人力资源服务机构 683 家（含劳务派遣机构），从业人员 2579 人，人力资源服务产业园区 6 家；全年营业收入 146 亿元，帮助实现就业和流动 41.7 万人次。从工作开展看，已连续六年成功举办绍兴市人力资源发展大会，并在此期间开展企业人力资源管理能力提升培训、HR 冠军挑战赛、HR 游学会、知名猎头对接会、人力资源服务业创业创新大赛等丰富多彩的活动；发布绍兴市人力资源服务业研究报告和绍兴市人力资源服务业榜单。从服务效益看，2023 年营业收入 146 亿元，帮助求职者实现就业和流动 41.7 万人次，服务用人单位 8.6 万家次，其中服务民营企业 8.0 万家次。从传统业务看，2023 年举办现场招聘会 1484 场次，提供招聘岗位 19.4 万个，参会求职人员 49 万人次，举办网络招聘会发布岗位信息 24.8 万个，求职信息 22.5 万个；劳务派遣服务用人单位 4126 家，派遣人员 6.8 万人，人力资源服务外包服务用人单位 1830 家，外包人员 8.1 万人；举办培训班 338 次，培训人数 1.9 万人；参加测评服务人数 1.1 万人。从高端业务看，猎头服务全年营收 3062 万元，提供猎头服务委托推荐岗位 4364 个，成功推荐 3861 人，其中年薪 50 万元以上的 477 人。

在人力资源服务业政策方面，绍兴市制定实施了《加快现代服务业高质量发展若干政策》，从招工引智、场地租金、业务运营等多个方面给予政策支持，极大地刺激了当地人力资源服务业的发展。比如，对为企事业单位引进博士学历人才或年薪 30 万元以上人才的服务机构，根据人才的学历和薪酬情况，按每人 5000 元—2 万元，每年不超过 20 万元给予奖励；对帮助引进海内外知名人力资源服务机构的产业园运营主体、服务机构，在引进机构运营满 1 年后，奖励 2 万—10 万元；对入驻各人力资源服务产业园的服务机构免除房租。除此之外，2024 年绍兴市坚持增值化改革理念，构建完整的人力资源开发、引进、流动、配置服务体系，发布了《绍兴市人力资源服务增值化改革行动实施方案（2024—2026 年）》，通过加大重点群体人力资本投入、实施人力资源服务企业"双强双专"计划等一系列举措，旨在建成普惠性人力资本提升机制、统一集成人力资源要素市场、社会化产才融合良性循环引育体系。

绍兴市人力资源服务业以创新驱动战略、就业优先战略和人才强市创新强市首位战略为牵引，聚焦先进制造业强市建设，以促进就业为根本，以提高人力资源配置效率为导向，以产业引导、政策扶持和环境营造为重点，整体呈现良好发展态势。

一是产业规模持续扩大。随着现代服务业和先进制造业快速发展、"放管服"改革纵深推进以及省、市服务业高质量发展大会召开，全市人力资源服务业实现较快发展，多项指标年复合增长率保持10%以上增长。全市人力资源服务机构数近5年来持续增长，如图5-4所示，从2019年的203家增长到2023年的683家。

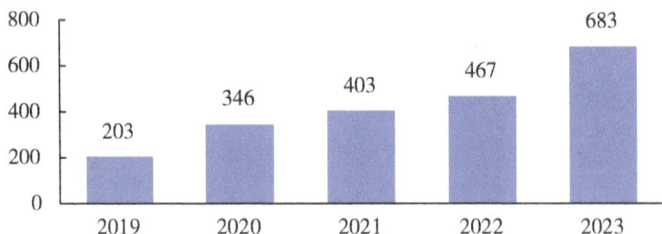

图5-4 近5年绍兴市人力资源服务机构数量情况（单位：家）

二是机构实力不断增强。近5年来，人力资源服务营收持续增长，如图5-5所示，从2019年的30.33亿元增长到2023年的146亿元，增长2.81倍。营业收入1亿元以上机构数量逐年增长，2020年为14家，2021年为19家，2022年达到23家，2023年达到27家，年增长率17.4%。《浙江省人力资源服务业发展白皮书（2023年）》综合百强榜单入选机构4家、猎头百强入选机构4家、服务外包百强入选机构3家。

图表数据：
200
150
146
114
102.05
100
70.5
50
30.33
0
2019　2020　2021　2022　2023

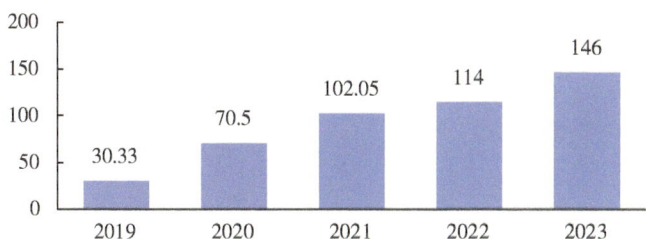

图 5-5　近 5 年绍兴市人力资源服务业营收情况（单位：亿元）

三是数字化融合显现。行业数字化融合逐渐显现，人力资源服务机构在"浙里人力资源"平台开设"云店"，经营性人力资源机构数字化、信息化服务能力不断拓展提升。试点人力资源医药产业协同平台，获全省人社系统数字化改革 2022 年第三批最佳应用。近年来，网络招聘、直播带岗等招聘求职新模式蓬勃发展，2020 年举办网络招聘会发布岗位信息 78.6 万个，比 2019 年分别增长 192%，如图 5-6 所示，是当年现场招聘会发布岗位信息数的 3.46 倍。目前，网络招聘会的发布岗位数仍远超现场招聘会，2021 年、2022 年分别是现场招聘会的 3.89 倍、2.45 倍。2020 年，网络招聘会发布求职信息数 23.4 万个，比 2019 年降低 27.1%，到 2021 年达到顶峰，随后网络招聘会发布岗位数和求职信息数逐年减少，但数量仍相当可观，如图 5-7 所示。

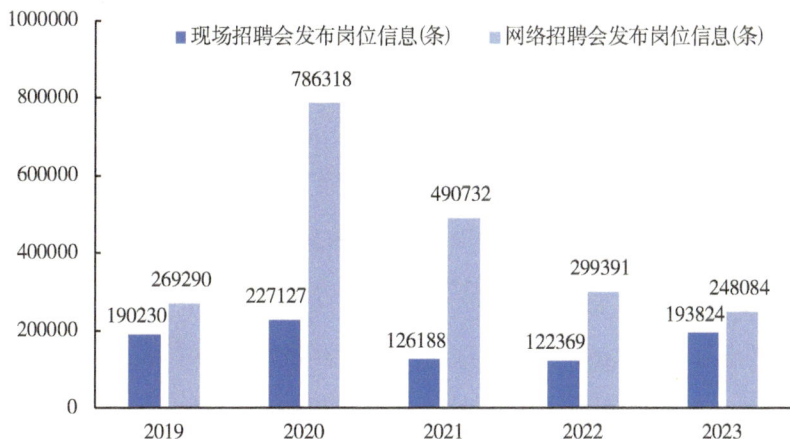

图表数据：
1000000
■ 现场招聘会发布岗位信息(条)　■ 网络招聘会发布岗位信息(条)
800000　786318
600000　490732
400000　269290　299391　248084
200000　190230　227127　126188　122369　193824
0
2019　2020　2021　2022　2023

图 5-6　近 5 年绍兴市招聘会发布岗位情况

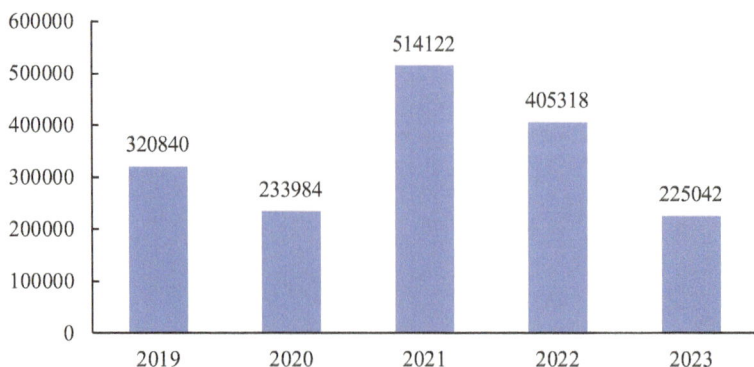

图 5-7　近 5 年绍兴市网络招聘会发布求职信息数量情况（单位：条）

四是就业服务保障有力。实现省、市、县人力资源公共服务信息网络互联互通，人力资源机构在促进大学生就业、帮扶就业困难人员再就业、助力共同富裕示范区建设等方面发挥了公益托底保障作用。2019 年以来，每年帮助实现就业、择业和流动人次呈倒"U"型趋势，但整体持续上涨，如图 5-8 所示，2023 年超 40 万人次。

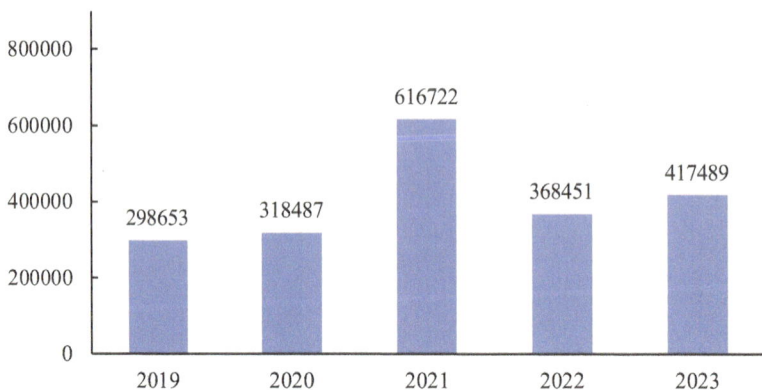

图 5-8　近 5 年人力资源服务业帮助实现就业和流动人次情况（单位：人/次）

五是行业管理更加规范。进一步规范许可证的印制、发放及使用等工作，稳妥推进许可证电子化。多部门联动，开展清理整顿人力资源市场秩序专项行动。全面落实人力资源服务机构年报制度，实现人力资源服务机构劳动保障书面审查全覆盖。构建评选体系，试行全市优秀人力资源服务机构评选，首批 10 家机构获评市级优秀。

（三）绍兴市人力资源服务产业园基本状况

自 2018 年浙江绍兴人力资源服务产业园（上虞园区）成立以来，绍兴市先后在 6 个辖区成立人力资源服务产业园，以 2024 年 2 月柯桥区现代人才服务产业园正式成立为标志，绍兴市人力资源产业园实现区、县（市）全覆盖格局。截至 2023 年底，6 家产业园区共集聚机构 129 家，实现营收 23.36 亿元。在全省首次省级人力资源服务产业园评估中，海智汇和上虞园区入选 2022 年全省人力资源服务产业园评估优秀等次名单，优秀园区数量仅次于杭州、宁波，位列全省第 3 位。

1. 浙江绍兴人力资源服务产业园海智汇园区

园区位于面积约 1.5 万平方米，由政府投资 5000 万元改建的海智汇·绍兴国际人才创业创新服务中心，2019 年 5 月正式投入使用，全产业链吸纳人力资源服务中介机构、风投机构、企业家协会等入驻，助推引领全市人力资源服务业发展。2023 年度园区产值 13.7 亿元，实现税收 2700 万元。

产业园致力于将人才资源转化为区域发展的战略资源，为区域人才提供专业系统化服务，以平台价值造就、吸引、留住优秀人才，旨在打造绍兴"科技 + 人才"为一体的综合服务中心。先后获得 2020 年度中国人力资源产业园最具特色园区、浙江省省级人力资源服务产业园、浙江省双创示范基地、浙江省小微企业园、浙江省省级备案众创空间、浙江省侨联侨界创新创业基地等众多荣誉称号，2022 年获评浙江省十佳优秀人力资源服务产业园。

开园以来，已累计为地方经济贡献产值超 45 亿元，税收超 7000 万元，开展人力资源公益活动近 500 场次，在活动中服务 50 余万人次。入驻人力资源服务机构 44 家，主营业态涵盖了高端猎头、人才引进、人才招聘、劳务外包、劳务派遣、管理培训、企业咨询等人力资源全产业链服务。

2.柯桥区现代人才服务产业园

园区在柯桥区人才强区首位战略背景下，由柯桥区委人才办和柯桥区人力资源和社会保障局联合组建。园区位于柯桥区安昌街道创意路315号B1幢，整体面积约7800平方米，聚焦以高层次人才、高校毕业生和技能人才等要素资源为特色的现代人才服务体系，打造立足柯桥、辐射全国、链接全球的"人力资源新高地，高端人才集聚区、人才服务综合体、产才融合示范园"。

园区规划有人才服务综合区、人才交流活动区、产教融合培训区、院士展示服务区、人力资源机构集聚区、配套服务集成区六大功能板块，将开展HR高研班、院士大讲堂、博士对接会、产业论坛等丰富活动。

3.浙江绍兴（上虞）人力资源服务产业园

园区是绍兴地区首家人力资源服务产业园，规划面积1.5万平方米，2018年7月21日开园运营，由人力资源市场、人力资源服务机构、公众服务平台、创业孵化基地、职业培训基地、人力资源产业链延伸企业等板块组成，可为用人单位和劳动者提供公共人力资源服务、人才招聘、人事代理、劳务派遣、服务外包、人才测评、教育培训、管理咨询以及猎头服务等各类人力资源服务。2023年度园区产值10.2亿元，实现税收1000万元。

产业园坚持"以市场为导向，以机构为主体，以服务为保障"的建设理念，把"全市领先、全省一流"作为建设导向，围绕"立足上虞、辐射绍兴、服务杭州湾"的目标定位，为绍兴乃至杭州湾地区提供一流的人力资源服务产品。

开园以来，2019年成为省级众创空间，2020年成为省级人力资源服务产业园，2021年成为省级小微企业园，2022年获评浙江省推进人力资源服务业高质量发展工作成绩突出集体和浙江省十佳优秀人力资源服务产业园。建园经验在4家国家级媒体、2家省级媒体、3家市级媒体报道，接待各级领导嘉宾参观考察150多批次。

4.浙江绍兴人力资源服务产业园嵊州分园

园区位于嵊州市官河南路 489 号君泰大厦北附楼 1—4 层，2019 年 8 月开园运营，园区面积 3500 平方米，总投资约 1500 万元。2020 年 7 月以"一园三区"的创新模式成功获评"省级人力资源产业园"。2023 年度园区产值 10 亿元，实现税收 4200 余万元，入驻机构 12 家。

产业园以人力资源产业集聚为己任，为企业提供项目孵化、人才招聘、岗位测评、企业内训、人事外包、人事代理、管理咨询、高端猎聘、投融资代理等优质服务；为人才提供职称评审、技能培训、技能鉴定、就业推荐、档案托管等专业服务；为劳动者搭建一站式、综合性人力资源服务平台，提供求职登记、就业咨询、就创指导、岗位推荐、政策匹配等服务。

开园以来，围绕"才聚嵊州　筑梦未来"高层次人才招引、"暖心护企　助企纾困"公益系列活动、"劳务协作不止步　提升就业加速度"劳务协作系列、"招才引智"高校行系列、就业援助"春风行动"等五大主题举办相关活动 280 余场次，累计服务企业 2.5 万余家，服务人才 11 余万人次，累计营收 47 亿元，累计纳税超亿元。

5.诸暨市人力资源服务产业园

园区位于宝利路 9 号，周边商务氛围浓厚，教育、医疗、产业资源丰富，距离宝龙广场 400 米，距离诸暨高铁站 1200 米，交通便利，生活配套完善。园区建筑面积约 1.1 万平方米，2022 年 6 月 10 日正式开园，已签约入驻人力资源服务机构 10 家，可为单位和劳动者提供劳务派遣、服务外包、人才招聘、人事代理、人才测评、管理咨询等各类人力资源服务，初步形成集招聘、培训、人力资源服务外包等业态于一体的较完整的产业链。2023 年度园区产值 6000 万元。

开园以来，共举办"就在诸暨　职等你来"周六常态化人才招聘会 101 场、直接助力企业 1548 家，发布岗位需求 1.8 万个，达成初步意向 3500 余个。建立"乐在浙里"沐川—诸暨东西部劳务协作农民工服务站，加强东西部劳务协作，解决企业用工难的问题。产业园将充分发挥桥梁纽带作用，通过精准高效对接，推动用人单位与人力资源服务机构共赢，为诸暨市重点产业领域提供源源不断的人力资源保障，努力创建成为省级专业人力资源服务产业园。

6. 新昌人力资源服务产业园

园区位于新昌智能装备小镇，周边企业环绕，区位优势显著，配套设施齐全，交通便利，2022 年 11 月正式开园，园区可用面积 8787 平方米。园区以政府引导、市场主导、产业协同、融合发展为理念，围绕当地智能装备、新型材料、生物医药、健康医疗等重点产业人力资源需求，构筑集"产业集聚、品牌集散、协同创新、企业孵化"等功能于一体的人力资源服务产业园，立足新昌，服务绍兴，辐射长三角，建设成为区域人力资源服务的引领者、数字化的示范者。

园区配套设施齐全，具备四大功能区——产业发展区、公共服务区、配套服务区、创新创业孵化区，满足入驻机构招聘、培训、会议、测评、面试、生活、休闲等系列需求，并配备众创空间、"新昌云聘"直播间等功能齐全的软硬件设施，打通线上线下人才服务渠道，构建以人为本的创新创业生态圈，推动产才融合共生共赢，为企业用工、人才就业创业提供高质量服务。

开园以来已入驻人力资源服务机构 48 家，2023 年度营业收入 2.56 亿元，解决新昌县企业普工用工需求 8800 余人，技能型人才输送 680 余人。2023 年已成功培育机构月度新增上规 2 家，2024 年已培育月度新增上规企业 2 家，预计 2024 年全年培育月度新增上规企业 7 家、年度新增上规企业 2 家。新昌人力资源服务产业园依托新昌良好产业基础与核心区位优势，努力将园区建成一流的人力资源服务产业基地。

（四）绍兴市人力资源服务机构业务分析

1. 2023 年度绍兴市人力资源服务机构综合 10 强

2023 年，综合 10 强总营收为 33.5 亿元，占绍兴市总营收的 22.9%。其中，综合10强营收最高值为10.1亿元，中位数为1.75亿元。从营收总数、中位数来看，综合10强总体上仍保持着强劲势头。从榜单上榜机构变动情况看，保持稳中有变的态势，2022年综合10强在2023年依然保持的有6家，浙江邦芒企业服务有限公司继续坐稳冠军宝座。

从综合10强地区分布看，6个区、县（市）均有上榜，越城区有3家机构上榜，卫冕第一，但上榜数较2022年减少1家，柯桥区有1家上榜，弥补了去年无机构上榜的空白，见图5-9。

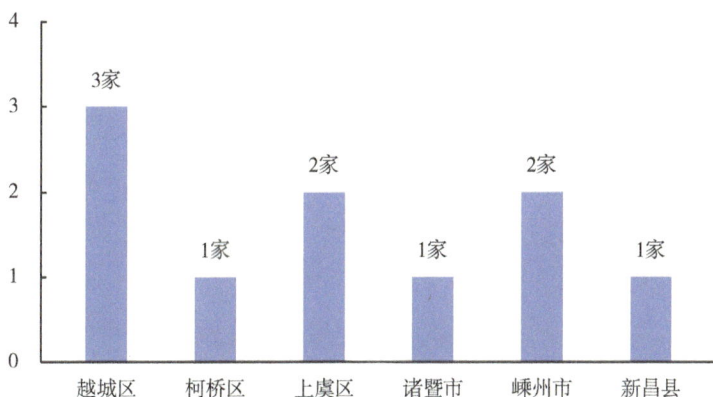

图5-9 2023年度绍兴市人力资源服务机构综合10强地区分布情况

2. 2023年度绍兴市人力资源服务机构猎头5强

猎头5强机构的猎头服务营收总额1790万元，占全市猎头服务营收的58.5%，营收最高数为692万元、中位数为193万元，猎头5强总营收相比去年呈现增长态势。猎头5强机构推荐年薪在20万元以上人才564人、50万以上人才404人、100万元以上人才47人，见图5-10。2022年上榜的猎头5强机构2023年仍然上榜的有3家，分别是浙江艾克米信息股份有限公司、锐仕方达人力资源集团有限公司绍兴分公司和浙江荐英人力资源服务有限公司。从地区分布看，嵊州市脱颖而出，上榜机构从2022年的1家增长到3家。

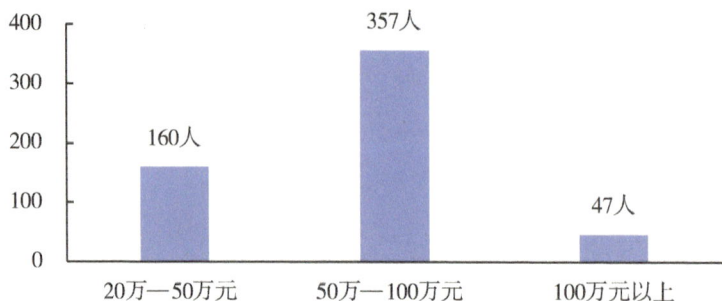

图 5-10　2023 年度绍兴市人力资源服务机构猎头 5 强推荐人才年薪情况

3. 2023 年度绍兴市人力资源服务机构外包 5 强

2023 年，人力资源服务外包 5 强外包服务营收总额 17.1 亿元，榜单机构外包服务营收最高为 8.79 亿元，最低为 1.06 亿元，中位数为 2.74 亿元，5强机构营收占该项业务全市总营收的 66.6%，全年外包人员总数达 5.9 万人，占全市外包人员总数的 72.8%，见图 5-11；由此可见，人力资源服务外包业务主要集中在外包 5 强机构。榜单 5 强里，2022 年、2023 年连续上榜机构有 4 家，分别是浙江邦芒企业服务有限公司、绍兴市越才人力资源服务有限责任公司、新昌县英杰人力资源有限公司、浙江省对外服务有限公司绍兴分公司，榜单机构较为稳定。

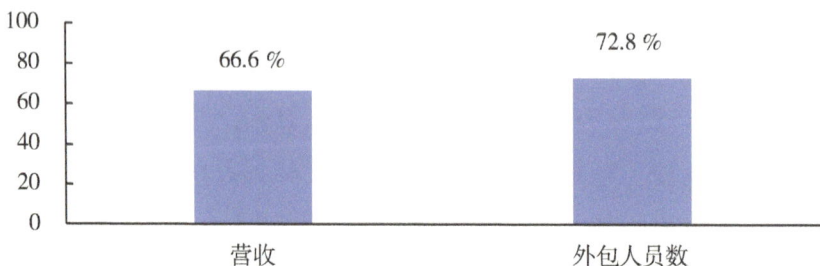

图 5-11　2023 年度绍兴市人力资源服务机构外包 5 强业务在全市占比情况

4. 2023 年度绍兴市人力资源服务机构劳务派遣 5 强

劳务派遣 5 强机构的劳务派遣服务营收为 17.18 亿元，占该项业务全市总营收的 47.1%，全年服务用人单位 456 家，占全市服务用人单位数的 11.1%；派遣人数达 14805 人，占全市派遣人数的 21.6%，见图 5-12。由此可见，与外包业务不同，劳务派遣业务零散分布，业务集聚程度不高。

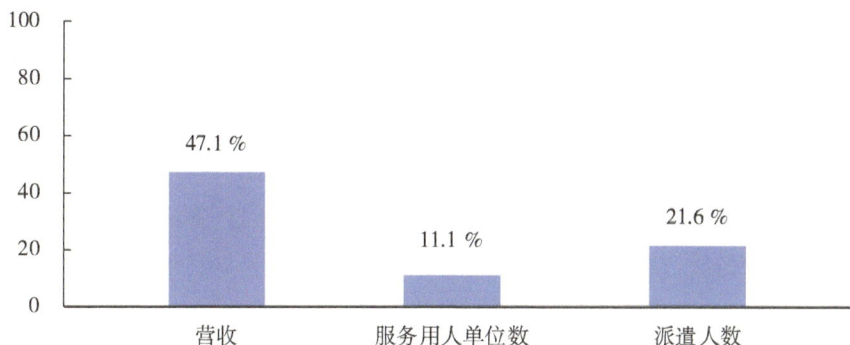

图5-12　2023年度绍兴市人力资源服务机构劳务派遣5强业务在全市占比情况

三、存在问题的分析

人力资源服务业一头连着亿万劳动者，一头连着广大用人单位，贯穿劳动者职业生涯全过程，通过测评、培训、职业指导等方式，能够精准分析劳动者素质与就业需求、岗位的差异，为劳动者提供多样化、个性化服务，促进劳动者就业和职业发展，同时也为企业用人提供服务保障。随着统一规范、竞争有序的人力资源市场建设持续推进，各类市场主体充满活力、竞相发展。目前，绍兴市人力资源服务业的发展仍存在着一些问题。

（一）人力资源发展水平相对偏弱

2023年绍兴全市常住人口为539.4万人。根据第七次全国人口普查、第六次全国人口普查和各年抽样数据，绍兴市始终保持人口增长态势，但相较于嘉兴、常州、温州等对标城市，人口规模增速较慢。并且，由于地理区位和产业结构等多方面的影响，绍兴市在中高端人才方面也存在较大进步空间。根据第七次全国人口普查，绍兴市每10万人中大学以上文化程度的有15248人，普遍低于对标城市；有学者通过绍兴市与常州、扬州、温州、嘉兴等城市的比较分析发现，2021年，绍兴市全员劳动生产率为20.64万元/人，与常州（29.32万元/人）、扬州（24.66万元/人）相差甚远。[①]绍兴人力资源发展水平不强，一定程度上制约了先进制造业和人力资源服务业的发展，也进一步反映了绍兴市对人力资源服务业高质量发展的迫切需求。

（二）新兴产业起步较迟，优势产业发挥不足

一方面，绍兴本地的制造业有着稳定的灵活用工需求。绍兴市作为传统的制造业城市，优势主要集中在纺织、金属、化工等传统产业，新兴产业起步较迟，产业优势尚未完全建立。虽然近年来绍兴市接续实施传统产业改造提升省级试点、"双十双百"集群制造行动，率先探索"亩均论英雄"、"跨域整合"、"全域治理"等绍兴经验，使得传统制造业有所提升，但不可否认的是，传统制造业在绍兴所占比重仍然较高，仍有较高的用工需求与外包需求。随着我国人口增长出现拐点，我国劳动力占比将逐渐减少，绍兴市也不例外。绍兴市近三年人口自然增长率分别为 –0.5‰、–1.8‰、–2.5‰，连续三年负增长，并有加速减缓的趋势，未来面临劳动力短缺的风险。

（三）行业专精方向潜力发挥不足

从行业企业数量和企业集中度来看，未来国内仍有巨大的整合空间。近年来，国内人力资源服务行业整合步伐加快，兼并重组现象日益增多，但对比国外发展来看，我国仍处在横向并购早期，即企业整合行为多出于通过并购互补的产品线补足公司业务矩阵，或通过外延并购将相关外包业务进行整合从而形成协同效应、扩大中游企业规模等目的。例如，科锐国际收购 Investigo 意在补足公司在海外地区金融及科技方面的灵工业务短板；人瑞人才收购上海思芮意在强化公司的信息技术及软件外包开发能力和客户资源；外服控股收购聚焦生产制造、物流运输、物业工程、公共设施等领域的技能人才外包企业远茂控股，则是意在与公司原有聚焦中高端白领人

[①] 丁美玲.绍兴在新发展阶段的竞跑之路——绍兴与常扬温嘉等"冲刺万亿 GDP"城市比较分析［J］.统计科学与实践，2023（03）：23–26.

群的外包业务形成错位发展。因此，我国人力资源服务头部企业的整合并购仍处在前期横向并购补足公司灵工业务线阶段，见图5-13。一旦绍兴市人力资源服务企业在某一垂直细分领域做出成绩，很容易招来行业内试图扩大规模、补足业务链的中游企业，乃至龙头企业的兼并收购。而在被收购之后，收购企业大概率会接手被收购企业的市场份额，在绍兴市设立分公司，从而以更大的体量、更先进的管理理念和技术创新推动整个绍兴市人服产业链、产业生态的发展。

然而，绍兴市在细分领域的深耕还不足。我国人力资源服务龙头企业之一的 BOSS 直聘是一个值得绍兴市借鉴的案例，作为 2013 年才成立的招聘猎头类企业，BOSS 直聘并不存在先发优势和经验积累，却仍在市场中脱颖而出，除去其创新能力之外，其专精某一领域的思路和战略方向值得绍兴市相关企业借鉴。

主体公司	时间	收购事件	备注
科锐国际	2018年6月、2022年5月	Investigo	主要营业范围为会计、金融、银行、战略、房地产、人力等领域的招聘服务，主要为英国、欧洲的蓝筹企业及中小企业提供中高端人才访寻、灵活用工与咨询服务。
	2015年7月	亦庄人力	亦庄人力主营业务为灵活用工、传统劳务派遣。
	2014年1月	安拓咨询	安拓咨询主要经营范围为人才供求信息的收集、整理、储存、发布和咨询服务，人才推荐和人才招聘服务，以及咨询业务和培训业务。
	2014年1月	安拓奥古	安拓奥古主要经营范围为人才推荐、人才招聘、中高端人才访寻服务。
	2013年12月	北京连聘	北京连聘主要经营范围为投资咨询、管理咨询、财务咨询和企业形象策划。
	2013年11月	新加坡公司	新加坡公司主要经营范围为人才推荐、人才招聘、企业管理咨询，在东南亚地区从事招聘流程外包服务。
	2011年6月、2014年8月	秦皇岛速聘	秦皇岛速聘主要从事中高端人才访寻服务。
	2010年5月	上海科之锐	上海科之锐是同一控制下的企业合并，是搭建上市平台、理清业务关系的需要
	2010年5月	北京欧格林	公司经营范围包括企业管理咨询，企业策划、设计，劳务派遣，医学研究，技术推广服务。
人瑞人才	2022.3	上海思芮	主要从事信息技术及软件外包
	2021.9	江南金科	区域领先的综合灵活用工企业，主要为地方商业银行提供综合灵活用工服务
	2021.9	上海领时	综合灵活用工服务商，主要从事于中国向地方商业银行提供综合灵活用工服务
外服控股	2022.6	远茂控股	远茂股份聚焦于人力资源服务行业中的人力资源外包服务细分领域，具体包括生产制造服务、商超零售服务、物流服务、技术工种服务、物业服务等，客户主要分布在汽车制造业、食品加工、物流业、医药业、快速消费品等行业
万宝盛华	2020.11	中瑞方胜	从事专业灵活用工的企业，于金融领域拥有丰富的客户资源，主要为当地客户提供专业用工服务、会计及财务咨询服务及税务筹划服务
	2017.9.1	EVENT Elite	扎根香港，专注于营销与市场外包及服务，服务涉及品牌事件营销管理，产品路演，细分市场服务以及产品投放测试等领域
	2016.6.1	睿仕管理上海	主要从事人力资源咨询、转职及领导力培训

资料来源：Wind，民生证券研究院整理

图5-13 近年来中国人力资源服务行业主要并购事件

（四）科技化技术化水平不足

纵观行业内龙头企业的成功逻辑，技术创新能力始终占据一席之地，并且对企业的成功与否起到了决定性作用。例如，科锐国际的数据中台与AI中台为其"前店后厂"的内部运行机制提供了核心技术支撑；BOSS直聘的数据挖掘和整合能力以及迭代的智能推荐算法为其海量高频数据提供了再利用的去处并因此构建了技术壁垒及数据壁垒；肯耐珂萨对SaaS、PaaS、AI等技术的融合应用以及人事管理云的VX-Core HR产品也为其提供了显著的比较优势。即使是不以技术优势起家的任仕达，在如今市场份额已经提升到较高水平的背景下，也开始进行数字化转型，思考如何利用技术工具提高人效和管理效率，并开始偏向于数字化方向的收并购来实现技术效率的快速提升。人力资源服务行业，尤其是灵工领域在前期呈现劳动力密集型特点，多为以人力开疆拓土的传统四五人小作坊，然而，人力资源服务行业目前正呈现科技化趋势，以大数据、人工智能为主的数字化线上平台成为企业有效触达双方的利器，协助企业链接更广泛的长尾客户和求职人员，提升了"触达效率"；与此同时，大数据和人工智能等数字化手段也帮助人力资源服务企业更好地分析挖掘企业的求人岗位和求职人员画像，对双方进行精细化标签分类并实现精准匹配，提升了"匹配效率"。

四、下一步展望

下一步，绍兴市将坚持增值化改革理念，加快构建完整的人力资源开发、引进、流动、配置服务增值体系，与本地先进制造业集群培育目标相结合，帮助抢抓新机遇、寻求新突破，加快提升先进制造业整体竞争力和辨识度。

（一）加大人才招引稳就业促就业，助力人力资源水平提升

大力发展高端猎头服务，鼓励企事业单位通过购买人力资源服务引进

海内外急需紧缺人才。鼓励人力资源服务机构承接绍兴市企业招才引智活动，引导本地人力资源服务机构积极对接招才引智"人才专列"、"留在绍兴"系列招聘等政府人才服务项目，发挥机构市场化、专业化优势，为绍兴广聚天下英才。开展人力资源服务企业稳就业促就业行动，聚焦高校毕业生、农民工等重点群体，开展求职招聘、就业指导、政策咨询等服务。引导人力资源服务企业向劳动者提供贯穿职业生涯全过程的就业和职业发展服务，创造更多通过勤奋劳动实现自身发展的机会。

（二）引进培育优质人力资源服务企业

大力引进与绍兴市产业匹配、合作紧密的国际国内知名人力资源服务企业来绍设立区域性、功能性总部、研发中心、分支机构。对人力资源服务机构按其营业收入予以奖励。鼓励人力资源服务中小企业实施技术创新，转化研发成果，申请高新技术企业、"专精特新"中小企业，培育一批具有原始创新能力和集成创新实力的人力资源科技型、创新型机构。实施人力资源服务机构培优工程，开展优秀人力资源服务机构评选、优秀 HR 评选，推动优秀人力资源服务创业创新项目落地绍兴，支持人力资源服务企业升规纳统，打造成为全市龙头型国有机构，形成国有与民营等机构优势互补、协同发展良好格局。加快发展人力资源服务贸易。支持本地人力资源服务机构为企业境外并购、境外工程项目提供人力资源支持。积极培育省级人力资源服务出口基地，鼓励本地机构在境外建立分支机构，参与"一带一路"建设、自贸试验区建设。

（三）加强绍兴人力资源服务业与其他产业深度融合

支持人力资源机构向现代服务业相关细分行业拓展经营范围。推动人力资源服务模式创新，扩大网络招聘、远程面试、直播带岗、协同办公、在线培训等线上服务覆盖面。深化共享经济在人力资源服务领域的应用，创新发展共享用工、兼职服务、灵活就业等服务业态。坚持把服务实体经济作为着力点，推动人力资源服务深度融入制造业产业链。支持人力资源服务机构为制造业企业设计人力资源管理流程和模式，梳理整合相关环节的人力资源服务需求，持续提供专业化规范化信息对接和供需匹配服务。支持人力资源服务龙头企业与产业链上下游中小企业组建创新联合体，鼓励有条件的制造业企业进入人力资源服务领域。深入推进跨地区人力资源服务和劳务协作交流机制，支持优质人力资源服务机构广泛拓展劳动力资源，为绍兴市从制造大市向制造强市转型提供有力支撑。

（四）推动行业数字化转型，打造机构核心竞争力

加强对前沿新技术而非现有人力资源服务企业早已涉足并有所积累的技术领域的研发应用，比如可以试图探寻 VR 技术、AI 技术在招聘服务上的应用等。加快推进人社部数字人社"人力资源市场监管"项目，融合人社、市场监管、综合执法、税务、教育、医保等部门数据，健全人力资源市场监管信息共享、问题沟通交流、案件联合处置等工作机制，与全省域统一开放的人力资源大市场集成共融，打造全国人社首个"制度＋技术"双轮驱动模式的人力资源行业监管平台。与"浙里人力资源"实现集成共享，推广"用才宝云店"和人力资源"网上超市"，一站式提供全市猎头、招聘、管理咨询、测评、外包等人力资源服务产品。搭建涉企人才服务、人力资源"一站式"平台，入驻企业综合服务中心实现一窗办理，开展企业服务综合中心人才板块"人工智能＋政策智答"工作。

（五）提升行业规范管理，营造行业发展良好生态

推行人力资源服务行政许可、人力资源服务备案全程网办，全面实施许可告知承诺制。加强事中事后监管，严格落实"双随机、一公开"和年度报告公示制度，强化市场管理和劳动保障监察行政执法，不定期开展清理整顿人力资源市场秩序专项行动，整治非法劳务中介。实施人力资源服务机构规范管理试点，建设数字化监管平台，切实加强行业监测预测和风险

预警。建立市级诚信机构评选机制，加快构建守信激励和失信惩戒的良好
制度环境。鼓励行业协会制定行业自律规范和行业公约倡议，开展信用评
价，提升行业自律。进一步修订完善绍兴市《加快现代服务业高质量发展
若干政策》人力资源服务业部分内容，将人力资源服务纳入政府购买服务
指导性目录。加大行业动态和典型宣传力度，形成全社会重视、支持和推
进人力资源服务业高质量发展的营商环境和社会氛围。

第六章

绍兴教育科技人才一体化发展研究

党的二十届三中全会强调要统筹推进教育科技人才体制机制一体改革，健全新型举国体制，提升国家创新体系整体效能。绍兴市是浙江省首个教育科技人才"三位一体"高质量发展试验区，近年来，绍兴市始终将教育科技人才一体化发展作为全面提高人才自主培养质量、构建人才发展新格局的战略举措。为进一步探索激发教育科技人才发展耦合效应，提升人才培养的协同性、精准性，绍兴市委组织部联合教育、科技等市级部门，相关高校、智库专家及各区、县（市）有关部门组建课题组，结合绍兴市教育科技人才"三位一体"高质量发展试验区建设实际，总结改革创新举措，深入剖析问题症结，研究提出建议启示。

一、实践探索

绍兴市在深入研究梳理教育、科技、人才的内涵外延和彼此关系基础上，充分发挥组织优势，在市委的坚强领导下，在政府部门的适当引导和参与下，立足教育科技人才固有属性，重点发挥高校等教育主体，科研院所、科技攻关项目等科研主体，人才平台、人才项目及高层次人才自身等人才主体，企业、科技服务机构等市场主体这"四类主体"作用，通过彼此领域资源协同耦合，联动培养契合国家重大需求、区域发展特点的高水平创新型人才队伍，实现以人才引领驱动赋能新质生产力发展的最终效果。

绍兴市始终将人才作为引领驱动高质量发展的重要引擎，坚定实施科技创新和人才强市首位战略，加快打造现代化名士之乡。特别是党的二十大以来，绍兴市深入贯彻中央关于一体推进教育、科技、人才工作的决策部署，持续健全协同工作机制、搭建协同育人平台、优化协同政策服务，推动教育科技人才相关主体融合互促、优质资源集聚裂变、整体生态提优跃升，实现人才培养量的新突破、质的新提升。2023 年 7 月，绍兴市成功入选浙江省唯一的教育科技人才"三位一体"高质量发展试验区建设试点，全市已累计培养集聚省级及以上领军人才 1100 余人，城市人才吸引力指数稳居全国第 23 位。

（一）健全机制，增强多跨育人聚合力

教育科技人才作为经济社会发展系统的重要变量，三者既紧密联系，又相对独立，发挥党总揽全局、协调各方的优势至关重要。为此，绍兴市坚持"顶层设计、载体抓手"相同步，不断增强教育科技人才三位一体的聚合力。

1. 推动组织领导协同。针对"三位一体"迫切需要解决的管理体制问题，在全市层面出台《教育科技人才"三位一体"高质量发展试验区建设方案》，设立由市委书记、市长任双主任，教育科技人才工作议事协调机构分管市领导任副主任，市委、市政府秘书长，组织（人才办）、编办、发改、经信、教育、科技、财政、人社、卫健、国资等相关部门主要负责同志任委员的教育科技人才"三位一体"高质量发展委员会，同步下设办公室、推进中心，实体化设立"三位一体"工作专班，上提一级构建教育、科技、人才相关部门联动参与、共同推进的工作格局。

2. 推动干部力量协同。聚焦教育科技人才工作干部力量配备，探索以常态化培养选拔优秀年轻干部实施办法为总要求，教育、卫健、国资三个

系统专业干部队伍建设专项规划为主抓手，科技等N个其他领域年轻干部选育管用制度为重要补充的"1+3+N"计划，形成专业选聘、精准培训、常态储备、分类管理为主要内容的干部选用体系。同时，不断健全完善"高校—人才工作部门"跟岗学习机制，强化复合型能力培养，壮大"三位一体"工作力量。近年来，市县两级已组织跟岗学习、实践锻炼43人次，如绍兴文理学院科技处工作人员到市委人才办跟岗，不仅依托业务优势帮助推进重大人才项目申报工作，回到学校后还因为熟悉人才工作提任校党委人才办副主任，实现个人能力、部门力量的"双提升"。

3.推动考核评价协同。立足提升相关部门推进协同育人责任意识、工作效能，探索教育科技人才协同考核评价机制。在整体考核层面，2018年开始，在全省率先将科技工作纳入基层党建和人才工作述职评议范围，将科技和人才工作推进情况作为市教育局等党委部门、各区县口头述职重要内容，实现人才科技"双述双评"，进一步压紧压实责任，促进比学赶超。在试点评价层面，围绕"三位一体"十大改革试点出台专项评价办法，探索人才管理改革试验区建设、人才发展体制机制综合改革晾晒比拼，采取年度集中评价、重点专项评价、完成后总评价相结合方式，推动改革举措落实落地。

4.推动资源配置协同。加强教育科技人才部门资源整合，构建资源一体配置、服务一站办理的协同平台，有力支撑人才培育发展。如探索建设"人才码"数字化应用，对接打通社保、公安、教育等10余个部门30多个数据接口，上线人才教育绿卡等100多个服务事项，月活用户超10万。如会同省科技厅建立"大型科研仪器设备开放共享一指办"应用，集聚全省355个高校、科研院所的1.7万余台科研仪器，提供共享服务24万次。绍兴市圆方半导体有限公司负责人表示，该应用为企业提供从仪器预约到业务完成的全套服务，大大减轻企业研发成本，也提供了更多与高校、科研院所的合作机会。

（二）把准需求，探索产教育人新路径

教育承担着培养人才和生产知识的基础功能，是创新的源动力，也是科技和人才的供给侧。为此，绍兴市立足城市高质量发展，坚持"学科教育、科研实践"相结合，不断健全完善德技并修、工学结合的育人机制，着力探索产教融合新路径。

1.立足区域发展需求，优化学科专业设置。注重根据实际需求，及时调整专业学科，提高育人精准度。近3年来，12所在绍高校围绕区域发展需求增设专业34个，包括"光电信息科学与工程"、"机器人工程"、"人工智能"、"集成电路技术"等与地方重点产业强关联专业，推动在绍高校毕业生留绍率大幅提升。据统计，绿色化工、新材料、生物医药、集成电路相关专业毕业生留绍率已提高到30%以上。杭州电子科技大学有关负责人表示，选择在绍兴建立校区，并将集成电路学院整体搬迁过来，就是看中这里完备的产业链基础，推动高校和地方的"双赢"。

2.立足产业升级需求，创新校地育人模式。聚焦省市重点产业集群建设，在先后引进浙江大学、上海交通大学、天津大学等35家高校共建研究院，同时注重以"一条产业链对应若干研究院"为导向，依托母体高校与在绍企业联合培养工程硕博士。截至目前，绍兴市已有17家研究院与221家企业联合开展工程硕博士培养工作，累计培育工程硕博士1353人，参与技术攻关项目591个，攻克重点技术难题近430个。如新昌浙江理工大学技术创新研究院聚焦高端装备产业升级需求，首创工程硕士"企业出题—导师领题—师生析题—学生答题—车间验题"联培范式，研究生入学后第1年在本部学习，第2、3年到企业开展实践，实现从"教室"转移到"车间"的沉浸式教学，相关工作荣获国家级教学成果奖一等奖。

3.立足企业实际需求，定制培养紧缺人才。紧扣企业的个性化人才需求，依托市内外合作高校资源，拓展产教融合育人路径。如探索"订单班"联合培养，由本地高校与头部企业合作，共同商定专业规划与人才培养方

案、共同组建师资团队，靶向培养产业紧缺的技能型人才。目前，全市已有19所中高职院校与143家头部企业合作开设订单班，累计培养规模近12000人。如深化"3+4"中本一体化培养，即前三年在中职学校就读，三年后参加单考单招，成绩合格后升入本科院校就读四年，最终本科毕业颁发本科文凭，目前已有7所中职院校和市内外高校参与培养，招收微电子、应用化学等重点领域学生809人。上虞区职业中专相关专业一学生表示，原先担心中专出来考不上好大学，现在能中本一体化通过以"热门专业"报考绍兴文理学院，既圆了"大学梦"，又为将来毕业后找工作提供了很好保障。

（三）集成资源，织密科创育人要素网

科技是教育和人才的试金石、风向标，检验教育和人才的成色，同时也牵引或者倒逼教育和人才发展。为此，绍兴市坚持"科教资源、市场主体"相衔接，紧紧抓住科技创新这个核心和培养造就创新型人才这个关键，着力提高企业自主创新能力和竞争力，不断织密创新发展要素网。

1.构建"六城三地"创新策源地。以建设绍兴科创走廊2.0版为契机，依托6个区县优化全市域科创版图，充分释放教育科技资源集聚效应，不断夯实人才培养基础。目前，已统筹编制《绍兴科创走廊发展规划》并获得省政府批复同意，重点推进建设迪荡湖科技CBD、诸暨海归小镇等十大创新基地和绍芯实验室、浙江省现代纺织技术创新中心等十大创新设施，加快形成"一带串联、六城聚力、三地联动、多点支撑"的全域创新空间新格局。据统计，绍兴科创走廊范围内已聚集高新技术企业1138家，省科技中小企业5842家，分别占全市的33%、53%，依托区域内企业、科研院所培养集聚省级及以上高层次人才730人，占全市比例超过60%。

2.打造"协同创新"人才孵化池。依托现有产业科创资源，搭建协同创新载体，一体推动人才培养、技术研发和产业升级。如全覆盖打造印染、集成电路、伞艺、珍珠、袜业、厨具、轴承等七大特色产业工程师协同创新中

心，通过集聚产业链上的高校、科研院所等要素，解决制约产业转型升级共性技术问题，在实践中培养工程技术人才，累计培养集聚工程师2700余人，帮助解决企业技术难题2700多项。印染产业工程师协同创新中心配套建设"浙里工程师"省级数字化平台，将工程师参与解决技术难题情况作为评定中级职称和年度"星级工程师"重要标准，激发服务企业和自我提升积极性，相关做法两次入选全国人才工作创新最佳案例。

3. 探索"产研帮带"成长加速器。支持企业通过高校院所合作建设工程研究中心、企业研究院等研发平台，在开展技术研究同时帮带培养应用型人才，全市77家省级及以上企业研发平台共参与国家、省级科研项目443个，集聚培养研发人员近5000人。如浙江捷昌线性驱动科技股份有限公司构建"企业研究院＋技术中心"双平台科研体系，对每年□招录的□术类员工实行3—6个月的"帮带计划"，一对一设计"学□□□习评估情况决定岗位类型，每年培养技术人才40余人。

4. 建强"产研衔接"研发中转站。为帮助更多人才跨越科研成果产业化的"死亡之谷"，绍兴市先行先试，探索制定中试基地管理办法，健全"研发—概念验证—中试—产业化"的成果转化体系，目前已建设布局科技成果转化中试基地4家，专设中试场地12万平方米，试验设备900余台，集聚研发、工程人才300余名，开展中试服务65项。如围绕新材料产业的人才科研成果转化全生命周期，由政府出资10亿元，盘整土地205亩，建成6.9万平方米的国科新材料中试基地，成立由多位院士领衔的中试专家联盟，建设新材料中试未来工厂，出台中试科技保险制度，编制中试人才成长计划，实施项目多部门"一站式会审"，推动中试立项时间从18个月压缩至最短3—4个月，材料减少60%以上，帮助解决工程化难题21个。

（四）三位一体，增值服务描绘生态育人全景图

人才是教育和科技的实践主体，处于引领驱动地位，也是创新的主力军，"三位一体"旨在最终形成推动人才全面发展的开放创新生态。为此，

绍兴市牢固树立"大人才观"，坚持"改革赋能、服务增值"相并重，全力擘画协同育人生态圈。

1.引育并重健全政策体系。以引育并重、科教协同为原则，迭代实施人才新政4.0版，为人才在绍成长发展提供积极稳定的政策环境。如加大对本土科技领军人才和社会事业人才的培育支持力度，对于入选"名士之乡"英才计划高级专家、拔尖人才、青年拔尖人才的本土人才，分别给予30万元、10万元、5万元特殊支持，并根据年度绩效评价情况予以奖励。如率先将卓越工程师及后备人才纳入高层次人才目录，对企业人才赴高校脱产攻读工程硕博士的，最高给予9.6万元学费补助，加强企业青年科技人才培育。如大力支持高层次人才赴国内外知名高校、科研院所进修深造，给予最高10万元资助，已累计选派深造465人。

2.□□□发人才活力。以授权松绑、激发活力为核心，联动教育科技人才财政等部门，加大人才改革力度，"不拘一格"培养急需紧缺人才。如通过建设人才管理改革试验区、开展人才综合改革试点等方式，赋予重点高校院所、头部企业、重大项目人才评审、职称评聘等自主权，激发用人主体引才育才动力，累计认定人才109人。如率先探索人才科技项目融合贯通改革，对符合条件项目予以评价结果互认、政策资金共享、服务管理联动，推动人才科技要素整合配置。如先后两次出台支持绍兴文理学院人才改革若干举措，在实施人才续聘政策、动态调整编制总量和高级岗位数量等方面予以个性化保障等。

3.用心用情营造优渥环境。以精准高效、泛在可及为导向，健全人才全生命周期服务"闭环"，为人才培育提升、长期发展提供良好生态。如市委出台全省首个综合性人才条例《绍兴市人才发展促进条例》，在总则中即明确"坚持教育、科技、人才一体化高质量发展"要求，进一步加强"三位一体"协同法治保障，凝聚整体社会共识。如将高校、共建研究院、实验室及关键领域产业人才培养纳入重点人才工作推进例会议题，健全集成电路核心企业市领导联系服务制度等机制，协同教育科技人才等相关部门解决堵点问题 114 项。针对武汉理工大学绍兴研究院相关负责人在部门调研过程中所提出，现阶段人才项目资助均以薪酬补助形式发放，难以满足科研设备等投入需求，随后市领导和有关部门专题研究了该问题，明确科研院所人才项目经费 50% 可用于科研资助，并通过当年度人才政策修订固定下来。如创新制定"增值式"人才服务十条，滚动实施人才子女幼托等年度人才服务"十件实事"，在政策容缺兑现、人才疗休养等方面升级提档，通过绍兴"人才码"发放 2600 万元人才专项消费券，受到广泛好评。如高质量建设国际科学家交流中心、国际青年人才社区、人才会客厅等交流平台，推出人才安居工程、青春公寓"零元入住"等特色举措，定期举办青年博士马拉松、高层次人才音乐会等主题活动，切实提高人才生活舒适度。

二、存在问题

研究发现，虽然包括绍兴市在内，全国不少省市都围绕教育科技人才一体化发展作了积极探索，但因为相关工作体系化推进时间还不长、政策机制还不够畅通，仍普遍存在以下 4 方面亟待破解的问题。

（一）体系贯通还不够透

目前，各级虽然在协同体系建设上取得一定成效，但因为现阶段教育科技人才目标任务还缺乏衔接、抓手载体自成体系，尚未能形成"1+1+1>3"协同育人效应。如在机构设置上，虽然省级层面已有设立教育科技人才工作领导小组的导向，绍兴市也已率先实现教科人议事协调机构的整合，但目前相关工作仍各有侧重，尚未实现整体谋划、一体推进。如在考核评价上，部门"三定"方案对有关事项未作要求，协同育人难以体现业绩，缺乏内生动力；省市"三位一体"专项考核因为和部门业务方向存在一定出入，短时间内无法有效实施。如在资源统筹上，由于体制、层级等原因，相较于人才科技部门，教育部门对于教育资源特别是本地高校的统筹，还无法有效实现。因此从"三位一体"部门协作到"三位一体"育人协同，还需要在多跨协同机制、资源配置模式上作系统设计。

（二）产教融合还不够深

面对技术变革迅猛、市场发展快速等客观情况，目前的协同育人体系与应用端的衔接还不是很深入，人才与市场实际需求存在一定距离。如部分产教融合平台的作用发挥还不够，绍兴市虽然已获批建设省级市域产教联合体2个、省级重点支持现代产业学院建设点4个，但因为缺乏资金、招生名额等方面的定向支持，相关平台在整合产业需求、推进联合培养等方面的作用还未能充分发挥。如部分学科建设落后于产业需求，学科建设作为一项系统工程，需要在硕博士点争取、教师队伍建设、实验室设备投入等方面做全方位准备，无法根据产业重点变化实时调整。据某高校学科建设相关负责人介绍，一般整套准备下来至少三五年，在及时全面满足地方需求方面确实存在难度。如现有教师考核等规定制约校外科研育人，据了解西安多所高校允许学院领导带职务服务地方平台或全职创业，而浙江高校一般要求先免去行政职务，一定程度影响人才积极性。据某高校青年教师表示，目前教师开展科研合作、服务企业时间尚未被纳入课程时间考核，在学校之外协同育人时间精力非常有限。

（三）培育导向还不够准

现阶段人才协同培养还是以满足点上需求为准，市域层面缺乏统筹，主体层面尚未贯通，存在重复培养、重复支持等情况。如整体缺乏规划设计，目前成体系的人才培养还是以各级"特支计划"为主，覆盖面相对较窄；围绕重点产业或科研需求，针对硕博士、工程师、青年等不同人才的培养规划相对欠缺，对青少年科普等"前道培养"工作还缺乏重视。如信息壁垒依然存在，数字应用缺乏贯通集成，目前各类数字化应用的多跨集成已较为深入，但在个税、外国人工作许可等层面还未实现贯通，尚无法精准研判各类人才实时需求，影响人才引育和服务的及时性。如企业平台缺乏整体统筹，企业科研平台是技术研发和人才培养重要阵地，但也部分存在类型较多、主体混同、实质作用不明显等问题，像工程研究中心、企业技术中心、企业研究院、重点实验室等由多个部门负责，很多都没有独立建制和团队，彼此的功能性差别也不大。

（四）整体氛围还不够浓

受传统观念和现有政策制度、基础条件等影响，人才协同培养的整体环境还有待营造。如用人单位培育人才意愿不强，调研发现，不少用人单位对人才在学历提升、职称晋升后跳槽有所顾虑。如引育政策差距较大，影响人才培育发展预期。虽然近年来各地在人才培养支持方面作了较多探索，但政策差距依然明显。从浙江省内普遍情况看，引进、培养类人才计划相同层次人选的资助额往往相差20倍以上。绍兴市等中等城市，整体仍处于提升壮大阶段，同时面临上海、杭州、宁波等多个城市人才虹吸，形成更强的创新氛围和更完备的配套服务还需要一定时间。

三、对策建议

结合绍兴市已有实践，调研组认为，教育科技人才协同培养人才涉及省市县、各部门、政企社、产学研等各方面，是复杂的长期工程、系统工程，需要进一步强化多跨协同载体设计，特别是要进一步发挥组织优势，加大教育科技人才各类机制资源力量整合力度，不断提升协同培养人才质量。

（一）强化组织领导合力，推动整体统筹更高效

坚持党对教育科技人才工作的全面领导，完善教科人一体协同的领导

组织架构、工作体系，是协同培养人才的前提和基础。绍兴市以建设教育科技人才"三位一体"高质量发展试验区为契机，设立由市委书记、市长任双主任的教育科技人才"三位一体"高质量发展委员会，探索建立部门业务会商、干部跟岗锻炼等配套机制和具体工作清单，正是重塑"三位一体"组织领导体制的有力探索。为此，建议以教育科技人才议事协调机构整合为重点，进一步强化组织领导集成，明确党政领导、条线部门业务分工及重点协同事项任务分工，建立实体化协同推进部门，构建上下贯通、条抓块统、集中高效的决策指挥体系；建立健全教育科技人才部门人员交流机制，推动骨干力量常态轮转，体制内外高效流动，以交流促协同、聚共识。

（二）强化考核评价责任，推动举措落实更顺畅

推动教育科技人才工作整体考核、一体评价，压紧压实各方面工作责任，是协同培养人才的关键抓手。绍兴市积极探索人才科技工作"双述双评"机制，对"三位一体"试点、人才管理改革试验区、人才发展体制机制综合改革等具体工作载体开展晾晒比拼、综合评价，逐步推动地方党委和相关部门将教育科技人才协同作为中心工作来抓，增强了各方责任意识，保障了工作任务更好实施推进。为此，建议立足统筹教育业绩、科技进步、人才工作等评价体系，探索教育科技人才一体述职、区域创新整体考核等工作载体，构建以协同发展为目标的考核评价指标和动态监督机制；将教育科技人才"三位一体"协同特别是协同育人列入相关部门"三定方案"，推动协同工作成为衡量部门工作整体性、创新型的重要指标，让更多条线力量自发积极参与其中。

（三）强化规划制度整合，推动政策举措更精准

加强"三位一体"系统设计和制度创新，是提升协同培养人才整体性、精准性的关键所在。绍兴市全面整合教育科技人才等条线资源，制定实施"三位一体"高质量发展十条政策等支持举措，将"坚持教育、科技、人才

一体化高质量发展"列入《绍兴市人才发展促进条例》的总则，目前已同步启动教育科技人才发展"十五五"规划前期制定工作，构建起从宏观设计到具体抓手的体系化政策机制。为此，建议坚持以产业为导向、以需求为前提、以区域为单位，探索制定教育科技人才"十五五"规划、教科人协同育人专项规划，加强目标任务、财政投入、跟踪问效等一体设计；创新"三位一体"协同支持政策、人才科技项目融合机制等协同育人抓手，提升重大科技攻关、重点学科建设领域人才支持力度和培养能力。

（四）强化创新载体合作，推动资源布局更均衡

加强高校院所等人才培养主体的建设布局，释放创新资源辐射效应，是协同培养人才的重要路径。近年来，绍兴市积极推进以人才为牵引的高水平应用型大学建设，大力实施人才科创平台"强基提能造峰"工程，引导市域创新资源向重点产业、头部企业集聚延伸，探索形成工程硕博士联合培养、校区订单班等具有辨识度的协同育人路径，人才培养的导向性愈发鲜明，培养数量质量进一步提升。为此，建议始终把握新质生产力发展需求，坚持工程教育改革理念，进一步优化高水平应用型大学及相关合作平台布局，在下放特色产业领域专业增撤权限、优化教师科创育人配套政策等方面加强探索，打造契合协同育人需求的教育体制；推动国家重点实验室基地、省级实验室向地方产业延伸，产研结合推动应用型、复合型人才培育。

（五）强化市场要素配置，推动参与主体更多元

引导社会力量参与协同育人，推动市场主体走向人才工作更前沿，是协同培养人才的应有之义。绍兴市始终注重发挥用人单位人才培养的主体作用，如引导企业通过与高校合作搭建研发平台等形式，加强工程技术人才培养，但在实践中也注意到，市场要素在人才协同培养过程中的作用还应进一步释放，如部分现代产业学院等平台和重点学科建设支持力度不够、

人才创业园区配套条件欠缺等，都可以探索市场化解决路径。为此，建议着眼市场要素配置更灵活、更及时的优势，探索引入社会资本设立专项基金、奖学金等方式，加强重点学科和产教融合平台定向支持，增强培养主体育人积极性；提升市场化主体参与人才创新创业平台运营比例，推动科技服务领域头部企业引入或分支机构建设，为人才培养发展提供更为完善配套。

（六）强化增值服务供给，推动创新环境更优渥

以政务服务增值化改革为牵引，优化协同育人服务供给，凝聚整体社会共识，是协同培养人才的重要保障。绍兴市围绕高校院所、重点企业协同育人难题，不断优化重点人才工作推进例会、市领导联系服务机制、年度人才服务"十件实事"等服务载体，同时通过率先搭建"人才码"、"大型科研仪器设备开放共享一指办"等协同应用，建立起以"开放、便捷、有效"为特点的"线上＋线下"增值服务体系。为此，建议聚焦重点产业、技术领域人才培养难点堵点，进一步健全相关部门联动参与的重点产业联系服务制度，及时传递协同育人机制政策，提升用人主体引才育才理念；持续深化税收、工作许可等数字资源集成，加大数字化分析平台、科研共享平台对用人单位开放力度，实现服务要素更集中、人才发展更便捷、创新氛围更浓厚。

企业人才篇

第七章

绍兴企业人才发展研究

　　企业是创新的主体，充分调动企业培养人才和服务人才的主动性、积极性，是畅通人才成长空间、放大企业用才杠杆效应的重要手段，也是培育发展新质生产力、全面建成现代化产业体系的重要支撑。企业不仅在引进人才中要发挥主观能动性，而且也要在实际工作中增强服务和保障人才的意识和能力。近年来，绍兴市企业在引才用才、人才服务等方面探索出了一些做法，如三花集团、新和成等企业深化人才开发与管理，通过建立内部培养为主、外部引进为辅的人才支撑体系，为企业提供了有效的人力资源保障。

　　培育发展新质生产力是高质量发展的内在要求，新质生产力的"新"凸显出企业创新要素的新载体和新范式，人才是第一资源，这就要求企业在引才用才上要有主动性，企业要能克服自身与员工之间的信息不对称，从而促进其在企业环境中发挥人才优势；新质生产力的"质"凸显出新产业所需的劳动者、劳动要素和劳动资料三要素的优化组合，企业文化是企业人才环境的重要方面，企业要能提供给人才的有效的激励政策，同时塑造优良的企业文化，让人才与企业共同成长。从实践上讲，绍兴市一方面在企业用才上表现突出，企业善于发现优质人才，能想人才之所想，能做人才之所需，从而让企业留才用才变得顺畅；另一方面，绍兴市级层面在打造营商环境最优市方面做了大量工作，为企业营造更好企业文化和企业人才环境起到促进作用。

多年来，绍兴市企业在人才发展工作上具有一些经验，同时也面临周边城市人才吸引竞争等深层次短板，本章通过整理相关经验和不足，在此基础上提出对应的政策建议。

一、企业人才发展的国际经验

（一）员工福利

员工福利是企业依据国家法律法规，向员工提供的非货币补偿。从世界范围内看，绝大多数国家都采取了员工福利计划，各国的员工福利差别除了体现在国家层面的强制性规定外，主要体现在企业自身建立的员工福利体系是否全面。因此，企业人才工作是否健全以及是否良性运转，其重要因素就在于企业的员工福利水平。

比如，韩国作为"亚洲四小龙"之一，凭借全球化水平的提高，享有较为优质的国际化营商环境，在吸引移民和国际跨国企业方面极具优势。韩国企业为员工提供的福利制度也较为全面，主要包括如下几个方面：

首先是基本福利政策。韩国的员工福利政策旨在保障劳动者的基本权益，提供稳定的工作环境和生活保障。根据韩国劳动法，雇主必须向员工提供以下基本福利：（1）基本工资。员工的基本工资是其劳动报酬的基础部分，必须按时足额支付，以确保员工的基本生活需求得到满足。（2）加班费。韩国劳动法规定，员工在正常工作时间之外的劳动应获得加班费，通常按照基本工资的一定比例计算，以补偿员工额外的劳动投入。（3）休息日工资。员工在法定休息日工作时，应获得额外的工资补偿，以体现对员工休息时间的尊重和补偿。（4）年终奖金。许多公司会在年底为员工提供年终奖金，以奖励员工一年来的辛勤工作和贡献。

其次是社会保险与退休金。韩国的社会保险体系是员工福利的重要组成部分，涵盖养老、医疗、失业和工伤等多个方面：（1）国家养老金。雇主和员工共同缴纳，确保员工退休后有稳定的收入来源，减少老年生活的经济压力。（2）国家健康保险。为员工及其家属提供医疗费用的保障，减轻因疾病带来的经济负担。（3）就业保险。帮助失业员工在寻找新工作期间获得一定的经济支持，保障其基本生活。（4）工伤事故赔偿保险。为在工作中受伤的员工提供赔偿和支持，保障员工的权益。

第三是带薪休假。韩国劳动法还规定了员工的带薪休假权利，以确保员工有足够的时间休息和恢复精力：（1）带薪年假。员工根据工作年限享有不同天数的带薪年假，以促进员工的工作与生活平衡。（2）公共假期。韩国有多个公共假期，如儿童节、显忠日等，员工在这些日子里无须工作但可获得工资，享受国家规定的休息日。（3）特殊假期。如产假、陪产假、育儿假等，员工在这些特殊时期也能获得工资和福利支持，体现了对员工个人生活事件的关怀和支持。

最后是劳动保护和工作环境。韩国劳动法注重员工的劳动保护和工作环境，确保员工的健康和安全：（1）工作时间。规定了员工的常规工作时间和加班时间的限制，防止过劳现象的发生。（2）安全与健康。雇主必须为员工提供一个安全健康的工作环境，并定期进行安全教育和培训，提高员工的安全意识。

（二）人力资源管理

人力资源管理在世界范围内的不同规模企业都广泛存在，然而，具体的管理模式也存在显著的国别差异，下面将选择具有代表性的国家模式来阐述：

1. 西欧国家

在20世纪90年代初，欧洲绝大部分企业的人力资源管理水平，可以说还处于一个比较低的发展阶段。而在90年代后期，欧洲企业人力资源管理发展有明显改变，具体体现出以下四个基本特征：

一是以企业发展战略为导向的人力资源管理模式。目前，欧洲的企业为了让人力资源管理为企业发展、企业变革服务，均很注重将人力资源管理的诸要素，首先建立在由企业管理层共同确立的、符合企业内外各方面利益且得到企业全体员工一致认同的企业发展战略目标及企业远景规划基础之上。同时，基本实现了招聘录用、考核评估、报酬分配及人力资源开发这四个人力资源管理主要组成部分之间按其内在联系的有机结合，从而实现人力资源的系统化管理。欧洲企业管理界称之为"KISS"原则，意即要使人力资源管理系统实现战略性定位，达到系统内部各要素之间的整合，同时使整个系统保持有效的激励作用。

二是面向整个欧洲的管理人员选拔、任用机制。企业，特别是跨国公司，在选拔和配置其管理人员时，可以采用以下四种用人政策：（1）殖民化政策，即公司中所有重要职位均由公司所在国的本国人担任。（2）地方化政策，即公司中所有重要职位，尤指子公司的重要职位，均由子公司所在地的当地人担任。（3）区域化政策，即在一定的区域范围内（如亚洲、欧洲等区域划分）挑选有才干、能胜任的人充任公司中的重要职位。（4）全球化政策，也可称之为最优化政策，即在全世界范围内挑选合格的公司管理人员。对于欧洲企业而言，由于第三种方式与前两种方式相比，为更广泛地开发、利用包括整个欧洲范围在内的人力资源提供了可能，同时又比第四种方式成本更低、更具可操作性，因而为欧洲企业所广泛采用。

三是呈立体多维化发展的人力资源开发手段。随着欧洲企业管理组织结构的扁平化发展及企业中人们价值观念的转变，越来越多的西方高级管理人员已不再将职位晋升视为事业发展的唯一标准。因此，目前欧洲多数企业在进行人力资源开发时，除继续采用培训、职位晋升等传统手段以外，还辅之以下述方式：（1）引入建设性的人事管理机制，使员工工作不断地丰富化、扩大化，从而使员工感到工作更富挑战性；（2）尽可能地为员工提供更多的工作轮换机会。由此，实现了人力资源开发手段的立体多维化。

四是科学严谨的人力资源培训管理体系。欧洲企业人力资源管理发展的这一新特征具体体现在：（1）高质量的培训需求分析。西欧企业在进行培训前，一般首先要界定企业所处的外部环境、企业相应的发展战略及企业由此需要其人员具备什么样的能力，进而对其现有人员的实际能力进行测评，以找出理想与实际之间的差距。然后，再对这些差距进行分析，以确认是否可以通过培训解决问题。这种培训需求分析既可以由企业内部的人事部门、培训中心自己做，也可以聘请其他培训、咨询机构来进行。（2）精细的培训设计包装。在完成了上述需求分析之后，企业一般就要针对可以通过培训解决的问题开始制定培训计划、进行培训课程设置、选择培训方式、人员（教员与学员）、场地等一系列工作。（3）适合成人学习的培训方法及现代化的培训手段。即在培训上采用以经验学习理论为基础的互动式教学方式，集理论讲授、角色扮演、管理游戏、个案教学、小组讨论于一体，使受训者有更多的参与机会，真正做到了教员与学员及学员之间的经验共享，实现了真正意义上的理论联系实际。（4）及时的培训效果评估及跟踪反馈。主要包括对课程设计、培训方式、授课效果的评估，及对受训者返岗后工作状况的定期跟踪反馈。

2. 日本

日本的人力资源管理以其独特的特点和优势，为世界各国所借鉴和学习。主要体现在：

一是系统化的培训与发展。日本企业注重员工的培训与发展，将其视为提升企业竞争力的重要途径。日本企业建立了系统化的培训体系，从入职培训到职业发展规划，为员工提供全方位的学习和成长机会。培训内容注重实用性和针对性，通过真实案例和实践操作，提高培训的效果和实效性。此外，日本企业还注重为员工提供晋升和职业发展的机会，通过内部晋升和外部交流等方式，激发员工的积极性和创造力。

二是强调企业文化与价值观。日本企业重视企业文化的建设和价值观的传承，将其视为企业持续发展的重要保障。日本企业注重员工与企业文化的认同和共鸣，倡导员工秉持企业价值观和行为准则，营造了良好的工作氛围和团队合作精神。通过企业文化的塑造和价值观的传递，日本企业增强了员工的归属感和凝聚力，提高了组织的稳定性和竞争力。

三是精益求精的绩效管理。日本企业实行精益求精的绩效管理制度，通过设定明确的绩效目标和考核标准，激励员工的工作积极性和创造力。日本企业注重绩效评估的公平性和客观性，采用多元化的评价方法，如360度反馈、绩效考核、目标管理等，全面评价员工的工作表现和贡献。同时，日本企业还注重为员工提供个性化的发展规划和职业晋升路径，激励员工持续学习和进步，实现个人与企业的共同成长。

四是科学化的人才选拔与培养。日本企业实行科学化的人才选拔和培养制度，通过专业的招聘流程和评估工具，选拔具有潜力和能力的优秀人才。在培养方面，日本企业注重员工的全面发展和专业技能的提升，为员工提供系统化的培训和发展计划，培养员工的综合素质和创新能力。此外，日本企业还注重培养员工的团队合作精神和沟通能力，通过团队项目和跨部门合作，促进员工之间的交流与合作，提高团队的凝聚力和执行力。

五是社会责任与员工福利。日本企业重视社会责任和员工福利，将员工的健康和幸福置于重要位置。日本企业为员工提供完善的福利制度和健康管理服务，如医疗保险、员工慰问金、职业健康检查等，保障员工的身心健康。同时，日本企业还积极参与社会公益活动和环保项目，履行企业的社会责任，为社会和员工创造更多的价值和福祉。

（三）企业文化

企业文化是企业吸引人才、释放人才活力的重要因素。通过梳理发达国家的企业文化建设，可以更好为国内企业提供经验借鉴。以日本为例：

一是集体主义精神。日本人通常视企业为家，团结一致为企业贡献力量。团队精神是日本企业的重要特征，日本企业重视团队能力，个人能力被置于其次地位。日本企业内部没有鼓励员工相互竞争的机制，要求员工之间、上下级之间团结合作。

二是注重细节。日本的企业文化中不允许员工在细节上出现问题，并习惯于从细节上考察员工。日本员工为了在细节上追求完美、精益求精，不惜花费大量的时间来解决看似可以忽略的小问题，日本产品的质量在这些精细之处赢得消费者的信赖。

三是家族主义特色。日本过去一直是以农业为主的国家，因此日本民族具有明显的农耕民族的某些文化特征，它首先表现为企业集团内部的互助合作。由于农耕作业，从播种到收获，绝非一个人的力量可以完成，家人、族人必须互助合作，这使得日本人养成了团结互助的习惯。与个人才能相比，他们更注重协作和技术的作用，即表现为家族主义。家族主义把家庭的伦理道德移植到企业中，企业的经营管理活动都是为了保持企业的顺利发展，维护企业大家庭的利益，充分发挥家族式管理的力量。

二、绍兴企业人才发展模式分析

（一）研究设计

本研究采取市、县（市、区）联动的方式，通过问卷调查、实地调研、文献资料查阅、专家咨询论证等方法，就绍兴市企业创新型人才培养模式进行实证分析。具体方法包括如下：

1. 问卷调查

根据绍兴市产业结构特点和重点培育产业，确定了问卷调查的企业和人才的指标体系：首先，对调查企业根据企业性质，分为国有及国有控股企业、集体企业、民营企业和三资企业四大类。其次，根据绍兴市重点培育产业，把调查企业和调查的人才分为纺织印染与针织服装、建筑房产、节能环保、酿酒与食品加工、金属加工、机械装备、精细化工、生物医药、汽车与配件、商贸旅游、电子信息、新型材料、仓储物流、金融保险证券、农林牧渔和其他16大类行业。除以上的基本分层指标之外，还根据各地的实际行业分布情况，在发放问卷调查时，对各大类行业又进行了具体细化。企业问卷根据各地的产业分布情况及各产业在全市所占的比重，确定具体的发放数量，全市 16 大类行业共发放问卷 1080 份。

2.实地调研

为了确保调研成果的准确性，调研组精心设计了访谈题目，分三个小组进行实地调研，以行业、产业、各重点企业为主，赴各区、县（市）走访了 50 余家企业，召开了 40 多场座谈会，访谈各类人才 200 余人。在实地调研的基础上，经过讨论分析，掌握较为丰富的第一手资料。

3.文献资料查阅

在问卷调查、实地走访分析的同时，课题组查阅了大量的文献资料，学习了国内外在企业人才创新能力培养方面的经典案例，参阅了企业人才创新能力培养方面的理论文章，为确立培养模式寻求理论依据。

4.专家咨询论证

为了增强课题的专业性、针对性和案例的典型性、建设性，本课题在形成课题报告初稿后，请浙江大学邀请省内外专家教授进行咨询论证，就绍兴市企业创新型人才培养模式与实证案例进行评析，并请专家教授对每一个案例作出点评。

（二）企业人才培养模式归纳

调研组通过对 50 余家样本企业做法的梳理、筛选，结合面上的问卷调查情况，对其中 25 家较典型的创新型人才培养模式进行了重点分析，归纳出了六种具有绍兴特色的企业创新型人才培养模式，具体如表 7-1，后面将重点挑选代表性企业阐述。

表 7-1　创新型人才典型培养模式表

模式	特点	企业名称
以人为本提升式	活化创新机制，培养创新型人才	菲达集团
	在和谐管理中促进人才创新发展	巴贝集团

续表

模式	特点	企业名称
创新培养推进式	运用职业生涯规划孵化创新型人才	日发数码
	在服务创业创新中强化人才培养	中成控股
	在创新变革中出人出戏出效益	小百花越剧团
	在"内培外合"中培养创新型人才	精工科技
	"三加工"培养模式为企业创新注入新活力	越王控股
	让项目开发与创新型人才齐飞	新柴股份
	在全员培训中提升人才创新素质	盾安控股
创新平台承载式	搭建创新平台，成就创新人才	阳光集团
	在服务轻纺产业转型升级中提升人才创新能力	轻纺科技
	在服务产业发展中激发人才创新潜能	嵊州畜产品
	筑造企业"孵化器"，培养创新型人才	华港链传动
创新文化引领式	用"老师文化"造就创新人才	新和成
	市场、授权、知识，三大理念促进创新型人才成长	春晖集团
	"无责任开发"制放飞人才创新梦想	丰球集团
	使用就是最好的培养	宝业集团
创新奖励激发式	多渠道激励实现企业人才创新	龙盛集团
	"信任、激励、关爱"	天乐集团
	创新人才激励机制，打造现代创新型企业	卧龙控股
专家智力引入式	以核心技术带头人催生创新团队	贝力生科技
	在强化国际合作中培养创新型人才	丰利粉碎
	借力外国专家培养企业创新人才	梅盛实业
	引导、引入、引进	喜临门集团
	用团队式引进推动企业创新发展	晶盛机电

1. 以人为本提升式：巴贝集团有限公司

巴贝集团有限公司成立于 1993 年，是一家以高档蚕桑丝为主要生产原料，集领带制造、染整、服装品牌运营、家纺及产业投资于一体的民营控股的集团公司，是中国领带行业的知名企业，也是国内高档家纺面料生产规模最大的厂家之一。

2005 年巴贝商标获得中国驰名商标，填补嵊州驰名商标史上的历史空白，公司连续十年领带产销量位居全国同行业第一，是国内领带行业中唯一的省级高新技术企业、唯一的省级企业技术中心、唯一的全国重要技术标准研究示范企业和唯一的标准化良好行为 AAA 级企业。目前，巴贝已建立由国外顾问专家、硕博士或具有高级技术职称人员为主的高素质人才队伍，为企业又好又快发展提供了有力的人才保障。

公司之所以能取得这些成绩，除了以管理和科技作为腾飞的助推力，最大程度地发挥市场优势、区域优势和资源优势以外，主要得益于集团坚持科学的人才观，持续实施"以人为本，和谐管理"的人才战略，努力拓宽人才"引、育、用、留"平台，不断创新人才工作机制，大力整合人才资源要素，提升了核心竞争力，促进了企业跨越发展。主要有以下几方面的做法：

（1）内培外引，确保创新人才储备充足。新技术的迅猛发展及国内国际市场的激烈竞争，使巴贝集团深切体会到新产品的研究开发、新技术的快速应用是企业持续发展的根本，而人才是发展的关键。企业要做长远，必须在人才储备上有长远规划。因此，公司始终致力于从内、外两方面来储备人才，确保公司有足够的创新力。在内，公司主要通过三种途径挖掘人才：一是通过开展岗位培训发现人才。公司通过外聘老师教导、骨干带领年轻员工、先进员工带领其他员工的"传帮带"制度，不断发现企业内部素质较好的人才苗子予以着力培养。二是通过开展劳动竞赛选拔人才。公司每年举办职工高技能人才技能大赛，通过技能大赛，一批在一线的工人冒了出来，公司不但予以物质奖励，还会对其进行针对性的培养，提高其技术水平。三是通过高校进修培养塑造人才。近年来，公司投入培训费用100 万元，选派多位高层管理人才参加清华、浙大 MBA、EMBA 总裁研修班学习，极大地提高了公司的管理水平。在外，公司主要通过各种渠道引进高层次人才，提高企业的竞争力：一是依托人才市场聘才。公司通过全国各地的人才交流会，或到相关高校设专场招聘会，招聘大学毕业生，为企业发展提供后备人才。二是依托高校院所借才。近五年来，先后投入 2000

多万元技术研发资金，进行科技创新，引进东华大学、浙江大学等高等学府硕士、博士研究生到公司开展新产品研制。三是依托海外合作引才。公司先后从法国、意大利、比利时等国家引进花型设计、染色工艺、国际融资等领域国外技术专家5位，促进了集团技术攻关的高质量完成。四是依托品牌聚才。公司通过"巴贝"这个中国领带行业金字招牌，在全国各地乃至全世界吸引了各方面的人才来巴贝创业创新，真正使巴贝这个中国名牌正成为吸纳各类人才的"磁力场"。

（2）重才重能，发挥创新人才全部才干。公司注重从发展的全局出发，从人才的实际能力出发，努力做到人尽其才，发挥各类人才的才能和作用。一是完善人才管理体系。2006年，公司与一家著名咨询公司合作，规范并完善了人力资源管理体系，明确组织架构及各部门职责，建立员工晋升管道以及工作绩效考核依据，对科学合理用人从机制体制上给予保障。二是给予人才充分发展空间。公司强调用人就是要用能人，用实干的人。比如原总经理助理邢某和集团领导团队一起通力协作，让巴贝在一年时间里争取到中国名牌、中国驰名商标、国家免检产品三项荣誉，展现了出色的领导能力，便选派其进入浙大MBA进修，毕业后提拔为丝业公司总经理。又如省"151"第二层次培养对象、绍兴市第六批拔尖人才，集团技术副总屠某，这几年来，脚踏实地，辛勤耕耘，主持开发的项目共有20多项科技成果获省部级以上奖励，在巴贝这个科技创新的舞台上，充分展现了他的聪明才智和过人创造。三是创新人才使用机制。公司引入收入分配机制，积极推动知识、智力、技术成果等要素参与收入分配和占有股份，激发了各类人才投身于巴贝建设的积极性。如巴贝集团旗下的子公司浙江维新纺织公司总经理王某，原是一名从事外贸的业务员，巴贝集团用人所长，由巴贝集团出资，与当时年仅28岁的王某合资成立维新公司，并让王某及其伙伴共占股49%。目前，维新公司出口额已跻身成为同行业第二位，增强了巴贝集团作为龙头型企业的实力。

（3）营造氛围，完善创新人才良好环境。近年来，公司不断完善人才环境，大力营造"尊重劳动，尊重知识，尊重人才，尊重创造"的良好氛围。一是提倡新理念。公司提倡一种通过劳动创造财富，更要通过知识创造财富的理念，为高层次人才在巴贝创新创业提供了良好的机会和舞台，有效增强了对高层次人才的容纳和集聚能力，极大地调动了人才的工作热情，为企业可持续发展提供了保障。二是鼓励员工建言献策。公司相信好的建言来源于基层，因为他们是决策的执行者和实践者。对他们提出的合理化建议，公司领导细心倾听，对有效并产生经济效益的给予奖励，这很好地调动了普通员工的积极性和创造性。三是打造优美工作环境。在嵊州城东开发区投资 5000 万美元，完成建筑面积 12 万平方米，打造集现代化的办公大楼、会议室、多功能厅、咖啡厅、餐厅及员工宿舍于一体的园区，职工宿舍全部进行公寓化管理，配备空调、电视、宽带等设施，为广大员工安心工作、干出成果创造了条件。

2. 创新培养推进式：浙江中成控股集团

浙江中成控股集团从建筑施工起家，已发展成为由建筑、热电、化工、房产、投资等五大块产业组成的多元化经济实体。1999 年改制后，涉足多元，稳健经营，逐渐发展成为建筑、有机硅、热电、综合投资等协同发展的企业集团，连续 21 年位列中国 500 强。主导产业建筑业系国家首批 43 家房屋建筑施工总承包特级资质企业之一，全面实施科研、设计、施工、质量自控等一体化的总承包发展之路，已具有与国际大中型建筑承包商同台竞争的能力，综合实力连续多年保持在绍兴市第 1 位、浙江省前 5 位。公司的装配式技术、BIM 技术、信息化技术、新型模板体系技术等工程技术研发水平、创造"鲁班奖"等国优工程奖数目均处于全省领先地位。公司的有机硅业实施集原材料、中间体、精细化工一体化发展的产业链模式，已与美国卡博特、德国赢创两个世界 500 强化工企业深入合作，开发了一批细分市场上的龙头产品，国内市场占有率达到 5%，国外市场占有率达到 3%。其人才培养模式具体有以下几个方面的做法：

（1）立足企业需求自己培养。企业对创新型人才有较大的缺口，仅靠教育培养是远远不够的，创新型人才要有的不仅是理论的支撑，还必须深入实践，具备能够将知识转化为能力、文凭转化为水平的实践能力。公司紧密结合岗位需要，抓好实践锻炼，鼓励员工多出点子，多提建议，为企业发展献计献策。如电气运行车间主任毛某为了解决单体合成车间两台油泵启动时经常跳闸的问题，反复对电气线路进行改造调试，对车间设备配置进行调整，经过半个月的反复试验，单体合成车间这两台油泵正常启动了，从此不再跳闸。

（2）借助专业机构委托培养。专业机构相对于企业来讲，专业人才多、专业特点明显、优势突出，在人才培养上已经形成了成熟的模式和路径，有丰富的经验可以借鉴。通过企业提供资金，与院校科研处所、地方专业科研机构等专业团体签订协议的方式，委托专业机构培养人才。中成热电通过主抓中层，分级推进的方式，借助社会培训机构和企业内部培训相结合的方式，开展提升全员学习力的教育和培训工作，员工接受培训率提升到一个新的高度。许多员工运用培训所学知识，结合自身管理经验，纷纷以书面形式，发表针对企业现阶段管理及生产上存在的一些问题的看法，并提出相应改进措施和解决方案。如"完善沟通机制，进一步加快信息沟通平台建设"、"组建节能督察小组，使滴、跑、冒、漏现象从源头上得到遏止"等，活动开展一个多星期后，企业共收到建议和意见30多条。不少看法和意见，深刻透彻，直指问题要害，具有很强的可操作性，对公司拟定相关解决方案具有积极意义。公司通过教育与培训提高了员工素质和职业技能，以期实现"人尽其才，才尽其能"，为真正营建富有"活力"的创新人才队伍作准备。

（3）面向社会招贤纳才引进培养。在当今这样一个信息化的时代里，企业对人才的需求同地方相比，既有专业性，又显通用性、兼容性，这与企业对专业人才的短缺有所不同，社会中既包容有众多企业迫切需要的专业人才，又有大量的人才闲置。招引这些专业人才，稍加培训就可以充实到企业中来，节约了成本，实现企业与地方的人才互补。

3. 创新平台承载式：浙江华港链传动有限公司

浙江华港链传动有限公司创始于 1994 年，是一家专业制造链传动系列产品、各类型号规格滚齿机床的国家重点高新技术企业。公司以先进技术改造传统产业，推进数控机床产业化，自主研发了高疲劳耐磨针梳机链、农用夹持链、多种非标准链条及 YK3150、YK3180、YK3120、Y31100、Y31125 滚齿机床等一系列新产品，被认定为"浙江省高新技术产品"、"国家重点新产品"，荣获"浙江省科学技术奖二等奖"、"中国通用机械零部件协会新产品特等奖"，相关技术累计申请获得 25 项国家专利。

企业之所以能在技术创新上有所成就，主要是通过建立企业"孵化器"来培养创新型人才，同时通过激励机制，激发科技人员的创新热情，吸引、培养更多的创新人员，为孵化器提供了坚强的保障。具体做法主要可归纳以下几个方面：

（1）建好孵化器，吸聚人才。根据公司产品结构、发展方向，结合高校学科方向、研究特长，公司在 2000 年与吉林大学合作成立华港链传动研究所，引进大批技术研究开发人才和管理人才，并在 2004 年建立了华港齿轮机床高新技术研发中心。"一所一中心"的建设为企业创新型人才的培养提供了重要的基地保障。

（2）依托孵化器，历练人才。研发中心拥有一支从工作图纸设计、工艺编制至试制加工和过程质量检测的专业的齿轮机床设计开发、制造科技人员队伍。孵化器是个实践基地，技术人员从中能积累实践经验，为技术创新打下坚实的基础。孵化器也是个交流的舞台，人才在这里碰撞思想、交流经验、切磋技术，在相互学习中不断提升自己的创新能力。

（3）规范孵化器，激励人才。公司坚持"岗位靠竞争、收入凭贡献、晋升靠业绩"的用人理念，规范孵化器管理，制定孵化器人才创新管理与成果转化激励机制，激发人才创新热情。如开发一个新产品项目，按产品财务核定产品销售价的 10%—15% 作为一次性新产品开发奖励，奖金由部门负责人根据项目开发相关人员具体贡献的大小确定。

4. 创新文化引领式：浙江新和成股份有限公司

浙江新和成股份有限公司是浙江省医药化工行业优秀企业、国家重点高新技术企业。公司从 1988 年 11 月创办开始，依靠自主创新，从起初的废酒精回收工厂，发展成一家知名企业。新和成之所以取得如此大的成功，用企业负责人的话来说，这与新和成推崇"老师文化"，来培养创新型人才、提升企业文化，有密不可分的联系：

（1）植入"老师文化"，企业成为培养人才的重要平台。新和成作为一家企业，拥有良好的人才培养氛围。

事实上，这与新和成董事长胡某个人情结有关。胡某年轻时是学校的优秀青年教师，他的梦想是孜孜不倦、教书育人，做到"桃李满天下"。但偶然的机会，校长推荐他去负责一家濒临倒闭的企业，从此，他的命运完全改变了。他认真学习学校在育人方面的经验，把学校的教学管理模式运用到企业中来。

公司把"老师文化"具体诠释为：提倡培养人，努力培养一批好的干部和员工；提倡自律，做到为人师表；提倡进取，不断开拓。这在新和成的价值观中体现为：创新、人和、竞成。

（2）践行"老师文化"，提高人才综合素质。在"老师文化"的熏陶下，公司以全心全意依靠人才办企业为主线，以最大程度地引导好、保护好、发挥好人才的积极性和创造性为目标，以教育培训为依托，践行"老师文化"，着力营造学习型企业氛围，全方位提高公司队伍整体素质。

如同学校给学生安排教学课程，公司各级领导上至董事长下至培训主管都十分重视人才技术的培训，公司人力资源部更是始终把员工教育培训工作放在首位，为有效推进人才培训，公司专门设置了培训中心，员工所需的基本培训都能在这里完成，如新职工岗前培训，上岗、转岗培训等。每年都要开设上百期培训班，基本上已自成体系，有一个完成的流程。

此外，公司每年多次邀请业界知名技术（管理）专家来公司指导讲学，以拓宽干部、高科技人员的知识面，调整知识结构，满足公司经营管理的需要。在后备干部的培养上，公司对德才兼备的苗子，采用导师制培养，建立"一对一"的导师培养制度，并由导师结合后备干部的工作成效和存在的主要问题、主要优缺点等写明鉴定意见和发展方向。同时，不断加强后备干部的理论和思想教育，有计划地通过上挂、下派、外联、压担、交流和见习等针对性培养方式，实行压担锻炼，切实提高后备干部的综合能力和实践经验，缩短培养周期，加快成长步伐。

（3）升华"老师文化"，激励人才不断创新。新和成推崇人才激励政策，例如，在老师带徒制度中，通过老班长、老员工传、帮、带及悉心辅导，新员工及早上岗，切实掌握独立操作能力，经考核合格后，一年内师徒都会分别给予一定的补贴。为有效培养技能型、知识型和复合型人才，公司以培养、选拔、评价、晋级、使用、考核、激励、交流、保障为手段，采取了使用与培训考核相结合，待遇与业绩贡献相联系等方法措施，对于优秀"学生"将予以各种奖励，突出解决人才成长过程各种矛盾与问题。

新和成通过不断挖掘企业自身的文化底蕴，以敬业奉献和诚实劳动为追求，充分发挥"老师文化"对企业人才创新培养的作用，使员工的创造愿望得到尊重，创造活力得到激发，创造成果得到保护。

5. 创新奖励激发式：浙江龙盛集团股份有限公司

浙江龙盛集团股份有限公司成立于1970年，2003年上市，2021年被认定为省级科技领军企业及国家技术创新示范企业，2022年获评浙江省知识产权示范企业及国家知识产权优势企业，连续六年蝉联中国精细化工百强榜首。作为全球最大的纺织用化学品生产和服务商，龙盛的化工业务涵盖染料、助剂、中间体、无机化学品等领域，构建了配套完善的染料相关产业链和产品体系，其中分散染料、间苯二胺、间苯二酚等产品的市场占有率居全球首位。同时，龙盛还强化了应用服务、丰富了产品内涵，为下游企业提供应用技术方案，致力于推进产业链协同减排降碳。公司先后承担国家级、省部级科研项目20余项，以第一完成单位获得省级科技奖4项，共获省部级科技奖20余项。截至目前，龙盛在国内拥有有效专利261件，其中发明专利 235 件，主持、参与制定国家 / 行业 / 团体标准 72 项。2023 年研发投入 5.8 亿元，占公司营收的 3.79%。

公司在人才培养方面，主要有以下几方面的做法：

（1）素质激励。公司把对人才的素质培养看作人才创新的第一步，对人才素质知识投入作为一种对人才创新的激励方式，鼓励人才多方面积累知识，为创新打下扎实基础。一方面企业出资建立机构，打造给人才有充电的场所，比如与天津理工学院共建"天津龙盛实验室"，与华东理工大学精细化工系共建创新载体。另一方面企业与大连理工大学、四川大学、沈阳化工研究院等国内各大院校、科研单位签订合作协议，定向培养高级科研、管理人才，邀请名师来企业举办各种讲座。同时，积极鼓励员工在职自学，学习期间差旅费、学杂费全部报销，并给予奖励，取得中专、大专、本科、硕士、博士学历的，分别给予 2000 元、3000 元、4000 元、5000 元、10000 元的奖励。

（2）成果激励。企业承担着很重的科研任务，参与制定某些行业标准，如果企业不能持续创新，那么将失去企业的领先地位。因此，企业对人才的创新十分注重，对处在科研、生产、经营、管理一线的科技人员实行奖金政策倾斜，采用课题承包责任制、技改项目承包责任制和科技入股经济责任制等多种形式提高科技人员的福利待遇，如禁用偶氮染料及其中间体代用品的研究及产业化项目组承担了中间体产品开发及应用的小试、中试和技改，建成车间投入生产后，该课题组 5 名科技人员一次性获得 25 万元课题奖。对为企业作出巨大贡献的科技人员，给予重奖。科技人员每开发一个新产品，课题组除课题奖外，还可以享受该产品今后利润的 15% 分红。

（3）股权激励。随着现代企业制度改革的深入，企业人员的薪酬制度改革也逐渐市场化，公司作为一家上市公司，在对待企业创新人才的薪酬问题上建立了一套富有竞争性的考核机制，根据人才对公司的贡献度，实行股权量化分配，使人才真正成为公司的所有者，树立主人翁意识。对特殊人才，公司除建立工资特区外，加大绩效挂钩的力度，对特殊贡献进行特殊奖励。2001年9月，公司内部职工股量化，有7位引进的人才由于进公司较迟，按规定不能享受量化股份，为此，公司董事长个人出资买下13万股股份，无偿送给他们，这一举措，大大激励了引进人才的工作热情。

6. 专家智力引入式：浙江喜临门集团

喜临门集团始建于1980年，经过了40年的发展，喜临门集团已拥有全球9大生产基地，在国内外业已拥有超5600家门店，全球员工超9000人，产品销往超50个国家和地区。2012年7月17日，喜临门在A股成功上市，是中国床垫行业第一家上市公司。自2016年起，喜临门将精益制造、智造升级作为公司的核心战略，并于2018年初成立了智能制造中心，负责研究、开发行业领先的制造控制技术，率先将研究成果转换到旧有的设备/产线的智能化改造中和新的设备/产线布局中，以自身开发的具有完全自主知识产权的SCADA系统为基础，建设了基于5G的工业物联网系统。目前，企业已获得"国家高新技术企业"、"国家示范院士工作站"、"国家知识产权优势企业"、"浙江省重点企业研究院"、"浙江省三名企业"、"浙江省企业技术标准创新基地"等荣誉，是国家轻工行业标准QB/T 1952.2-2023《软体家具　弹簧软床垫》、QB/T 1952.2-2011《软体家具　弹簧软床垫》、QB/T 2603-2013《木制宾馆家具》等的主要起草单位。截至2024年3月，喜临门共获得超1200项专利。

喜临门在20多年中从一家作坊式工厂发展成为行业领先企业，得益于不断整合外部与内部的力量来促进集团内部创新。具体有以下几个方面的做法：

（1）积极引入外脑，借助外力不断创新。企业内部的人力资源是有限的，尽管喜临门非常重视创新人才的建设，但仍然要面对的一个现实是，与国外大牌相比，创新人才依然匮乏。因此，喜临门借外脑为己用，着力开展高端技术的创新。借助外力，喜临门用高新技术改造传统产业，在激光雕刻技术、钛元素应用技术等方面的研发能力得到大幅度提高，目前正在进行由传统型企业向科技型企业的战略转变。

（2）积极引进人才，创造发展空间，激励人才不断创新。公司依托和发挥已有的科技资源和人才优势，着力营造创业环境，以更大的魄力、更新的人才机制、更为开放的姿态、更加优厚的政策广纳贤才。一方面，公司建设研发中心、设立分（子）公司、提供创业机会和条件，使人才充分发挥技术和管理优势，努力以事业留人。另一方面，公司建立灵活的引才机制，在工作条件、薪酬体系、子女入学等政策上实行特事特办、一人一策，做到以感情留人。对有能力、有业绩的引进人才从职务上和待遇上给予充分的体现，并结合公司的股份制改造，对有突出贡献的创新人才分别给予股权和期权激励，实现以待遇留人。

（3）积极营造竞争氛围，鼓励广发员工不断创新。积极引导、营造竞争氛围，鼓励员工不断创新，发挥员工的创造性和积极性。

公司结合企业实际，将引导在职员工创新作为重要工作来抓，组织员工参与技改创新竞赛，开展了一系列以创新竞赛带动创新型人才培养的创新活动。公司以技术创新和技术进步为主线，重视创新体系建设，实施技术改造，技术创新项目，收到了良好效果。

三、绍兴企业人才发展和培养模式的启示

综合以上调研和案例分析，绍兴市在企业培养人才方面需重点把握：

第一，必须把企业创新型人才培养作为一项基础性、系统性、长期性的战略工程来抓。纵观美国、日本、韩国等发达国家以及国际国内许多现代企业的发展历程，科技自主创新能力已成为国家、地区、企业之间竞争的焦点，谁注重自主创新能力建设，谁就掌握了发展的主动权。而自主创新能力的提高，企业创新型人才培养是基础和保证。创新型人才培养需要企业着眼长远、系统考虑，把其作为一项事关一个地方、一个企业长远发展的战略工程，切实抓深、抓细、抓实。

第二，努力探索和把握企业创新型人才培养的规律和模式。从许多优

秀企业培养创新型人才的先进经验可以看出，创新型人才培养有其内在的发展规律，要坚持以人为本，加强创新文化建设，充分尊重人才，了解掌握人才需求，抓住培养锻炼、考核评价、薪酬激励、创新平台、团队建设、有序流动、环境营造等关键环节，结合企业发展实际，积极探索创新，形成具有自身鲜明特色的创新型人才培养模式，努力营造尊重人才、鼓励创新、宽容失败、创新发展的良好环境。

第三，必须发挥企业在创新型人才培养方面的主体作用。从国内外培养创新型人才的实践来看，企业应成为创新型人才培养的主体，企业的长远发展离不开创新型人才的培养，许多企业之所以取得良好的发展业绩，主要得益于长期坚持"科技兴企、人才强企"的方针并认真加以实施。目前，面对越来越激烈的市场竞争，企业生存和发展关键在于走科技创新、自主创新之路，关键在于培养一支想创新、能创新、善创新的创新型人才队伍。

第四，政府应为企业创新型人才培养营造良好的环境。企业创新型人才培养，需要在全市营造一个理解、关心、支持、鼓励创新的良好氛围。政府应积极提供优质的公共服务，完善鼓励创新型人才培养的政策体系，加大公共财政投入、建立多元化的社会投资机制，健全适应地方产业发展需要的创新平台体系，重点抓好领军人才创新团队建设，在社会上营造一个鼓励创新创业、宽容失败的良好氛围。

人才环境篇

第八章

绍兴市人才创业体系研究

人才创业体系是一个国家巩固产业竞争力、不断提升科技实力的基础性支撑。党的二十大报告指出，"完善科技创新体系，坚持创新在我国现代化建设全局中的核心地位，提升国家创新体系整体效能，形成具有全球竞争力的开放创新生态"，"支持中小微企业发展，营造有利于中小微企业成长的良好环境"。可见，从国家层面看，人才创业体系不仅对市场主体成长有促进作用，同时也对营造创新生态有良好支撑作用。在长三角一体化发展进程中，绍兴市既有自身创业体系的优势，也有融入长三角一体化创业体系的优势，塑造人才创业体系新格局成为绍兴市把握"五创图强、四进争先"目标路径、提升城市综合竞争力的关键抓手。

绍兴市正处于向万亿 GDP 城市晋级的关键时期，要从以下三个方面清醒认识到构建人才创业新体系的重要意义：首先，人才创业体系建设是夯实产业之基的重要条件。绍兴市在持续深化"腾笼换鸟、凤凰涅槃"过程中积累了丰富经验，但仍面临产业结构不优、现代化产业体系不够鲜明的问题，塑造人才创业新体系是引导绍兴市发挥比较优势、不断壮大新兴产业动能的重要手段；其次，人才创业体系建设是提升城市吸引力的先行动力。绍兴市区位优势明显，人文资源丰富，自然条件优越，但城市整体宜居性、便利性条件仍然不优，年轻人活力不够，创业生态还有上升空间，塑造人才创业新体系是统筹绍兴生产生活布局、打造江南特色现代化都市的重要方向；第三，人才创业体系建设是实现综合经济实力加快迈向全国同类城市"10强"的基本保障。GDP突破万亿，意味着绍兴市晋级腰部城市能创造更多的就业机会、集聚更多的人才资源，也意味着绍兴区域辐射力的提升，因此，塑造人才创业新体系是绍兴在同类城市中脱颖而出、提升高质量发展综合实力的强力引擎。

近年来，绍兴市在创业体制机制上取得了积极成效，同时也面临平台小而分散、服务散而不全等短板，本章将围绕创业理论前沿、国内外典型经验、绍兴人才创业体系短板与原因展开分析，最后给出塑造绍兴人才创业新体系的对策建议。

一、相关理论研究综述

人才创业研究主要聚焦创业的概念分类、创业环境与影响因素三大方面。

（一）创业概念分类

关于创业的概念，有学者认为创业是建立新组织的过程（Gartner，1985），有学者认为创业是创办新企业的过程（MacMillan，1988），李志刚等（2022）将创业经历区分为一次性创业与连续创业，从创业者失败经历角度研究了不同创业类型下创业资源和创业素养对于创业行为的影响。在创业群体中，连续创业者被学者逐渐重视起来，Westhead等（2005）以苏格兰345家私人企业为研究样本，考察了连续创业行为的绩效，通过测算，连续创业者占全部创业者的比重达到19%，Wagner（2002）对德国的大型调查发现，18%的创业者有过创业失败的经历，验证了存在连续创业的事实。连续创业在当前人才创新创业体系建设中也十分重要，主要表现在创业的外部传染效应和示范效应，这一研究方向在大学生创业研究中较为活跃。除了一次性创业与连续创业的分类，还有区分机会型创业与生存型创业的研究，如张笑寒和李金萍（2022）、王桂新和丁俊崧（2023）、李磊和何艳辉（2024）等分别就房价、子女随迁、机器人使用等因素对机会型创业与生存型创业的影响做了实证研究。

（二）创业环境研究

创业研究中除了对创业主体影响因素进行分析外，外部创业环境也是学者关注的重要对象。Sipgel（2017）认为创业环境由文化、社会与物质三种属性构成，Hammers（1993）认为宽松的创业环境利于市场主体发挥创业积极性，从而实现创业成功。现有文献从两个方面进行了深入研究，一是创业宏观环境。朱奕蒙和徐现祥（2017）采用中国1997—2003年成立的制造业企业数据，考察了创业的宏观环境对企业成长的长期影响，结果显示企业进入市场的时间较为关键，如果在经济衰退期进入，则创业成功的概率和企业规模均会增加，且这种影响会持续五年以上。二是创业生态系统。越来越多的学者开始关注发达国家和发展中国家的创业生态系统，究其原因在于，传统观点仅仅将创业环境理解为时间维度，而事实上创业环境是复杂系统，应该从生态系统的视角去研究。李洪波和史欢（2019）、王彩彩和徐虹（2019）、陶熠和吴佑波（2020）等对创业生态系统进行了分析，通过构建自适应的多主体生态系统来剖析外部创业环境多因素之间的联系。随着对创业生态的深入研究，一些学者如许田田（2024）等发现新型研发机构如企业孵化器本身存在价值共生的特点，其对于创业生态系统的依存性得到数据的验证。

（三）创业的影响因素

现有文献从多种视角对创业的影响因素做了分析，具体为:（1）创业者经历。创业者的经历本身是个体禀赋优势，对其将来的生产生活行为有显著影响，王西玉等（2003）、罗凯（2009）、周广肃等（2017）等利用家庭住户调查数据考察了农民工经历对于其返乡创业的影响，实证研究发现，外出务工经历显著提高了其创业概率。（2）社会资本。社会资本区别于个体人力资本，在创业中发挥重要作用，张玉利等（2008）、李雪莲等（2015）利用中国家庭金融调查数据考察了家庭政治背景、社会网络关系等社会资本对个体创业行为的影响，结果发现，高密度的网络关系对其创业概率和成功率有显著的正向作用。（3）社会制度环境。制度环境作为社会规范的制度表达，对创业者行为会产生较大影响，郑馨和周先波（2018）使用中国微观调查数据研究发现，社会规范对个体创业行为有正向影响，吴一平和王健（2015）使用转型国家的跨国面板数据研究发现，政治网络对于个体创业行为有积极作用，且这种正向作用在政治网络密集的个体样本中更为显著。

二、创业体系的国内外典型经验

（一）新加坡

新加坡在打造创新活力氛围和营造优质创业生态方面独具特色，吸引了大量初创者的进驻。Startup Blink 的《2023 年初创公司生态系统指数》报告显示，新加坡拥有优良的经商环境大力支持初创公司发展，全球排名第七，亚太地区排名第一。新加坡作为金融中心，拥有丰富的投资和融资资源，包括风险投资、天使投资、私募股权等。创业者可以通过新加坡的金融机构和投资者网络，获得资金和合作伙伴，支持他们的创业项目的发展。新加坡作为全球创业和创新的枢纽扮演着重要角色，拥有超过 3800 家科技初创企业。在政府机构的支持下，助力企业获得成功，新加坡成为全球独角兽企业密度最高的国家，知名独角兽企业包括 Grab、SEA、Lazada 和 Carousell 等。新加坡作为全球创新和创业的中心之一，为企业提供了一个全方位的生态系统，助力其实现可持续的成长和成功。新加坡政府为激励各行业初创企业，推出多项政策，如"全球创新联盟"政策、"起步新加坡"

政策等。

新加坡之所以能吸引全球优质创业者进驻，主要得益于如下几点优势：

一是完善多层次政府创业服务平台。2018年4月，新加坡成立企业发展局，专门支持"初创型—中小型—高成长型"各个阶段的企业，以帮助其提升综合实力与拓展国际市场，推动新加坡发展成为全球贸易和初创企业中心。同时，新加坡设立中小企业中心和生产力促进中心，为中小企业海外扩张、融资发展、提高生产力、创新能力等提供咨询服务。此外，新加坡设立服务创业企业注册的商业注册局，并简化创业流程，除银行、金融保险、证券、通信以及交通等行业和对环境有影响的生产行业外，对于一般性的商业类型企业，创业者只要登录注册局网站，通过电子系统提交申请并缴纳费用，十五分钟内就可完成公司注册。

二是构建多层次开放合作平台。联合淡马锡理工学院、南洋理工学院等建立11个创新中心，为中小企业开展研发创新提供实验室设施、研发咨询和培训课程等资源支持。2017年设立"创业新加坡"一站式服务平台，汇集各类创业扶持计划、优惠政策、创业信息等，为创新创业团队提供人才、资金、管理、咨询等全方位服务。建立"创业新加坡网络"和创业行动社区，整合初创企业、大型公司、高等院校、风险资本和公共部门等资源，服务和助推初创企业快速发展，完善新加坡创业孵化生态系统。

三是搭建企业国际化发展服务平台。在企业发展局的支持下，由行业协会和商会成立新加坡企业中心，提供商业咨询、市场信息和商业配对等一站式综合服务，协助新加坡公司进军海外市场，目前已在成都和上海设立企业中心。联合北京、上海、深圳、旧金山、巴黎等全球12个国家的17个城市成立"全球创新联盟（GIA）"，实施"GIA加速计划"，支持本地初创和中小企业拓展国际机会，吸引全球初创公司立足新加坡拓展亚洲市场，进而实现快速扩张。2019年，企业发展局和资讯通信媒体发展局联合建立"开放式创新网络"（OIN），支持全球创新需求方在平台上发布技术需求，吸引来自全球的企业、高等院校、研究机构等可进行揭榜提供解决方案，对部分符合条件的公司和项目，提供一定的资金支持。

四是建立多层次创业孵化空间载体。一方面，依托裕廊集团国有资本力量，打造了新加坡科学园、纬壹科技城、洁净科技园、大士生物医药园等满足"研发设计、中试测试、生产制造"全链条功能需求的科技产业园区，为创业企业集聚发展提供了高品质产业空间，其中纬壹科技城已集聚了葛兰素史克、宝洁公司（P&G）、卢卡斯电影公司等400余家全球知名企业，4.6万多名知识工作者、研究人员、企业家和学生，16个公共研究机构以及5所企业大学或学院，成为推动新加坡科研创新发展和产业结构升级的核心引擎，及国际高科技园区中的典范。另一方面，积极支持全球孵化器运营单位、行业龙头企业在新加坡建设专业化孵化器，为初创企业提供高品质专业化服务，目前已集聚5300多家初创公司、500余名创业投资者、240余家孵化器，涵盖企业创业早期、成长加速、Pre-IPO等多阶段。

五是构建完善的创业孵化政策体系。除前文所述基础性服务外，新加坡政府还围绕企业孵化培育、能力提升、成长加速、数字化转型升级、人力资本开发、业务支撑等方面提供全方位支持和服务。值得注意的是，新加坡政府在建立完善企业服务和支持体系时，坚持"直接资助＋非直接资助"、"政府主导＋市场化专业力量"相结合，尽可能拓展服务供给来源、丰富供给形式、提升供给质量。如既设立"创始人支持计划"、"企业能力升级计划"等给予企业较大力度的直接资助计划，又注重围绕企业需求、发挥政府优势设立科技人才签证、建立全球科技人才联盟等；既注重发挥政府机构职能设立"成长加速计划"、"数字领袖计划"等，又注重引入市场专业化力量丰富企业服务内容、方式和体系，如设立加速器支持计划、搭建业务工具包等。

（二）德国

德国重视技术创新和产业孵化，其综合创新能力位居世界前列。2013年4月，德国政府提出"工业4.0"战略，被认为是以智能制造为主导的第四次工业革命，工业 4.0 的创新创业生态体系在德国科技园区孵化成型，其典型经验也逐渐为发展中国家借鉴。德国中小企业自 2008 年经济危机之后，恢复迅速，中小企业总数达到 370 万家，占该国企业总数的 99.6%，提供了62% 的就业机会。德国经验表明，促进创新创业已成为增强自主创新能力、转变经济增长方式、加速经济复苏、促进经济增长和扩大社会就业的重要动力。德国中小企业的繁荣关键在于创新带来的创业，这与德国较为完善的创新创业生态体系密切相关。德国科学基金联合会年报指出，在欧债危机期间，欧洲各国企业纷纷降低研发经费，而德国几乎所有行业都在增加这方面的支出。在德国的创新创业体系中，产学研人才的双向流动较为频繁，研究人员在科研机构工作一段时间之后，会进入企业；与此同时，部分企业的研发人员也会流通到高校和科研院所，他们指导的学生毕业后又进入企业。德国高校和科研机构鼓励教师、科研人员带着研究成果去创办公司，或者到企业担任研发顾问。在创业初期，一些科研机构还会提供启动资金。待企业壮大后，科研机构会将所持股份卖掉，再用这笔资金扶持其他类似的初创企业。

德国的典型经验可总结为：一是重视多元主体参与。德国政府注重通过多元主体参与的创业刺激计划，来促进高校等单位带动区域应用科学产业化发展，如通过"中小企业专利行动"资金补贴项目，来提高中小企业在创新过程中使用专利和科技数据库的意识，并在获得专利后帮其进行产品市场化。德国联邦教研部于 1999 年实施"区域创业计划"，选择五个试点城市，支持试点城市大学与校外经济、科学和政府部门建立合作伙伴关系，推动创业活动，提高创业质量。2005 年，德国联邦政府根据《高技术战略》，推出支持高科技企业创业的高科技创业基金，以"公私合营"模式和"股权投资"方式弥补高科技企业创建的融资不足问题。同时，联邦教研部实施"中小企业创新项目"计划，资助信息技术、纳米技术、光学技术、生产技术、资源效率和能效技术及公共安全领域的创新。政府资助项目最多可支持技术创新过程的 50%，如创新成功，可从利润中分期偿还；如失败，企业无须承担债务。

二是设置创业基金。联邦政府、州政府、政策性银行和大型企业设置高科技创业基金，对创新型企业给予风险投资支持，如联邦经济技术部、德国复兴信贷银行等。开发用来支持中小企业的"EPR 创新计划"，向申请者提供总额不超过 500 万欧元、偿还时限长达 10 年的研发贷款支持，帮助促进新产品研发和市场推广等。基金对于初创企业专注于技术或服务研发提供了必要的资金保障，并且在偿还时间上相对宽松。政策性银行对于联邦和州政府的创新研发政策能够落实到位，所提供的基金产品服务能够精准满足初创企业的需要。这种政策性金融支持的成功实施与德国的高度诚信机制和创新能力密切相关。

三是加大应用创新学科建设。德国超过一半的高校发展定位为以应用创新为基础，并且比例逐步提高。威廉·冯·洪堡提出的"教研合一"理念对德国高校教育产生关键性影响，并成为高校人才培养和科技研发的指南。二战后，德国以高校为启动载体，陆续成立以大学为依托结合中小企业发展为一体的研究机构，开展创业和创新方面的研究；重视知识共享并强调加速创新。于 1978 年建立创业文献数据库，数据库资料超过 22000 种，出版以创业专题为主的系列读物；自 1970 年代开始，在大学建立创业教育的教授席位制度，学校创业教育与企业高度关联，西门子、拜耳和大众等企业定期合作参与。部分工程类高校和职业性专科学校直接将教育导向定位为创业。如德国慕尼黑工业大学在校长沃尔夫冈·赫尔曼倡导下，自 1995年起实施教育改革，并启动"创业型大学"计划，旨在培养与现代工业社会相适应的创业和创新型人才，在德国其他高校以及奥地利得到广泛推广。

四是建设企业孵化模块。德国近 40 年的企业孵化经验，开发了三种不同的孵化模块，分别是加速器（为技术产业化应用提供快捷服务）、企业工场（为公司进行模块化定制，促进商业上的成功）、孵化器（为初创企业提供服务）。德国政府注重对大学生创新创业提供企业化指导和经济补贴，如在创业孵化器定期组织创业知识讲座和创业培训时，为有创业想法的大学生及时提供技术和法律等相关方面的咨询指导，大学生在创业阶段可以享受政府补贴，如入驻柏林工业孵化器的大学生每月有 2600 欧元的生活费，这对创业者和微小企业的发展起到了制度支持和法律保障作用。

（三）国内典型做法

通过梳理国内各地大学生创业服务体系，发现上海漕河泾开发区、杭州拱墅区和南京、苏州等地的创业管理模式具有一定的优势，下面将依次阐述：

1.公司制模式：以上海漕河泾开发区为例

根据漕河泾开发区的开发、建设、经营、管理和服务科技创新的需要，早在 1990 年上海市便通过《上海市漕河泾新兴技术开发区暂行条例》，明确由上海市漕河泾新兴技术开发区发展总公司统一负责开发区的基础设施建设、资金筹集运作、土地开发以及各类人才引进和人才创业工作。依照科技创业企业自身发展特点，漕河泾开发区构建了多层次、接力式孵化体系，创立了大学生创业苗圃、孵化器、加速器等分等级有梯度的"三位一体"的创业孵化和发展平台。目前，总建筑面积 5.2 万平方米的科技创业中心内拥有约 3000 平方米的大学生创新创业园、2000 平方米的科技创业苗圃，以及相配套的约 1 万平方米的专业孵化器和 2.6 万平方米的企业加速器，孵化企业近千家。漕河泾开发区发展总公司则全权负责开发区内科技企业的初期扶持、中期孵化、远期根植等一系列配套服务。通过大学生创业创新园（创业苗圃）、创业孵化器和园区内加速发展平台三个层次的孵化和培育，科创企业总体存活率超过 90%，其中不少由小到大、由弱到强，并最终成为上市公司、知名企业。

由于漕河泾开发区总公司兼具融资、土地经营、科技项目审批等权限，相较于政府行政管理模式，其优势体现在以下三个方面。一是职能更为完备。园区内大学生创业工作突破了政府各部门的职能限制，更具整体性和系统性，有力地保证其对创业企业服务的全方位性和全覆盖性。二是服务更为系统。方便构建由技术转移、项目培育、企业孵化、企业加速、产业促进、产业转移六个服务阶段组成的技术创新服务链。三是模式更为优化。运用"3+2+1"模式，即通过创业、就业、见习三个基地，结合企业孵化器和留学生创业园建设，在集成高校资源的基础上，实现产学研合作新模式。

2. 合作共建模式：以杭州拱墅区为例

拱墅区大学生创业园是由杭州市拱墅区人社、团区委共建，由区科技工业区负责的体制。考虑到具体运作的实际，管委会引入民间机构，构建创业导师全权负责制的合作共建大创孵化园区的模式。此模式由政府出政策及资金、民间机构运作和管理。管理企业的收入来源为政府补贴，其考核体系由入孵企业税收总额和日常绩效考核构成。为将政府主导作用与民间机构能动作用相结合，管委会制定了较为详细的制度严把"三关"，即入园关、孵化关、毕业关。同时，拱墅区政府下拨450万元财政经费直接用作房租补贴，为每户入孵企业提供30—80平方米的精装修办公用房，两年内免收房租。而受委托的专业孵化器管理企业，则深入在孵企业内部对其开展经营管理等技术性指导，并为在孵企业提供各类资金申请、企业登记注册、政策咨询、商务融资等一站式服务。目前，拱墅区大创园区孵化平台总面积22000万平方米，拥有可供大学生创业的精装修办公用房233间。

在合作共建模式下，政府只需搭建框架、出台政策、注入资金，在具体操作层面将其推向社会，大学生创业园的运作管理和入孵企业的日常服务均由民间机构在政策框架下代为运作。当然，政府需要制定相应方针政策，注重对整体的宏观把控。该模式的优势在于，一是政府部门可节约大量的人力物力，二是管理团队具有更强的专业性与针对性，三是管理团队可获得成功孵化企业的反哺。

3. 市级统筹的多级创业管理模式：以南京、苏州为例

作为全国较早启动创业服务的城市，南京、苏州均建有由市政府牵头，责任部门参加的创业促进工作领导小组。领导小组负责修改完善工作机制，加强组织和协调，建立目标责任体系并将责任目标分解至各区、县（市）。

目前，通过多年运作，两市已形成以市统筹的多级创业管理服务体系，大学生创业工作导向作用得以充分发挥。

南京、苏州两市对大学生创业孵化基地采取分级分类认定。市人力社保局根据现行文件对全市大学生孵化基地实行认定与授牌，市级创业引导性资金对孵化基地实行基建贴补和资金贴补，而各区、产业园区和高校则根据本地区产业结构，依托产业园区建立大学生孵化基地，并在遵循全市大学生创业园基本政策的整体框架下，采取政府购买服务等形式对所属园区进行运作与管理，当地财政对场租等进行必要的资金保障。为将创业平台向基层延伸，2011 年，南京还启动"科技创业特别社区"建设，规定每个特别社区提供不少于 5000 平方米的孵化基地，且孵化成功的项目可进特别社区运作。目前，南京已评估认定市级大学生创业园 41 家，总面积 20 多万平方米，建成特别社区 22 个，其中栖霞、江宁、浦口三个大学生聚集地，已分别建成 1 万平方米以上的大学生创业孵化基地。苏州累计认定 173 个创业孵化载体，其中苏州市大学生公共创业实训基地已被认定为全国创业孵化示范基地。以市统筹的多级创业管理模式，其最大的特点在于各级政府均能充分发挥其自身职能。同时，各开发区依照自身产业和园区特色进行大创园建设和运营，能使各功能园区相互推动，协同发展。

三、绍兴人才创业体系的有关做法

绍兴市发力双创体系建设，先后出台《关于大力推进大众创业万众创新实施意见》《关于促进民营经济高质量发展的若干意见》、"科技新政 20 条"等文件和政策，积极推进科创大走廊、产业创新服务综合体等服务平台建设，不断完善科创园、众创空间等多主体协同创新和全链条孵化体系，已经取得了积极成效。下面将梳理绍兴市人才创新创业体系方面的基本做法。

（一）创新体制机制

1.加强顶层设计。围绕"315"科技创新体系和"4151"先进制造业集群建设，制定实施战略人才"5232"行动计划。组建滨海新区人才发展局，实现宣传、经信、教育、科技、人社、卫健、科协等市级部门人才工作处室设置全覆盖，成立市人才发展集团、市高层次人才服务中心、市人才发展研究院，设立驻北京、上海、深圳、成都4个招商引智办事处，进一步推动人才工作力量变革重塑。开展人才工作"唯帽子"专项治理，统筹整合全市13个人才计划，迭代实施绍兴"名士之乡"英才计划2.0版，开辟人才薪酬认定、以投代引、大赛认定等人才项目认定"直通车"，有效夯实海外人才基础。

2.聚焦需求导向。为积极向用人主体授权、为人才松绑，聚焦用人主体和人才发展需求，人才办率先制定出台《绍兴市人才发展体制机制综合改革试点方案》，提供授权人才项目自主评审、授权人才薪酬绩效自主管理、授权高级职称直接评聘和中级及以下职称自主评审等10项授权事项政策"工具箱"，并启动首批市级试点申报工作。首批人才发展体制机制综合改革市级试点共确定15家单位，涉及改革需求共19项。首批市级试点单位，从单位类型看，科技领军企业数量最多，占比53.3%；从改革需求申报数量看，申请该项改革事项的单位占比66.7%；从推进速度看，部分用人单位围绕授权事项已取得阶段性进展，如浙江大学绍兴研究院和天津大学浙江绍兴研究院围绕"授权人才项目自主评审"事项，已完成相关评审办法制定工作。此外，省人力社保厅于2024年8月全面放开高校职业技能等级认定工作，绍兴职业技术学院得益于前期获批的"授权职业技能等级自主评价"改革事项打下的良好工作基础，成为全市申请全工种职业技能等级认定工作准备工作最扎实、申请速度最快的高校。

3.推进人才试验区发展。滨海新区人才管理改革试验区于2020年10月牌成立，是全省第一个人才管理改革试验区，聚焦集成电路、高端生物医药产业方向，人才办先后制定出台 2 个专项政策支持举措 30 条。依托专项政策支持举措，滨海新区人才管理改革试验区有效破解人才协同发展制度壁垒，有力畅通高层次人才引育通道，如在拓展人才评价体系上，创新实施公司法人举荐制，上市企业、税收排名前 30 名的高新技术企业，可举荐技术负责人认定为市级领军人才，已认定市级领军人才、高级人才 30 人；在畅通高端人才引进渠道上，率先实施青年科学家"免评审"机制，19 位青年人才以青年科学家"免评审"方式直接落户，相关工作经验做法在省组信息上刊登。此外，柯桥区围绕光电传感等产业领域，正在推进杭绍临空人才合作创新区建设，目前发展规划及人才专项政策已编制完成；上虞区围绕生命健康、数字经济等产业领域，加快推进"未来城"人才管理改革试验区建设；诸暨市围绕航空航天、智能视觉产业领域，加快推进诸暨海归小镇人才管理改革试验区建设，目前已出台人才专项政策。

（二）夯实人才平台

1. 打造绍兴科创走廊。高标准高质量推进以省现代纺织技术创新中心、绍芯实验室、浣江实验室为重点的十大创新设施，以迪荡湖科技 CBD、杭州湾产业协同创新中心、新昌高创园为重点的十大创新基地，全面提升绍兴科创走廊能级。对标省市国际科技创新中心、综合性国家科学中心和区域科技创新中心等国家重大战略布局，深度融入 G60 科创走廊，在共建产业技术联盟、科技金融、成果转移转化等方面开展合作。同时加强省内科创走廊间协作，加快融入长三角区域创新网络。积极开展项目招引、人才引进、科技合作、校企对接、金融服务等活动，深化与中国科学院资本、中国中小企业合作发展中心等机构合作，整合绍籍专家、越商、科技中介等资源，实施高端科技人才引育工程，加快形成创新成果转化链。高标准编制《绍兴越城科创走廊规划（2023—2027）》，聚焦集成电路、生物医药等重点产业，结合云计算等未来产业，促进科技与产业深度融合。发布鉴水科技城规划，明确"领导小组＋专班＋平台"的运行机制，谋划一条 10 公里的科创湖链，串联5个智慧湖湾，争创国家科教人融合实践区、长三角科技成果转化地。

2. 建强共建研究院。为集聚更多优质创新资源，绍兴积极实施共建研究院"强基提能造峰"工程，全面覆盖集成电路、高端生物医药、先进高分子材料、智能视觉等战略性新兴产业。相继出台《绍兴市引进共建研究院管理办法（试行）》《绍兴市产业研究院绩效评价办法（试行）》《绍兴市共建研究院强基提能造峰三年行动计划》等政策，实现错位协同、全市共享。共建研究院通过建立重点实验室、院士专家（博士后）工作站、研究生培养基地等载体，吸引各类人才来绍创新创业。研究院积极探索工程硕博士（卓越工程师）培育，通过聘请校内校外"双导师"、搭建理论实践"双平台"，利用母校师生资源向在绍企业输送人才。按照"企业出题、院校解题、政府助题"思路，推动研究院根据绍兴产业发展需求，实现错位竞争，赋能"万亩千亿"产业平台等高质量发展，如天津大学浙江国际创新设计与智造研究院围绕高端精细化工、现代医药、新材料等领域开展应用基础研究及产业化推广、上海大学绍兴研究院引进兵科院重庆分院牵头的绍兴市首个单兵装备项目预期投资总额8亿元等。

3. 壮大新兴产业平台。坚持围绕产业链布局人才链，同步编制《绍兴市集成电路产业人才专项规划》和《集成电路产业人才发展专项政策意见》。以创建国家级海峡两岸数字产业合作区为引领，引进浙江大学绍兴研究院、北大信息技术科创中心等共建研究院，签约落地杭州电子科技大学集成电路产业学院。建设绍芯实验室，聘任14位院士专家组建学术委员会，宽禁带半导体及特色工艺产业创新中心纳入省级布局。以集成电路"万亩千亿"新产业平台为核心区块，在全省率先建设滨海新区人才管理改革试验区，并将集成电路重点企业纳入人才发展体制机制改革市级试点。制定《集成电路产业人才分类专项目录》《光电信息产业高层次人才分类目录》，开通"双聘制"、"免评审"、"举荐制"等人才认定"直通车"，为芯联集成、长电科技等集成电路企业引进和认定各类紧缺高端人才近千人。实施绍兴"名士之乡"英才计划集成电路人才专项，开行招才引智集成电路人才专列，设立创新创业大赛数字经济赛道，引进落地数字经济（集成电路）领域人才项目四百余个。

（三）提升双创服务

1.建立创业服务保障机制。为抓好省级创业型城市创建工作，绍兴市逐步建立健全"组织领导、政策扶持、创业培训、创业服务、工作考核"五大创业服务体系。建立绍兴市高校毕业生创业就业工作联席会议制度，不定期召开会议，研究解决大学生就业创业中遇到的问题，落实目标任务。设置"绍兴市青年成长基金"、"创新奖励基金"等，建立全省首家青年创业支行，成立青年网商学院，每年举办创业项目设计大赛，大赛结合传统产业与电子商务，催生新经济群体，省级传统产业，吸引更多优秀青年创新创业，挖掘更多实用人才。

2.发展地区特色创业园区。在推进创业园建设工作中，充分利用各级各类开发区的科创中心和创业基地，为大众自主创业搭建平台，助推大学生创业孵化。入园的创业者不仅能享受小额担保贷款和贷款贴息、场地租金补贴，还能享受注册办证、法律、财务、税务、企业管理和市场信息等方面咨询服务。各区、县（市）打造以轻纺电商、科技商务、服装商贸等为核心的创业基地，形成特色创意产业聚集地，培育经济发展新动力。

3.创业导师一站式扶持。通过形式多样的教育培训进一步夯实创业意向群体的创业基础及提高其创业能力。越城区建立绍兴市第一家由20位企业家和6位相关高校职能部门负责人组成的大学生就业创业导师团，开展就业指导、创业讲座及困难帮扶等扶持项目；柯桥区以政府公益培训为主，民间培训机构为辅的创业教育培训体系开展创业培训教育，全年共举办50多场次；诸暨市抓住市政府大力发展电商的契机，推出52个创业项目展示，鼓励毕业生到电子商务园区就业创业；新昌县开展毕业生创业意向调查摸底工作，及时了解创业者需求做好前期准备；嵊州市对企业开展培训，使其充分了解扶持创业政策；滨海新区利用发展相对成熟的产业集聚平台，为园区内中小微企业提供创业指导，为大规模企业提供业务培训。各高校也将创业教育作为素质教育的基本内容之一，积极举办"青春创业进校园"、"创业导师进校园"等系列活动，邀请知名企业家、成功创业的大学生和创业培训专家到高校作巡回演讲。

（四）做优人才生态

1. 做优新兴产业生态圈。首创实施《集成电路产业人才服务专项计划》，建立集成电路核心企业市领导"一对一"联系机制，配备人才服务专员，"一月一主题"化解集成电路人才困难和问题 95 项。出台产业基金（人才项目）管理办法，组建百亿级集成电路产业基金和 10 亿元规模的人才创投引导基金，建立集成电路人才企业上市培育库，芯联集成成功登陆科创板。坚持每年实施人才服务"十件实事"，单列人才房源用于集成电路产业人才，支持和引导集成电路头部企业自建人才公寓超 4000 套。每年举办集成电路产业峰会，承办 2023 年全国大学生软件创新大赛，营造集成电路人才创新创业浓厚氛围。

2. 做优人才交流生态圈。以上虞区为代表，借构建青年发展友好型城市为契机，上虞区以打造"虞创未来"品牌为抓手，统筹推进系列人才活动，形成兼具影响力、专业性、普适性和实效性的高品质青创活动体系。人才赛事方面，举办中国·绍兴"万亩千亿"新产业平台全球创业大赛、"海创人才"国际创新创业大赛、第五届天津大学"海棠杯"校友创新创业大赛精细化学品与智能制造赛道决赛等赛事活动 5 场，近两年共签约引进青年创业项目 40 余个；人才对话方面，先后举办全球青年科技领袖峰会暨 TR35 颁奖典礼、之江科创大会、人才发展大会等大型人才活动 23 场，创新举办虞籍大学生新春恳谈会、浙江大学校园推介、"虞见青春 名校硕博上虞行"等推介交流活动 216 场；人才活动方面，举办海内外高层次人才中秋联谊会、千名博士暨青年人才马拉松赛、"青春万帐"青青趣露营、高层次人才集体婚礼等联谊活动 28 场，促进 3200 余名人才扎根上虞。

3. 做优乡情服务生态圈。以嵊州市为例，发挥乡情智力、人脉、资金等优势，优选 80 余名绍籍人才组建招商引才顾问团，通过产业规划征询、商会联谊交流、客商及项目引荐等方式，广泛收集契合嵊州产业发展的人才及项目信息回流 500 余条。在重大活动、重要节假日期间组织开展乡情茶话会、恳谈会，落实乡镇（街道）每年召开乡情大会，成立线上"乡情会"，邀请绍籍人才为家乡发展把脉问诊、建言献策。实施"青蓝工程"，积极组织院士专家、名校学子开展"母校行"、"家乡行"活动，与师生面对面交流、演讲，推动乡情文化的传承发展。开通"民情日记直通服务"、"市长直通车"、"纪委书记直通码"，落实领导干部、重点部门联系企业制，搭建政企高效沟通平台。出台《关于对"三大回归"工作进行专项考核的通知》，迭代升级"1+9+X"政策体系，发布特色惠企系列政策。

四、人才创业的面临问题

（一）政策精度待提升

1. 稳定存量人才的政策精度还不够。存量人才是人才队伍的支柱，稳定的存量人才对城市社会正常运转起到保障作用。调研发现，部分医院、教育系统的本土人才在进一步深造以后因无法享受同层次引进人才的优惠政策，一定程度影响其创新积极性，部分已经引进的青年博士在服务期满后，也因不能继续享受人才政策，留绍意愿有所下降，对于这些存量人才，绍兴市还缺少更精准的留才政策。

2. 引导企业主动引才的政策精度还不够。人才引进既是政府的大事，也是企业的大事。但调研发现，部分企业由于对经济前景不明朗、创新项目不清晰等原因而存在不愿引才、谨慎引才的态度，主动引才的积极性不高，对于企业如何主动引才，绍兴市还缺少更精准的引导政策。

3.创业人才项目的遴选精度还不够。创业人才项目是人才项目的重要组成部分，引进一个好的创业人才项目对打造人才生态有直接促进作用。但现阶段，创业项目遴选机制与市场反馈不一致，对于如何筛选出市场认可度高的创业项目，绍兴市还缺少更精准的遴选政策。

（二）服务水平待加强

1.服务理念不够强。对于人才全生命周期服务的具体任务和措施，绍兴市已作了详细部署，但部分区、县（市），基层部门对于引进的年轻博士、外籍人才的服务精细度、主动性还有待提升。

2.服务结构不够优。绍兴市人才服务偏重国际化人才，对部分本土人才的需求回应还不够及时充分；偏重对大企业的服务，对小微企业的服务覆盖面还不够广，政策宣传还不够及时，这导致本土人才对人才服务的评价不高、更深层次的人才服务供给不足等问题。

3.专业程度不够高。调研发现，绍兴企业招聘年轻人才部分依靠人力资源服务中介，人才资源服务中介和科技中介的发展缓慢与绍兴科技创新大步向前的情况不相符，一定程度上制约了绍兴市人才生态建设。

（三）平台能级不够高

1.缺乏国字号平台。纵向看，近几年绍兴市创新平台数量明显增多，但与先进城市相比，在能级、层次和绩效上还有较大差距，缺少像中国科学院宁波材料所、浙江清华长三角研究院等国字号、标杆性平台。

2.自身造血功能不强。部分科研院所存在造血功能偏弱的问题，科研经费主要靠地方政府投入，造血功能、创新能力、服务能力都有待加强。

3.科研成果转化步伐有待加快。近三年，全市高校和30余家共建研究院共产生科技成果5000余项，但转化效率不高，和同类型头部平台相比有较大差距。

（四）要素保障不完善

1. 场地制约。目前授牌的大学生创业园中，部分位置较为偏僻，配套相对欠缺，较难吸收毕业大学生入驻；另几家科创中心则门槛过高，对注册资金有较高要求，一般初创企业难以入驻，迫切需要在社会上建立相应的孵化基地以驱动其进一步发展。

2. 资金制约。大学生创业工作无论是举办创业教育、培训、讲座、沙龙等活动，还是举办创业设计大赛、聘请创业导师团队、开拓创业孵化基地，都需要资金的投入。但目前实际运作中，相关政策对创业赛会活动的过程性支持还不够，导致一些活动难以开展。

3. 信息制约。主要表现在两个方面：一方面市场监管部门在大学生创业注册时，没有对学历情况作专门登记，从而无法掌握大学生创业的数量、结构等基本信息，后期配套服务也无法精准提供。另一方面目前还缺少一个汇集各部门、各方面创业相关信息的公共信息平台。

五、打造人才创业新体系的对策建议

（一）推进教育科技人才"三位一体"高质量发展

争取绍兴市教育科技人才"三位一体"高质量发展试验区获得省级创新深化试点。以落实《绍兴市教育科技人才"三位一体"高质量发展试验区建设方案》为抓手，在组织领导、工作推动、工作力量、政策法规、资源配置、考核述职"六个协同"机制上先行先试，项目化、清单化推进"三位一体"高质量发展十大改革试点、十大协同事项、十大关键指标、十大重要任务、十大标志性项目、赋能十大产业集群等试点工作。推动人才牵引高水平应用型大学建设，以文理学院"创大"、元培学院"转设"、杭电绍兴校区"新建"为契机，"一校一策"支持重点高校人才发展体制机制改革，推动在绍高校 A 类人才增量、B 类人才提质、C 类人才扩面、青年博士储备。支持文理学院紧扣培育重点学科和科研平台，加快引进学科带头人和基础研究人才。支持元培学院聚焦与地方产业相匹配的学科专业建设，大力培养产业紧缺工程师和应用型人才。支持杭电绍兴校区构建以研究生为重点的集成电路产业人才培养模式，在产教融合上发挥示范引领作用。

（二）纵深推进人才改革试验区建设

完善人才改革试验区工作推进机制，建立人才改革试验区晾晒比拼机制，实行"一域一重点、一域一政策、一域一规划、一域一专班、一域一评估"的差异化特色化发展路径，着力打造标志性改革成果。绍兴滨海新区人才管理改革试验区重点是持续深化集成电路人才引进培养激励等机制，着力打造长三角集成电路人才高地。杭绍临空人才合作创新区重点是探索创业人才"园区＋基金"支持模式，推动杭绍人才一体化发展。诸暨"海归小镇"人才管理改革试验区重点是探索吸引集聚海外留学人员机制，创新与欧美同学会合作模式。上虞"未来城"人才管理改革试验区重点是探索加快青年人才引进集聚机制，打造青春之城。持续深化人才发展体制机制综合改革，努力实现省级试点突破。

（三）持续做强四类人才科创平台

一是持续推动共建研究院强基提能造峰。以打造省级新型研发机构为基本定位，对研究院实行分类管理、分类施策、分类支持。健全完善研究院准入标准、政策支持、日常管理、绩效评价、退出机制等闭环制度，做大做强标杆性研究院。针对研究院科研人员编制身份和待遇受民办报备员额限制问题，科学设定高层次人才"编制池"资格条件，用足用好编制池，提升科研人员积极性和获得感。二是着力打造高能级实验室。以创建重点实验室、技术创新中心等省级以上创新平台为基本定位，市县两级集中资源打造特色鲜明、重点突出的高能级实验室体系。创新模式加快打造绍芯实验室2.0版，在建设机制上实行市级统筹、市区共建。三是拓展优化人才创业创新园雁阵格局。推动浙江绍兴人才创业园和浙江绍兴外国高端人才创新集聚区两个省级人才创业园提档升级，聚焦细分产业推动"腾笼换鸟"，打造特色化、专业化人才园区"单项冠军"。支持区、县（市）打造区域人才创新创业园体系，加强人才园区规划布局引导，出台人才园区专项扶持政策。支持民营企业改造闲置厂房打造民营人才创业园，享受与政府人才平台同等政策。四是聚焦重点学科打造高水平大学。进一步优化在绍高校校领导班子建设，强化校领导学术属性，聘请院士专家等行业领军人才担任高校校长，探索实施高校名誉校长、二级学院学术院长等模式。聚焦学校重点学科加大高层次人才引育力度，特别是结合当前绍兴文理学院争创高水平大学基础学科建设试点契机。

（四）完善创业服务全周期管理

一是加强创业宣传和指导，提供创业筹备期服务。充分利用广播、电视、报刊和网络等媒体，开展形式多样、主题突出、内容丰富的宣传报道活动，大力宣传大学生创业先进典型和各地各单位好的经验做法，积极开展大学生创业政策宣讲和解读，增强大学生创业意识。加强点对点定向宣传，如可以与高校就业部门联系，借助高校的宣传渠道向大学生宣传政策。面向社会公开征集、挖掘和引进一批适合大学生初次创业、小额创业并有一定技术含量与发展前景的项目，并适时开展创业项目评估会。经专家评估认定的，通过开展创业项目展示会、创业项目进高校等方式向大学生公开推介对接。二是开辟各类绿色服务通道，提供创业初创期服务。开辟工商注册、税务登记、人事服务等各类绿色通道，为创业大学生提供开业期间系列优惠服务。市场监管、税务部门设立大学生创业服务专用窗口，安排专人负责大学生创业注册登记和税务登记等事项，免费办理各类注册和税务登记手续。三是开展各项创业辅导活动，提供创业发展期服务。针对创业发展期的大学生创业企业（项目），施行并完善大学生创业导师制，开展各种创业活动，提升大学生创业实践能力。进一步推行大学生创业导师制，壮大创业导师队伍，聘请创业培训老师、成功企业家和政府有关部门专家，采取单个指导、会诊指导、授课指导、陪伴指导、咨询指导等形式帮助大学生提高创业实践能力。

（五）完善创业金融支持体系

推动各级政府投资基金统筹联动发展，引导社会资本更多投向关键技术领域和初创期科技型企业。建立健全国有创业投资机构投资决策、业绩考核、市场化选人用人、员工激励、容错免责等制度，更好发挥国有部门对创新创业的金融支持作用。拓宽金融资金来源，扩大金融机构双创、小微金融债发行规模，提高审批效率，募集资金定向支持人才企业融资。完善服务模式，推广"人才银行"服务模式，通过差异化考核激励、提高不良容忍率等方式，加大对人才及人才企业的金融支持。拓宽银行贷款用途，支持企业将贷款资金用于专利购买、技术引进、人才招引以及创业项目启动、并购重组等领域。加强上市扶持，充分发挥投资基金作用，支持人才企业在主板、中小板、科创板、创业板上市，完善股权激励政策。设立专项基金，研究设立特殊人才基金，对产业化应用研究处于世界前沿的顶尖人才团队，采取"一事一议"方式予以支持。

第九章

绍兴打造青年发展型城市研究

2017年4月，中共中央、国务院印发《中长期青年发展规划（2016—2025年）》，这是新中国成立以来第一个由党中央和国务院发布的青年发展规划，把青年发展摆在党和国家工作全局中更加重要的战略位置。2021年5月，《绍兴市中长期青年发展规划（2021—2025年）》出台，绍兴市各地各部门靠前谋划、创新举措、主动作为，积极搭建青年成长发展平台，全力建设青年发展型城市，构建起开放、包容的青年人才招引体系，出台全国同类城市较有吸引力的青年人才人才政策，不断完善"全员、全天候、全过程、全方位、全身心"的"五全"服务青年工作体系，持续提升城市"青和力"，推动青年成长与绍兴发展双向赋能、共享精彩。

一、工作实践

（一）连续七年开行招才引智"人才专列"

2018年以来，绍兴市人社系统牢固树立"人才是第一资源"的理念，深入贯彻落实市委、市政府人才强市的总体要求，连续开行"活力绍兴　智引全球"春秋季人才专列，不但把绍兴城市的名片传递到全国40多座城市，更与 400 余所高校建立了良好的合作关系，签订人才智力合作协议 80 余份，建立招才引智联络站 70 余个，为助推城市发展引进了大量青年人才，为绍兴赢得"最温暖的城市"的称号，走出了一条具有绍兴特色的招才引智新路子。

一是精准调研企业人才"需求量"。坚持把真实掌握企业人才需求作为招才引智专列开行前的基础性工作来抓，2018 年集中 1 个月左右时间，组织开展"万企大走访"活动，汇总人才需求 2.2 万个；2019 年在此基础上，重点走访需求最旺盛企业、年营收 5 亿元以上企业、行业龙头企业等 500 余家，全面激发企业招才引智需求。开发建成集直播宣讲、简历投递、视频面试、合同签订等功能于一体的"淘岗网"线上招聘求职平台，实现"浙江人力资源大市场"，区、县（市）政府性招聘求职平台数据贯通，人才需求摸排成为常态化制度，为每年专列的顺利开行奠定了扎实基础。

二是做大做强人才工作"朋友圈"。重打乡情牌，从高校、人力资源服务机构和绍籍大学生等关键环节入手，大力宣传推介人才生态优势。利用寒假、暑假时间举办绍兴籍大学生大会、百所高校访绍兴、全国重点高校优秀大学生"梦起绍兴"、本地高校大学生"留在绍兴"专场招聘等活动。近年来，先后聘任 70 名引才宣传大使，邀请各大高校老师、专家为绍兴人才工作问诊把脉，鼓励绍兴籍学子回乡就业创业，帮助宣传家乡人才生态。当前，按照拜访高校招生就业部门、寻访高层次人才与项目、回访院士专家的要求，建设专家库，并通过省级以上人才项目寻访、科技项目寻访、博士人才寻访等线下对接活动，不断完善建设可为绍兴发展所用的"智库网络"；走访对接的高校，从就业部门，拓展到了博管办、科技处、电子信息、机械、化工等与绍兴市产业相关的二级学院，建立起工作网络，引才版图得到进一步拓展。同时，积极与智联招聘、前程无忧、天坤国际、猎聘等知名人力资源服务机构开展引才合作，打造政府、企业、高校、机构招才引智联合体，努力让更多力量支持参与绍兴招才引智工作。

三是全力打造城市雇主"金名片"。积极倡导城市雇主理念，构建"政府搭台、高校配合、企业唱戏、协同引才"的工作新模式，将全国划分为 7 大片区，分别举办 1 场城市综合推介会和多场专场招聘会，市委、市政府主要领导亲自推介绍兴城市形象；把黄酒、越剧搬上舞台，全方位展示绍兴城市人才生态，合力打造城市雇主品牌。把走访高校、政策宣讲作为招才引智活动的规定动作，近年来，结合"人才管家"数字化改革，为全国 688 所学校 2.1 万名学子提供青年码，探索开展"绍兴城市合伙人"VLOG 大赛，收到投稿视频 200 多个，通过抖音、微信等新媒体多渠道打造"绍杭同城快发展、鲁迅故里慢生活"城市 IP，持续加大城市引才宣传。

四是迭代升级产业引才专线。坚持将引才工作与建设先进制造业强市结合起来，紧扣城市产业结构调整，不断迭代引才方向、转变引才重点。2022 年，围绕集成电路、生物医药、黄酒等 3 大重点产业人才需求，联合 9 家重点企业，开展线上直播专线招聘会；针对技能人才需求，开行"金蓝领"引才专列，赴江西、陕西、云南、甘肃、河南 5 省 10 所职技院校开展技能人才对接活动。首批江西制造职业技术学院毕业班 437 名学生赴浙江工业职业技术学院开展 3 个月的在校实训和企业实习，为绍兴市企业数字化、智能化转型升级输送了一大批急需的技能人才。

五是系统组建招才引智"集团军"。始终坚持加强部门联动，市委人才办、发改、经信、科技、教育几个部门协同，把招才和招商、人才和项目、高校毕业生招聘和高层次人才招引一起谋划组织。坚持市县联动，既增强市级层面统的力量，也鼓励各区、县（市）发挥能动性。市本级，各区、县（市）按地区各承包一个片区，市县之间、部门之间紧密协作，良性互动，形成人才工作合力。市委人才办牵头，市人社局、市科技局、市文广局、团市委、市科协等部门多元参与，力求取得更好的活动成效。最大范围整合市县资源力量，市级部门单独负责核心片区活动，树起活动标杆，其他片区按照"统一标准、统筹力量、分级负责、协调推进"工作思路，市县联动开展招才引智工作。注重党建工作和人才工作互促共进，结合"不忘初心、牢记使命"主题教育，设立片区临时党支部，开行"红色引才专列"，进一步发挥党员干部先锋模范作用。

（二）打造"后生家"国际青年人才社区

绍兴市人才发展集团结合来绍青年的生活、社交、创业等需求较大的现状，积极打造聚焦服务国际青年人才的综合性社区，将闲置办公楼改建为聚焦服务青年人才的综合性社区，打造"后生家"人才生态品牌，不断提升来绍青年人才的归属感、幸福感。青年人才社区为已闲置 3 年的两幢服务、综合楼改建的保障性租赁住房，总建筑面积 7049 平方米，总投资 2000 万元，2022 年 7 月开工，2023 年 5 月建成投用，提供租赁房源 153 间，每间建筑面积为 20—53 平方米。项目秉持"最具温暖感的青年人才社区"的理念，立足"青春感＋文创风＋绍兴味＋数字化"的设计主题，整体采用"小住房、大客厅"的设计模式，周边交通便利，生活配套齐全，符合保障性租赁住房"小户型、低租金"要求，切实为来绍创业、就业的国内外高校毕业生、引进型青年人才、实习实践大学生等青年人才解决住房困难，聚焦"智能化＋社群化＋共享化"的中心目标，致力于打造一个涵盖生活、社交、创业等多元化功能于一体的青年英才逐梦"栖息地"。

一是品牌网红化。青年人才社区委托专业住房租赁企业 YOU＋负责具体运营。运营团队除提供优质的智能化物业管理服务外，还搭建温暖的社群平台，建立多元化青年人才间的黏性及其与绍兴这座城市的链接，扎实推动人才引得来、留得住、干得好。通过"大数据＋云智慧硬件"进行数字化管理，引入未来社区元素，全覆盖智能家居体系，实现家装标准化、处理可视化、管控流程化、服务多样化。"一网式"综合服务，保障青年人才住得舒适、安全、自由、便捷。开业两个月入住率达 100%，并在省建设厅网站上刊登，成为集成电路产业园区青年人心中的"网红"长租房。

二是活动国际化。坚持热爱生活、热爱分享为主旋律，通过"五同会"（楼栋、爱好、职业、星座、籍贯）、"越友相识五步法"等社群搭建手段，借助主题活动、兴趣社团、网红 IP 场景等载体，快速打造青年社区社群，帮助青年人才尽快融入绍兴。根据入住群体的特点不断迭代运营模式，带动青年人才由"住户"转为"家人"，实现高活跃度、强链接性的社区生态。聚焦"自治共享、社群共创"理念，旨在打造集生活、社交、文娱等多元功能为一体的人才生态品牌。社区结合绍兴文化 IP 不定期组织各类文娱活动，目前共举办"520 社区开放日活动"、"端午 Fun 粽"和"亚洲校园联盟行"等一系列活动共 22 期，吸引 500 余人参与，受到入住家友和来绍青年的一致好评，形成青年人才集聚强磁场，带动年轻人拓展交际圈、融入新环境。

三是服务公益化。坚持开放共享与私密独立相平衡原则，通过厨房、健身房、沉浸场等功能区的共享，搭建起青年人才的情感纽带，凝聚好青春奋进力量，为城市发展注入可持续的新动力。绍兴国际青年人才社区通过浙里办面向社会公开申请，租金均控制在周边同品质市场租金的 80% 以内。共设 14 个房间作为"青春驿站"，向来绍参加面试或寻找工作的青年人才提供最多 7 天的免费住宿，有效降低青年人求职成本、解决短期租住需求，青春驿站目前共接待来绍大学生 600 余人。同时，建立城市客厅，提供"24 小时免费城市书吧"等公益服务设施，为来绍青年打造一个温暖的家。

（三）数字赋能促青年创新创业

2022 年以来，团绍兴市委按照"集成一个政策、打造一个平台、搭建一个生态"的思路，着力打通青年创新创业数据壁垒、破解痛点难点，依托数字赋能形成服务青年创新创业新优势，取得了一系列标志性成果。"越青创"多跨协同数字化成为国内首个志愿服务数据、省内首个个人社会信用信息与银行核心系统共享交互的数字化项目应用，进入市数改办亮晒平台；"越青贷"系列线上产品是国内首个青年诚信纯数字化金融产品；涌现出来的青年创业典型勇夺"创青春"省赛总冠军。上述有关工作也被《新闻联播》、《中国青年报》、《浙江日报》等媒体广泛报道。

一是集成"春潮行动"政策。联合全市银行机构、市场监管局、市小微办等部门推出"春潮行动"，安排 50 亿元以内的再贷款再贴现低息优惠资金定向支持。联合筛查出 35 周岁以下青年创业主体数据库 26 万户。通过各级银行业金融机构协同各级团组织开展走村入户大走访、大调研，构建 23 万户青年创业主体首贷户数据库。结合创业青年个性化需求，因户施策建立"一对一"工作台账和数字化培植帮扶档案，根据信贷政策、担保政策制定综合培植方案。截至目前，全市已对 6.5 万余户青年创业主体发放贷款 1368 亿元，其中对 7187 户青年创业主体首贷户发放贷款 117 亿元。

二是打造"越青创"平台。实现青年画像数据直连，"越青创"打通"志愿汇"志愿者、市发改个人诚信分、青年创业主体等 128 万条数据与银行核心系统互连、信息互通，勾勒青年精准画像。推出"越青贷"线上产品，首批 5 家合作银行推出 5 款线上产品，经线上个人授权后，银行系统通过平台直接调取青年画像数据，形成纯线上授信模型，大大缩短审批时间。联合浙江农商联合银行推出"越青农创贷"，为绍兴各级青农联会员提供 50 万纯信用低利率贷款。提供差异化阶梯式激励，将全市 106 万志愿者和个人诚信分数据科学分层，为创业青年提供差异化激励，最高在原有额度基础上增加 30 万、降低利率 50bp。

三是搭建"青年服务"生态。推出"越青卡"系列联名卡，联合 5 家合作银行推出"绍兴青年共富卡"等联名卡，直接线上申领，叠加银行自身优惠举措让利给创业青年，截至目前，累计发卡数两万余张。组建"越青创"服务联盟，联合发改、名城办、人保、移动、电信、邮政、文旅、奥体等 50 多家单位和企业组成"越青创"服务联盟，着力打造服务青年共同体。

四是整合"越青享"青年权益。在青年消费、通讯、保险等领域推出"越青享"专属权益 100 余项上线"越青创"平台，线下直接凭"绍兴青年"联名卡享受权益。

（四）推进实施"青创未来"十大举措

2023 年，为进一步提升人才服务水平，激发人才干事创业活力，推动人才工作创新深化改革攻坚开放提升，更好赋能"三个一号工程"，绍兴市采取年轻化、国际化等系列举措，实施"青创未来"十大举措，全力打造新时代"名士之乡"最优人才生态。

一是举办"就爱在绍兴"高校行活动。面向全国高校，举办"1+5+N"高校行活动，在南京、西安、武汉、南昌、合肥等重点城市举办"绍兴人才周"，通过综合推介、高端对话、人才招聘等方式，加大对青年人才招引力度。开展"我在绍兴挺好的"引才推介活动，组建学长宣讲团，举办城市主题宣讲、校园宣讲、直播宣讲等主题宣讲活动。

二是设立高校"绍兴日"。在清华大学等全国知名高校设立"绍兴日"，建立校地常态化交流合作平台。开展城市推介、政策宣讲、招聘对接、文化展陈等活动，全方位宣传绍兴市经济社会发展情况，吸引优秀大学生、青年博士来绍创新创业。

三是成立青年科技工作者协会。召开绍兴市青年科技工作者协会会员大会，举办主旨论坛，发布实施"越聚英才 青创未来"三年行动计划，常态化举办青年科技工作者对接交流活动。

四是举办2023国际先进制造青年科学家大会。依托中国产学研合作促进会、中国自动化学会、中国机械制造工艺协会、中国机电一体化技术应用协会等平台，举办2023国际先进制造青年科学家大会，支持青年科学家来绍挑大梁当主角。

五是开行"千名学子访绍兴"见习实习直通车。优化提升集成电路、现代纺织、现代建筑、智能制造、电机及驱动装备、领带服装等见习实习示范路线，每季度组织大学生研学游。试点建立校地人才转化中心，吸引大学生来绍实习培训。

六是实施青年科技人才激励专项。加大博士后招引力度，加快推进博士后工作站建设，举办博士后创新大赛、海内外博士绍兴行等活动。推进市级以上创新平台科研队伍年轻化，支持青年科技人才担任重要科研岗位。深化"揭榜挂帅"改革，支持青年科技人才开展"卡脖子"关键核心技术攻关。

七是打响"越青"系列品牌。迭代"越青创"数字化应用，加强"越青贷"、"越青享"功能拓展，综合集成青年人才全周期生活场景。常态化开展"越青恋"青年人才联谊交流活动，建设"越青恋"社区，打造青年人才联谊交流专属空间。

八是推出"青年人才迎亚运"活动。以杭州亚运会为契机，引进举办CBA、棒垒球、马拉松等各类体育赛事活动，组织青年人才观看亚运赛事，丰富青年人才休闲运动需求。组建青年人才运动队，举办绍兴·上虞千名博士和青年人才马拉松赛等体育赛事，打造青年人才专属运动品牌。

九是推广"后生家"青年人才服务品牌。立足打造一个涵盖生活、社交、创业等多元化功能于一体的青年英才逐梦"栖息地"，社群化运营绍兴国际青年人才社区，为来绍面试的青年人才提供最多7天的免费租住。

十是支持上虞打造"青春之城"专项行动。实施青创空间造峰、青创主体集聚、青创制度革新、青创品牌跃升、青创环境提质行动，完善青年人才评价体系，成立5亿元上虞青科创基金，实施青年人才安居工程，打造"青春之城"人才高地。

（五）试点新型产教融合探索见习实习

自2022年起，绍兴市与浙江理工大学深度合作试点卓越工程师实习直通车项目，在人岗匹配、服务保障、就业衔接等方面探索新路径，打造新模式，有效破解了工程师"引育留"难题，成功将引才端口继续前置，为继续做大做深做实大学生见习实习工作和实现高质量高水平就业打下良好基础。2022年全年共开展见习实习超2.5万人次，认定54家年度大学生就业见习实习示范基地，帮助攻克企业技术难题260个，实现经济效益12亿元以上。

一是实现校企需求"精准匹配"。围绕绍兴市产业集群，重点对接龙头企业，在全面摸清绍兴市企业见习实习岗位要求的基础上，着重对企业重点技术难题、硕博人才缺口岗位进行了精准梳理，详尽了解全市企业的具体需求。依托市校合作，主动深化合作，多次赴各大高校对接企业需求，前置梳理过程，将与对口专业有关的各项需求直接落实到院系，极大提升了高校师生的积极性和工作效率。以浙江理工大学试点为例，绍兴市共梳理并实时定向发布1000余个实习岗位。达成初步意向后，通过召开校政企圆桌对话会、校政企需求对接会、见习实习需求对接会等方式，拉近多方距离，提供选择空间，最终敲定见习实习安排。

二是推广线路项目"点单定制"。根据各区、县（市）产业集群优势，结合各大高校的优势专业和重点产业推出定制化服务。经过深入调研和多次对接，根据目前绍兴市产业结构和需求摸排结果，共推出集成电路、纺织、建筑、智能制造、机电自动化、测绘六条认知性实习线路，每条线路均事先明确各项活动的具体安排供各大高校师生自行选择。集中组织专业对口的见习实习学生走访考察重点企业、重点产业平台和人才平台，高频次展开学生与企业的互动交流，使其在顶岗实习的基础上了解产业的前沿动态和发展情况。各区、县（市）组织开展富有本地文化特色的参观交流活动，组织见习实习学生赴越剧小镇、瓷源小镇、黄酒小镇等特色文化点考察学习，让见习实习学生在实践的过程中了解当地的风土人情，增强认同感、归属感。

三是提供政策服务"组合保障"。绍兴市按200元每天的标准对见习实习生的食宿进行保障，并根据路程给予200元至300元不等的交通补贴。对接受顶岗实习生的企业给予1000元的见习实习补贴，并帮助顶岗实习生购买工伤保险和人身意外保险，免除校企双方后顾之忧。2022年兑现政策3427万元。在"浙理实习"试点项目中，按照"专业对口、结对帮带"原则，为每位来绍实习学生专门挑选配备一名责任心强、业务水平突出的校外实习导师，有效解决了生产与课本脱节、实习生就业黏性弱等问题。校外导师长期与浙江理工大学实习学生专业导师或辅导员沟通交流，将本次见习实习工作纳入学校实习学分，由校外导师进行赋分。出台《绍兴市大学生就业见习实习示范基地评选工作办法》，扎实开展实习学生跟踪寻访和申报评优工作，评选出一批有温度有效益有担当的见习实习示范基地。四是推动实习就业"无缝对接"。制定见习实习示范基地全方位政策支持和资金补贴。同时，对每年的见习实习生的留用率进行明确的考核，提升了企业对于见习实习工作的重视程度。由政府牵线，大力推进高校研究院落地绍兴，开展高校与本地企业研究生联合培养。以浙江理工大学为例，研究生入学后，一年在学校进行专业知识学习，两年到企业开展技术难题攻关，极大提升了成果落地的效率，基础研究也得到了巨大的企业支持。绍兴市专门举办了"小眼看世界　鲜果越生活"葡萄采摘和嵊州百丈飞瀑漂流两场悦才活动见习实习生专场活动，共有近百人次的在绍见习实习生参加，每年共有16场悦才活动向所有持有青年码、游客码和人才码的人员开放报名。此类活动丰富业余生活，加深城市印象，有效强化文化认同，提高留绍比例。

二、存在问题

从第七次人口普查数据来看，绍兴市10年内增加了35.87万人，增长7.30%，年平均增长率为0.71%，低于全省平均水平。总体来看，当前绍兴市打造青年发展型城市仍存在以下几个方面不足：

（一）青年人才品牌缺乏统一规划

近年来，绍兴市重视青年人才的引进培育，市级各部门，各区、县（市）根据各自职责、各自特色设立了不少青年人才品牌，如市本级的"活力绍兴　智引全球"、越城区的"才聚柯桥"、诸暨市的"才聚暨Young"，但是相较于成都"蓉漂人才计划"等活动，绍兴市各地的青年人才品牌整体影响力不强，辨识度不高，缺乏统一规划，尚未形成品牌矩阵，在青年发展型城市打造中还没有形成品牌效应。

（二）青年人才城市生活成本偏高

在前一轮青年人才集聚竞争中，长沙借助严格的住房宏观调控等政策，为各大城市吸引人才集聚提供了案例。近年来，绍兴市房价持续上涨，房价收入比为10.6，尽管与周边的杭州、宁波比仍有优势，但是仍高于全国50个主要城市8.8平均值，高于合肥、佛山、重庆、长沙等城市。

（三）吸纳青年人才就业平台偏少

近年来，绍兴市先后引进了芯联集成、弗迪电池等大企业，培养了新和成、晶盛、三花等优秀民营企业，但是受绍兴市产业结构的影响，能够吸引、容纳大量青年人才的知名平台仍然偏少，青年人才能够长期扎根的工作平台仍显不足。

（四）网红青年潮流生活供给不足

国潮网红是近些年吸引年轻人集聚的重要因素。近年来，绍兴市先后打造了古城北、风越里、书圣故里、徐渭艺术馆等国潮网红打卡地，2024年五一黄金周游客增速居全省第二，但是从总量来看仍然与杭州等城市存在较大差距，运用抖音、小红书等年轻人集聚平台，扩大城市综合品牌效应的工作仍有提升空间。

三、下步展望与对策

吸引青年人才、留住青年人才，是一座城市的潜力所在、未来所在。近年来，全国100多个城市先后出台人才新政，吸引青年人才落户。抢人大战的背后，是全国各地纷纷认识到，在人口红利逐步退去之际，未来青年规模总量也基本框定，而一座城市是否具备对青年发展的吸引力，直接关系到城市未来发展的命脉与潜力。总结各地青年发展建设实践经验，可以发现，从城市空间建设供给角度，保障青年住有所居、鼓励青年扎根立业、建设青年活力场景、引领青年先锋价值，成为城市与青年形成良性互动、助推城市高质量发展和鼓励青年奋进有为的四个关键领域，未来绍兴打造青年发展型城市可在以下几个方面努力：

（一）统一规划青年人才品牌

具体来说，就是优化青年优先发展的青年发展型城市规划，推动将青年优先发展理念融入城市发展战略，在城市规划、建设、管理全过程体现青春元素、照顾青年特点。进一步梳理，统筹规划全市各区、县（市），市级各部门有关青年人才宣传品牌，打造富有青年特色的城市名片，将青年发展纳入本地区国民经济和社会发展规划，加强与各专项规划衔接协同，建立健全青年工作联席会议机制，充分发挥在青年发展领域的战略研究、政策协调、项目实施、督导落实作用。

（二）持续构筑青年乐居环境

良好的城市环境品质、完善的公共服务供给是持续吸引青年人才安居乐业的关键因素。持续不断上涨的房价、居住地和工作地错位所带来的通勤压力、超过30%的房租收入比，深刻影响着各地青年的选择。如长沙借助严格的住房宏观调控等政策，在过去五年里，新增240万人，成为全国人口流入量最大的城市之一。绍兴市可在优化青年发展型城市居住环境方面不断深化建设举措，着力优化保障青年基本住房需求，加快完善以公租房、保障性租赁住房和共有产权住房为主体的住房保障体系，并做好公租房保障，从多种途径探索保障性租赁住房供给力度，因地制宜发展共有产权住房、完善长租房政策，积极解决新市民、青年人等群体的住房困难问题。

（三）持续优化青年人才引进政策

对标近年来青年人才主要流入城市人才引进政策，以数据为支撑，结合绍兴市本地实际，修订完善高校毕业生补贴政策，合理设置人才政策补贴发放方式，探索按阶段梯次发放、按产业分类发放、按留绍时间分段发放等方式，提升人才政策发放精准性，提高政策绩效，适当延展政策支持年限，增强人才留绍黏性。进一步扩大"绍兴人才码"品牌力、影响力，依托"绍兴人才码"推出公交、地铁、文旅、健身场所优惠等服务性政策，探索发放新就业青年人才消费券等更多让广大青年人才感受到城市温度的服务性政策。

（四）持续推进绍籍人才回归

以产业为依托，以乡情为纽带、以数字化改革为牵引，构建更加完备的绍兴籍大学生回归生态，建立本地高校毕业生留绍工作协调机制，明确教育、人社、团委职责任务，加强绍兴生源学生跟踪和关心关怀，加强绍兴籍博士联系服务制度，共同推进绍兴籍学生回绍工作。组织开展青年人才联谊、团建活动，为来绍大学生搭建多元化的朋友圈。通过短信、公开信等方式每年以市委、市政府名义对新引进的高校毕业生进行慰问。加大对本地高校的留绍率考核力度，优化高校专业结构设置，培育更多本地产业急需紧缺人才。加强本地高校毕业生职业规划，鼓励学生投身制造业；建立本地企业认知实习、毕业实习机制，让更多学生了解绍兴、留在绍兴。

（五）持续优化提升产业结构

激发传统产业、国有企业人才需求，营造企业年轻文化。加大博士后工作站、外国专家工作站、院士工作站、高层次人才评选促进企业创新发展的案例挖掘和宣传力度。发挥驻企联络员作用，加大人才工作宣传力度，进一步转变企业老板用人观念，鼓励企业单设人力资源管理部门，提升企业人力资源规划和管理水平。在原有高校联系制度良好基础上，有侧重地提升高校招引力度，提升近年来大学生引进率、留存率排名靠前的江西、江苏、湖北、安徽、河南、上海等省市高校合作和招引力度，深度开展见习实习合作。鼓励企业与留存率高的高校合作设立订单班，进一步前移关口加大引进。

（六）持续做大做强潮流经济

学习借鉴成都和重庆等网红城市气质，在网红目的地上深入挖掘、引入流量，充分利用抖音、小红书等年轻人活跃的流量平台，努力使绍兴成为指尖上最吸引人的城市，着力打造一批国潮网红主题旅游目的地，并专门建设青年专属线下阵地，积极拓展"体验经济"，增强城市文化吸引力。注重城市公共空间营造、激活城市公共空间活力，营造青年城市文化氛围、提升城市青年文化品位，营造城市青年文化氛围，塑造更多契合青年特征、满足青年需求的消费场景、文娱场景与社交场景。

第十章

绍兴人才环境综合评价研究

人才环境是一个地区经济社会发展的重要源泉和内在动力。大量研究已经证明，良好的人才环境和平台不仅仅有利于吸引高素质人才，也有利于充分释放人才活力和个人能力，提升工作产出效率。[①] 作为环杭州湾经济区的重要组成部分，绍兴市在保持经济增长的同时，一直高度重视人才工作，通过加大人才引进支持力度等措施吸引大量高精尖人才来绍发展。近些年来，随着产业转型升级步伐的加快，绍兴市对于高端人才的需求大幅提升，而由于受到杭甬两地虹吸作用，绍兴市人才引进工作面临较大压力。而人才的竞争，本质上是人才环境的竞争。因此，大力优化人才环境，进一步提升绍兴市人才环境竞争力，对于绍兴吸引海内外高质量人才，从而促进绍兴经济社会高质量发展、提升城市能级具有重大意义。

一、人才环境评估相关研究概述

所谓人才环境，指的是人才生活、成长和发展的一系列外部因素和条件的统称，既包括社会环境，又包括自然环境；既包括经济状况、生活设施

[①] 沈利生，朱运法著. 人力资本与经济增长分析 [M]. 北京：社会科学文献出版社，1999.

等硬件环境，又包括政策、社会氛围和文化等软件环境[1]；既包括区域范围内的宏观环境，又包括工作场所内的微观环境[2]。其涉及政治、经济、文化、社会、生活、教育、科技、自然和地理等诸多要素，是一个综合复杂的系统。由于本章研究所关注的是绍兴市层面的人才环境，因而所指的人才环境指的是市域层面的宏观环境。

（一）人才环境的重要意义

根据人口迁移研究领域的经典理论——推拉理论，人口之所以会发生迁移，主要是受到迁出地的推力和迁入地的拉力共同作用形成的（Bogue，1959）[3]。其中，迁出地的推力主要包括贫困的经济状况、恶劣的生存条件、自然灾害、战争、饥荒、社会排斥等因素，迁入地的拉力则主要包括更高的收入水平、更多的就业机会、更好的自然环境和生活环境等等，人们总是会在这种地区环境产生的推—拉作用下发生迁移（Lee，1966）[4]。而根据新古典经济学理论，人们迁移的主要动机就是经济动机，即出于利益最大化考虑，权衡收入和迁移成本之后做出迁移决定（Lewis）[5]。而人才作为社会中的高素质或高技能人口，其对迁居地的选择同样遵循这一规律。新古典主义经济学认为，人才的迁移纯粹受经济因素影响而发生变化，一个地区主要通过经济增长和就业机会来吸引人才。如经济学家贝克（Becker，1975）的研究认为，人才是否做出迁移到某一地区的决定可以直接被表达为工资和就业概率的区域差异函数，其本质上是收入最大化和迁移成本最小化之

---

① 朱达明. 人才环境初探 [J]. 中国人力资源开发，2001（7）：4–8.

② 文魁，吴冬梅. 科技创新人才环境研究报告 [J]. 经济与管理研究，2006（1）：19–24.

③ Bogue D J. Internal Migration[M]//The Study of Population: An Inventory and Appraisal: Inventory and Appraisal. Chicago: University of Chicago Press，1959:486–509.

④ Lee E S. A Theory of Migration[J]. Demography，1966，3（1）：47–57.

⑤ Lewis W A. Economic Development with Unlimited Supplies of Labour[J]. The Manchester School，1954（22）：139–191.

间的经济权衡[①]。弗莱雷-塞伦（Freire-Seren，2006）则提出了一个新古典主义增长模型，通过分析 70 余个国家的数据样本，研究证实地区收入水平对于当地人力资本的积累存在显著的正向效应[②]。

随着经济社会发展和人才类型日益多样化，国内外学者对影响人才迁居选择的因素研究不断发展和深入，对影响人才迁居的区域环境因素有了诸多新的认识，发现和证实除了经济因素之外的更为复杂多样的因素。理查德·弗洛里达（Richard Florida，2002）从经济地理学视角切入，分析了吸引人才的重要因素。其研究结果显示，在当今社会高薪职业对于吸引人才虽仍然非常重要，但已经不是充分条件。人才聚集主要受到就业机会、劳动力市场状况、生活质量以及地区多样性等多种因素影响，一般而言，就业机会充足、劳动力市场发达、生活水平较高（文化娱乐设施丰富）、地区多样性更强的地区对于人才吸引力更强[③]。穆萨巴·马克等学者（Musumba Mark et al. 2011）的研究表明职业机会和社会风气是影响人才就职地点选择偏好的两个关键因素[④]。梅兰德等学者（Mellander C，Florida R，Stolarick K，2011）通过对瑞典调查研究则发现，高校分布状况、服务多样性以及地区社会宽容度是影响地区人力资本分布的重要因素[⑤]。

（二）人才环境综合评估

人才环境的建设和优化，首要任务是对人才环境进行评估，以明确人才环境的基本状况和水平，从而能够对人才环境状况进行纵向对比和横向

① Becker, Gary S .Human Capital, Effort, and the Sexual Division of Labor[J].Journal of Labor Economics, 1985, 3（1, Part 2）: S33–S58.

② Freire-Seren M J .Human capital accumulation and economic growth[J].UFAE and IAE Working Papers, 2006, xxv（3）: 585–602.

③ Florida R L. The rise of the creative class : and how it's transforming work, leisure, community and everyday life /[M]. New York, NY: Basic Books, 2002.

④ Musumba M, Yanhong J, Mjelde J. Factors influencing international students career preferences[J]. Education Economics, 2011, 19（5）: 501–517.

⑤ Mellander C, Florida R, Stolarick K. Here to Stay–The Effects of Community Satisfaction on the Decision to Stay[J/OL]. Spatial economic analysis, 2011, 6（1）: 5–24.

比较。这就需要清晰界定人才环境的基本内涵和具体内容，并根据一定的原则建立一套科学合理的指标，运用一定的评估方法对人才环境进行衡量和评估。国内学者对人才环境有多种定义，对其具体内涵也做了多种论述，结合以往相关论述，可以对人才环境进行概括总结。从国内外学者研究来看，人才环境指标评价包含两部分内容：一是人才环境指标体系构建，二是人才环境指标评分核算方法。

1. 人才环境指标体系构建

对于人才环境评价指标构建，国内学者做了大量理论分析和实证研究，从不同角度提出了多种人才环境评价指标体系。比如查奇芬（2002）提出了人才环境评价体系的六个原则：目的性、动态性、可操作性、可比性、全面性和非冗余性原则。根据这一原则，作者提出了人才环境综合评价体系，包含经济发展状况、人才创业和保障状况、科技教育和国民素质状况、城市发展状况、社会服务及保障状况、人才中介服务状况6个一级指标，以及14个二级指标和26个三级指标[①]。王顺（2004）则基于人才环境基本内涵和指标构建原则，提出了人才市场环境、经济环境、文化环境、社会环境、生活环境和自然环境6个二级指标，以及一系列相应的测量指标。[②] 张樨樨等（2013）根据高技术人才内涵和特点，采用德尔菲法（专家调查法）构建了高技术人才环境指标体系，包含了教育环境、科研环境、产业环境、经济环境和生活环境五大要素，以及20个一级控制指标和53个二级控制指标，并且根据专家打分，确定AHP权和熵权权重[③]。司江伟等（2015）根据国家提出的"五位一体"总体布局构建了"五位一体"人才环境指标，涵盖政治环境、经济环境、文化环境、社会环境和生态环境5个一级指标，以及27个

---

① 查奇芬. 人才环境综合评价体系的研究 [J]. 技术经济, 2002（11）: 20–21.

② 王顺. 我国城市人才环境综合评价指标体系研究 [J]. 中国软科学, 2004（3）: 148–151.

③ 张樨樨, 韩秀元. 高新技术产业人才集聚发展环境综合评价研究 [J]. 山东大学学报（哲学社会科学版）, 2013（5）: 94–105.

二级指标[①]。倪鹏飞等（2010）从国际比较出发，构建了一个包括生活环境、创业环境、创新环境及宏观环境四项一级指标、22 个二级指标和 48 个三级指标的评价指标体系[②]。

2. 人才环境指标评分核算方法

所谓人才环境指标评分核算，指的是在构建好人才环境评价指标之后，采用一定方法对各项指标进行权重确定，最后根据一定测算方法计算指标评分，其最关键的内容为权重确定和最终评分计算。国内学者对于人才环境指标评价权重和评分计算方法，主要包括德尔菲法、因子分析、主成分分析和层次分析法等方法。其中，德尔菲法又称为专家调查法，是一种主观赋权方法，主要是征询专家意见对人才环境各项指标按照重要性进行打分，从而确定权重。比如司江伟（2015）在其"五位一体"人才环境指标测算时就采用德尔菲法确定各级指标权重[③]。因子分析和主成分分析法则是基于现有指标数据进行因子分析和主成分分析，确定指标因子和主成分。比如石金楼（2007）就采用因子分析方法对江苏省人才环境进行评估[④]，崔宏轶等（2020）则采用主成分分析方法对深圳市科技人才创新发展环境进行评分测算[⑤]。层次分析法一般是与德尔菲法结合使用的，即在德尔菲法确定各指标权重基础上，将各层级指标按照权重逐层计算，比如倪鹏飞（2010）就是根据各层级权重，采用由下而上各层级指标合成指数法计算人才环境指标得分[⑥]。此外，还有一些学者采用标准值求和法，即将各指标去掉量纲后的标准值加总

① 司江伟，陈晶晶."五位一体"人才发展环境评价指标体系研究 [J]. 科技管理研究，2015，35（2）：27-30.

② 倪鹏飞，李清彬. 人才环境的国际比较：指标构建及应用 [J]. 南京社会科学，2010（2）：15-23.

③ 司江伟，陈晶晶."五位一体"人才发展环境评价指标体系研究 [J]. 科技管理研究，2015，35（2）：27-30.

④ 石金楼. 基于因子分析的江苏省人才环境评价研究 [J]. 南京社会科学，2007（5）：153-159.

⑤ 崔宏轶，潘梦启，张超. 基于主成分分析法的深圳科技创新人才发展环境评析 [J]. 科技进步与对策，2020，37（7）：35-42.

⑥ 倪鹏飞，李清彬. 人才环境的国际比较：指标构建及应用 [J]. 南京社会科学，2010（2）：15-23.

计算，这一方法虽然没有加权逐层计算精确，但在无法确定指标权重的情况下，其计算结果在一定程度上也可以进行横向和纵向比较[①]。

二、绍兴人才环境综合评价指标体系构建

人才环境评估主要包含指标体系构建和评估测算两部分内容，下面将针对绍兴市人才环境评估所涉及的指标体系进行详细介绍。

国内外学者针对人才环境指标体系构建提出了多种多样的方案和策略，形成了不同的人才环境指标体系。综合国内外相关研究来看，影响人才聚集的区域环境因素主要包括经济、社会、文化、教育、科技和生态等多方面因素，区域人才环境总体上涉及政治环境、经济环境、市场环境、教育环境、科技环境、创新环境、产业环境、自然环境、生活环境等多个层面的指标。由于国内学者对于人才环境指标的构建多采用专家咨询等方法，指标设计多根据自身研究目标进行设计，都存在一定主观性，且没有形成统一的指标体系。本研究基于国内以往研究中人才环境指标相关内容，结合绍兴市经济社会发展目标，根据适用性、科学性、数据可获得性和独立性等原则，构建评估绍兴市人才环境的指标体系。本研究中构建的人才环境指标体系包含经济环境、生活环境、文化教育环境、科技创新环境和生态环境5个维度的二级环境指标，并在上述5个维度下分别设计了对应的共计32个三级具体指标及其测量方式。

（一）经济环境

经济环境是人才环境的基础条件，根据人口流动规律和人才吸引力规律，高素质人才选择迁居地点的首要考虑因素是经济因素。良好的经济条件能够为高素质人才提供更多的就业机会、更高的收入水平、更优渥的物

---

① 崔宏轶，潘梦启，张超. 基于主成分分析法的深圳科技创新人才发展环境评析 [J]. 科技进步与对策，2020，37（7）：35-42.

质条件等。经济环境是一个含义丰富的概念，包含多个层面的内容，比如经济规模、经济发展速度、产业发展状况、社会消费能力、财政收入状况等。结合以往研究以及现有统计数据，本研究选取了9个具体指标来测量地区经济环境，这9个指标是：GDP增速、GDP、人均GDP、外贸指数、投资指数、产业结构、企业数量、财政规模和消费规模。其中，GDP、GDP增速和人均GDP主要反映一个地区的经济规模、经济发展速度和经济发展水平；外贸指数反映地区经济开放程度，很多研究表明，一个地区经济开放程度越高，往往经济活力越强，对人才吸引力越大，尤其是对于国际化人才具有更强的吸引力[①]，在本研究中这一指标用地区进出口总额进行测量；投资指数主要反映地区固定资产投入力度，本研究中用固定资产投资增长率测量；产业结构能够衡量地区经济发展质量，本研究中用非农产业占比测量；企业数量意味着一个地区经济发展活力、产业集聚水平和就业机会多寡，本研究中用地区工业企业单位数量测量；财政规模代表地区财政能力，财政能力往往与公共投入、社会保障等因素相关，这一指标采用年财政总收入测量；消费规模能够反映一个地区的消费能力和经济活力，本研究用社会消费品零售总额测量这一指标。

（二）生活环境

生活环境是满足人们生活需求的环境的统称，比如满足人们衣、食、住、行等需求的硬件设施和公共服务等等。经济环境决定了一个地区经济发展水平、收入水平和职业发展机会等等，而生活环境则代表一个地区的生活舒适度、便利度、幸福感等等。习近平总书记指出："人民对美好生活的向往，就是我们的奋斗目标。"当前，我国在全面建成小康社会的背景下，人们对生活质量的追求又进入了新的阶段。尤其是对于高素质人才而言，这一群体对生活品质往往有更高的要求，因此，一个地区的生活环境是否

[①] 郭际，陈海棠.经济开放程度与知识密集型服务业集聚现象的关系研究[J].科技与管理，2020，22（03）：73-80.

舒适对高素质人才居住选择的影响越来越重要。在本研究中，选取了 8 个具体指标来衡量生活环境，8 个指标分别是：收入指数、公共支出、房价压力、道路交通、养老设施指数、医疗设施指数、医护人员指数和体育场所。首先，居民收入是满足一切生活需求的基础，本研究中用收入指数反映居民整体收入水平，这一指标用城镇居民人均可支配收入测量。其次，地区生活环境中的公共设施和公共服务很大程度上受到公共支出影响，本研究中用一般公共预算支出测量公共支出指标。第三，近几年来，随着中国房价的快速上涨，房价压力已经成为中国城镇居民的生活压力来源，也成为人们选择居住地点的重要考量因素。本研究中，采用城镇居民人均可支配收入与平均房价的比值来测量房价压力，这一指标为正向指标，数值越大表示房价压力越小，生活舒适度越高。第四，道路交通状况反映地区交通便捷程度，采用境内公路总里程测量这一指标。第五，养老、医疗等服务为人们提供生活保障，生活环境的重要内容，本研究采用每万人养老服务机构床位数、每万人医院床位数和每万人医生数测量上述保障水平。第六，体育休闲已经成为城镇居民越来越流行的生活方式，体育场馆数量可以测量地区体育休闲环境状况。

（三）文化教育环境

当前随着生活水平的提高，人们的物质生活需求正逐渐得到满足，而对文化生活的需求越来越关注，这一需求的满足依赖于地区的文化环境。而在现代社会中，人们对教育越来越重视，教育水平的高低也成为人们选择居住地的重要考虑因素。而文化环境和教育条件是相辅相成的，文化设施能够为人们提供外部教育环境，有助于陶冶情操，提升人们的人文素养。对于高素质人才而言，其对文化生活品质的要求往往更高，需求也更多，而且对于子女的教育也更为重视。一个地区是否具有良好的文化环境和教育条件，对于高素质人才来说是选择迁居地重要的考虑因素。本研究用文化场所、文化资源、教育投入、高等教育和职业教育 5 个指标进行文化教育环境测量。首先，文化场所是文化环境的基础设施，本研究中用博物馆数量进行测量。其次，文化资源状况代表一个地区的文化环境质量，公共图书馆藏书量这一指标在一定程度上反映地区公共文化资源的充裕程度。第三，一个地区教育水平高低与教育投入息息相关，教育投入越多意味着能够提供更优质的教育设施、师资力量和教学条件。第四，高等教育和职业教育是一个地区教育水平和教育环境的重要标志，高等院校和职业院校学生是当地高素质人才和技术人员的重要来源，用高等学校和中等职业院校在校学生数可以衡量一个地区高等教育和中等职业教育的规模。

（四）科技创新环境

科技是第一生产力，当前世界科技发展日新月异，新技术、新产业对经济引领作用日益突出。同时我国经济正逐步迈入高质量发展阶段，发展新质生产力已经成为我国的重要战略方向，科技创新的重要性更加凸显。在这一背景下，近些年来国内各地都加紧科技产业布局，以期在未来经济发展竞争中赢得先机。高科技产业是技术密集型产业，其最核心的竞争力是技术，而技术水平主要依赖于科技创新人才。绍兴市近年来一直大力推进"腾笼换鸟、凤凰涅槃"的产业升级工程，紧密布局集成电路、生物医药、新能源等高端产业，更加需要吸引大量相关领域的技术人才。对科技创新人才而言，地区的科技创新环境是影响其求职选择的重要因素，因此一个地区是否具备更多的技术平台、更多的技术投入、更宽松包容的创新环境对于吸引高技术人才聚集至关重要。本研究用工业研发投入、科创收益、科创投资指数、科技投入、科技人员、专利成果和发明产出7个具体指标测量科技创新环境。首先，科技资金投入反映地区科研基础条件，本研究中用工业研发投入、科创投资指数和科技投入三个指标代表地区整体科研资金投入情况，分别用规上工业研发费用、高新技术产业投资增速和R&D经费支出三个数据进行测量。其次，科技人员是高新技术产业支撑力量，本研究中以科技人员数量代表地区科研人力资本状况，用R&D人员数量测量。第三，科研产出意味着地区科研生产效能，本研究用科创受益、专利成果和发明产出代表科研产出效能，分别用高新技术产业增加值、专利申请授权量和地区发明专利数量进行测量。

（五）生态环境

生态环境是人们居住生活的重要基础性条件，近些年来，人们对于生态环境的重视程度也越来越高，并且也成为影响人口迁移流动的重要因素之一[①]。良好的空气质量、充沛洁净的水资源、丰富的绿色植物等等，能够为人们营造更为舒适怡人的生活环境，在当前社会中也更有助于吸引人才集聚。本研究中用绿化规模、绿化率和空气质量三个指标进行描述，分别用人均绿地面积、建成区绿化覆盖率和空气质量达到二级以上天数比例进行直接测量。

表 10-1　人才环境评价指标体系

维度	指标名称	指标描述	单位	属性
经济环境	GDP	地区生产总值	亿元	正向
	GDP 增速	地区生产总值增长率	%	正向
	人均 GDP	人均生产总值	元	正向
	外贸指数	进出口总额	亿元	正向
	投资指数	固定资产投资增长率	%	正向
	产业结构	非农产业比重	%	正向
	企业数量	工业企业单位数	个	正向
	财政规模	年财政总收入	亿元	正向
	消费规模	社会消费品零售总额	亿元	正向

[①] 王兆华，马俊华，张斌，等. 空气污染与城镇人口迁移：来自家庭智能电表大数据的证据[J]. 管理世界，2021，37（3）：19-33，3.

续表

维度	指标名称	指标描述	单位	属性
生活环境	收入指数	城镇居民人均可支配收入	元	正向
	公共支出	一般公共预算支出	万元	正向
	房价压力	城镇居民人均可支配收入与平均房价比	/	正向
	道路交通	境内公路总里程	公里	正向
	养老设施指数	每万人养老服务机构床位数	张	正向
	医疗设施指数	每万人医院床位数	张	正向
	医护人员指数	每万人医生数	人	正向
	体育休闲指数	体育场地数	个	正向
文化教育环境	文化场所	博物馆数	个	正向
	文化资源	公共图书馆图书藏量	万册	正向
	教育投入	教育支出	万元	正向
	高等教育	高等学校在校学生数	人	正向
	职业教育	中等职业学校在校学生数	人	正向
科技创新环境	工业研发投入	规上工业研发费用	亿元	正向
	科创收益	高新技术产业增加值	亿元	正向
	科创投资指数	高新技术产业投资增速	%	正向
	科技投入	R&D经费支出	亿元	正向
	科技人员	R&D人员	万人年	正向
	专利成果	专利申请授权量	项	正向
	发明产出	地区发明专利数量	项	正向
生态环境	绿化规模	人均公园绿地面积	平方米	正向
	绿化率	建成区绿化覆盖率	%	正向
	空气质量	空气质量达到二级以上天数比例	%	正向

三、绍兴市人才环境评估测算

传统的德尔菲法、层次分析法等都存在一定主观性，且容易存在变量冗余或者指标遗漏等弊端。因此，为避免人才环境指标构建主观性过强、遗漏指标等问题，在综合国内以往指标体系研究基础上，本研究将按照上文中构建的人才环境指标体系，分别采用因子分析法和标准值求和方法进行计算分析。本研究中对绍兴市人才环境评估进行因子分析的数据来源主要包括《中国城市建设统计年鉴》（2017年和2022年）、《浙江省科技活动相关数据报》（2017年和2022年）、《浙江省统计年鉴》（2017年和2022年）和《绍兴市统计年鉴》（2017年和2022年）等，根据上述资料获得的数据均为2022年和2017年浙江省11个地市统计数据。

（一）绍兴市人才环境评价因子分析

把各变量指标纳入研究中并进行因子分析，基于因子分析结果形成各类人才环境指标因子，并进行最终综合得分计算。因子分析是一种变量简化方法，其基本逻辑为，基于多个现有指标变量，根据变量之间的相关性进行计算，最终得出多个变量的共性因子。这一方法对于获得无法直接测量的抽象指标具有重要作用，并且这一方法不需要事先确定的因子数量和变量关系，完全依赖测算结果获得因子结果，客观性较强，在定量研究和指标测算等方面得到广泛运用。在分析中先将这11个地市统计数据和32个变量作为初始数据矩阵，然后对数据进行标准化并运用因子分析形成数个主因子，最后根据各主因子得分生成最终综合得分。根据各主因子得分结果和综合得分结果，可以得出绍兴市人才环境整体状况，并可以比较绍兴市在全省各地市中的位置。

首先进行初步因子分析，然后进行正交旋转，最终生成5个有效因子，这5个因子的特征值都大于1（特征值大于1就可以保留），且5个因子对32个变量组合方差的解释力超过92%，对32个变量具有较好的解释力，能够用来进行后续分析。各因子特征值和方差贡献率情况如表10-2所示。根据旋转之后各变量在各个因子上的载荷，可以对因子进行初步命名。GDP、产业结构、公共支出、科技投入、科研产出、文化教育等变量在因子1（factor1）载荷较高，这个因子包含了多维度指标，可以将因子1命名为综合发展因子；变量人均 GDP、收入指数两个变量在因子 2（factor2）上载荷较高，可以将因子 2 命名为富裕指数因子；变量养老设施、医疗设施、医护人员在因子 3（factor3）上载荷较高，因而将因子 3 命名为社会保障因子；变量绿化率和空气质量在因子 4（factor4）上载荷较高，将因子 4 命名为生态环境因子；变量外贸指数和投资指数在因子 5（factor5）上载荷较高，将因子 5 命名为经济开放因子。

表 10-2　绍兴市人才环境指标因子分析特征值和方差贡献率

因子	特征值	方差贡献率（%）	累计方差贡献率（%）
factor1	18.76111	58.63	58.63
factor2	4.02453	12.58	71.21
factor3	3.44305	10.76	81.96
factor4	1.93918	6.06	88.02
factor5	1.35167	4.22	92.25

1. 绍兴市人才环境各主因子得分分析

第一主因子为综合发展主因子，其内容涵盖了经济规模、产业结构、公共支出水平、文化教育投入、研发投入和研发产出等指标，是一个维度较多的综合性因子。绍兴市这一因子得分为 0.0106972，在全省排名第 4 位，前 3 位分别是杭州市、宁波市和温州市，而且杭州市和宁波市这一因子得分远远高于其他地级市，温州市这一因子得分也高出绍兴不少。可见在经济、教育、科技和文化等综合实力方面，绍兴市大致居于全省第 4 位，与杭州、宁波差距较大，与温州也存在一定差距。

第二主因子为富裕指数因子，这一因子主要涵盖人均 GDP 和城镇人均可支配收入两个指标。绍兴市这一因子得分在全省排名第 5 位，第一位杭州市这一因子得分排名大幅度领先其他城市，但绍兴市与前 2—4 位差距较小。可见绍兴市在富裕程度方面位居全省上游，且与前位城市差别较小。

第三主因子为社会保障因子，主要包括养老和医疗保障相关指标。绍兴市在这一指标方面排名第 4 位，位居全省前列，但这一因子得分与前 3 位差距较大。这一因子得分前3位城市分别是衢州市、丽水市和金华市，而这三个城市之所以得分较高，主要是因为这一因子具体指标是根据每万人养老床位数、医院床位数和医护人员数获得，这一指标高低与人口规模有关。

第四主因子是生态环境因子，主要包括城市绿化率和空气质量两项指标。绍兴市在这一因子得分居全省第6位，可见绍兴市生态环境方面在全省处于中等水平，生态环境建设存在进步空间。

第五主因子为经济开放因子，主要包括外贸指数和投资指数两个指标。绍兴市这一因子得分在全省位居第5位，处于全省中游水平，与杭州、宁波差距较大，但与温州、嘉兴差距较小。

表10-3 绍兴市人才环境各主因子得分与排序

城市	第一主因子		第二主因子		第三主因子		第四主因子		第五主因子	
	得分	排序	得分	排序	得分	排序	得分	排序	得分	排序
杭州市	2.182311	1	2.203811	1	-0.5521381	9	2.155265	1	1.29954	1
宁波市	1.446969	2	0.7020786	2	0.007007	5	-1.30909	11	1.293778	2
温州市	0.1712069	3	-0.3530395	7	-0.5411859	8	-0.4692217	8	0.5308142	4
嘉兴市	-0.0098733	5	-0.1898793	6	-0.3548851	6	-0.461128	7	0.7179508	3
湖州市	-0.6501998	8	0.3873719	3	-0.4031191	7	-0.1171398	5	-0.1429988	6
绍兴市	0.0106972	4	0.3305427	5	0.095178	4	-0.3519412	6	0.4587889	5
金华市	-0.0706528	6	-0.3670244	8	0.8628321	3	-0.8350581	10	-0.1876421	7
衢州市	-0.9399995	10	-0.9356952	10	2.141554	1	1.023355	2	-0.5609342	9
舟山市	-0.885353	9	0.3719419	4	-1.340215	11	0.2853278	4	-1.936623	11
台州市	-0.2873828	7	-0.4544718	9	-0.9510397	10	-0.7480817	9	-0.2756677	8
丽水市	-0.9677228	11	-1.695636	11	1.036011	2	0.8277124	3	-1.197006	10

2. 绍兴市人才环境综合因子得分分析

因子综合得分计算方法为按照各主因子方差贡献率占所有因子的累计方差贡献率比值作为因子得分权重，将各因子得分与对应因子得分权重相乘，再将所有因子得分与权重相乘得到的值加总，其公式如下所示，其中F为综合因子得分，f_i为第i个因子得分，w_i为第i个因子得分权重。

$$F = \sum_{i=1}^{n} f_i \times w_i$$

根据上述公式和各因子得分权重可得人才环境评价指标因子综合得分＝综合发展因子 ×0.6356 ＋富裕指数因子 ×0.1364 ＋社会保障因子 ×0.1166 ＋生态环境因子 ×0.0657 ＋经济开放因子 ×0.0457，根据这一计算公式可得绍兴市人才环境因子综合得分情况。绍兴市人才环境因子综合得分如表 10-4 所示，绍兴市人才环境各因子综合得分在全省排在第 3 位，仅次于杭州、宁波。但从综合得分分值来看，与杭州、宁波两市差距较大，与后面温州、金华、嘉兴等市相比存在微弱领先优势。

表 10-4　绍兴市人才环境因子综合得分排序

城市	综合得分	排序
杭州市	1.824287278	1
宁波市	0.989392475	2
温州市	−0.009007415	4
嘉兴市	−0.071040367	6
湖州市	−0.421664283	8
绍兴市	0.060827035	3
金华市	−0.057801386	5
衢州市	−0.433787581	9
舟山市	−0.738024195	11
台州市	−0.417288672	7
丽水市	−0.725892949	10

（二）绍兴市人才环境标评价准值分析

前文中因子分析方法虽然能够通过简化变量的方式生成几个因子，并且纯粹根据因子载荷计算出最终得分，但是因子分析法也存在不足之处。一方面，因子分析生成的因子无法与本研究一开始设计的指标体系中五大人才环境一一对应，并且一些因子综合程度过强，无法提供细分维度的准确信息。比如第一个主因子（综合发展因子）综合了经济发展、文化教育、科技创新等维度的变量信息，而无法获得上述几个环境维度的准确数据。

另一方面，因子分析一般主要针对横截面数据进行分析，对于面板数据不能完全适用。因此，在上述因子分析的基础上，本研究再采用标准值求和法进行分析计算。所谓标准值求和法，即将各个指标原始数据进行标准化处理（Z-score法），生成（-1，1）区间的变量值，以统一各个指标的量纲，然后将各个维度各指标的标准化数据进行简单求和，从而获得各个维度最终评分。其基本公式如下，其中 f 为各个维度指标，sd（Xi）为各维度对应具体指标的标准化值。

$$f = \sum_{i=1}^{n} sd(X_i)$$

1. 绍兴市人才环境各维度数据标准化分析

分别按照本研究初始设定的经济环境、生活环境、文化教育环境、科技创新环境和生态环境这5个维度的环境分别计算对应指标标准得分，其基本计算结果如表10-5所示。首先，绍兴市经济环境标准得分在全省排在第5位，分值与杭州、宁波存在较大差距，与温州、嘉兴也存在一定差距。虽然2022年绍兴市经济总量（GDP）排在全省第4位，但是综合其他经济指标之后，绍兴市综合经济环境位于第五位，综合经济环境存在一定进步空间。其次，绍兴市生活环境位于全省前列（第4位），仅次于杭州、宁波和温州，表明绍兴市生活环境整体情况较好。第三，绍兴市文化教育环境位于全省中上游（第5位），排名低于杭州、温州、宁波和台州，文化教育方面存在一定上升空间。第四，绍兴市科技创新环境位于全省前列（第4位），仅次于杭州、宁波和嘉兴，绍兴市科技创新环境整体状况较好。第五，绍兴市生态环境处于全省第2位，绍兴市生态环境整体较好，当然，对比因子分析可以发现这一数值存在差异，这主要因为因子分析中采用变量较少。最后，根据各维度环境标准得分，对各个维度得分进行求和得到人才环境综合评分，绍兴市人才环境整体排在全省第4位，仅次于杭州、宁波和温州，人才环境整体上位于全省前列。

表 10-5 绍兴市人才环境各维度标准化数据评估

城市	经济环境		生活环境		文化教育环境		科技创新环境		生态环境		综合得分	
	得分	排序	得分	排序	得分	排序	得分	排序	得分	排序	得分	排序
杭州市	8.144832	2	7.640451	1	10.72385	1	13.51616	1	-3.383484	11	36.641809	1
宁波市	10.2441	1	2.927644	2	3.645345	3	7.025007	2	0.1745141	6	24.0166101	2
温州市	0.7007141	4	0.3735342	3	3.741626	2	-0.9509752	5	-1.976523	10	1.8883761	3
嘉兴市	0.8575368	3	-1.842957	10	-1.026496	7	0.9394007	3	-1.373371	9	-2.4458865	6
湖州市	-3.624983	8	-1.296602	7	-2.847875	8	-3.247019	9	0.3603645	5	-10.6561145	8
绍兴市	0.1532744	5	-0.5315573	4	-0.2637269	5	0.0437546	4	1.865121	2	1.2668658	4
金华市	-0.038781	6	-2.10673	11	-0.9735231	6	-2.032879	7	-0.3293246	8	-5.4812377	7
衢州市	-4.326465	9	-1.639395	9	-4.633351	10	-2.559541	8	0.5086851	4	-12.6500669	9
舟山市	-5.935604	11	-0.913642	5	-5.437296	11	-6.351036	11	2.80285	1	-15.834728	11
台州市	-0.5144897	7	-0.9806319	6	0.7957734	4	-1.673588	6	1.293489	3	-1.0794472	5
丽水市	-5.660138	10	-1.630114	8	-3.724328	9	-4.709288	10	0.0576791	7	-15.6661889	10

　　根据绍兴市人才环境各维度指标全省排名，将各维度排名的倒数乘以10得到绍兴市人才环境各维度指标相对优势，如图 10-1 所示。该图直观展示了绍兴市人才环境各维度指标在全省相对优势，从图表中可以看出，绍兴市人才环境中生态环境具有较大相对优势，生活环境和科技创新环境具有一定相对优势，而经济环境和文化教育环境在全省范围内相对优势不足。

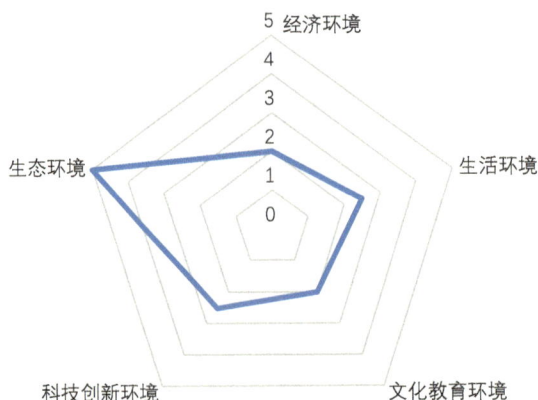

图 10-1 绍兴市人才环境各维度指标相对优势

2. 近五年（2017—2022 年）绍兴市人才环境发展变化

根据 2017 年和 2022 年绍兴市相关数据，可以获得绍兴市近五年来人才环境变化趋势，如图 10-2 所示，对比 2022 年和 2017 年人才环境指标评估标准化得分结果，可以获得如下发现：

首先，绍兴市经济环境有所下滑。与五年前相比，2022 年绍兴市经济环境标准得分和全省排名均有下降，得分由 1.00 降至 0.15，经济环境全省排名由第 4 位下降至第 5 位。可见 2017—2022 年，绍兴市整体经济环境虽平稳发展，但整体指标有所下降。

其次，绍兴市生活环境整体指标有所下降。如数据所示，2022 年绍兴市生活环境标准得分与全省排名均有所下降，得分由全省排名由 1.68 降至 –0.53，排名由全省第 4 位降至第 5 位。

第三，绍兴市文化教育环境相关指标大幅度提高。数据结果显示，与 2017 年相比，2022 年绍兴市文化教育环境标准得分由 –0.85 上升至 –0.26，排名则由全省第 7 位上升到全省第 5 位，提高了两个位次。数据表明 2017—2022 年绍兴市文化教育环境得到了长足发展，进步非常明显。

第四，绍兴市科技创新环境相关指标保持平稳状态。数据显示，2022 年绍兴市科技创新环境标准得分与 2017 年相比差别不大，全省排名也没有变动，均保持在全省第 4 位，一直稳居前列。

第五，绍兴市生态环境相关指标大幅提高。如数据所示，2017 年绍兴市生态环境标准得分仅为 –0.82，全省排名为全省第 6 位，2022 年生态环境标准得分则提高到 1.87，全省排名提高到全省第 2 位，提高了 4 个位次。可见 2017—2022 年绍兴市生态环境得到大幅度改善，生态环境整体状况进步极为明显。

最后，绍兴市人才环境综合状况基本保持平稳。综合各个维度环境指标计算综合得分，比较 2022 年和 2017 年人才环境综合得分可以发现，2022 年绍兴市人才环境综合得分比 2017 年略有增长，但排名没有变化，均保持在全省第 4 位，绍兴市人才环境整体状况基本稳定处于全省前列。

图 10-2　2017 年和 2022 年绍兴市人才环境标准得分变化

利用人才环境各维度指标全省排名，将排名的倒数乘以 10 形成各维度指标相对优势，如表 10-6、图 10-3 所示。对比 2017 年和 2022 年绍兴市人才环境各维度指标相对优势即可发现，自 2017 年以来，绍兴市在人才生态环境和文化教育环境方面相对优势取得了长足进步，生活环境相对优势略有提高，科技创新环境相对优势保持稳定，而经济环境相对优势存在一定程度下降。

表 10-6　2017 年和 2022 年绍兴市人才环境标准得分与排名变化

环境指标	2017 年		2022 年	
	标准得分	全省排位	标准得分	全省排位
经济环境	1.005624	4	0.1532744	5
生活环境	1.67969	3	−0.5315573	4
文化教育环境	−0.8464906	7	−0.2637269	5
科技创新环境	0.0058818	4	0.0437546	4
生态环境	−0.8175954	6	1.865121	2
综合得分	1.0271098	4	1.2668658	4

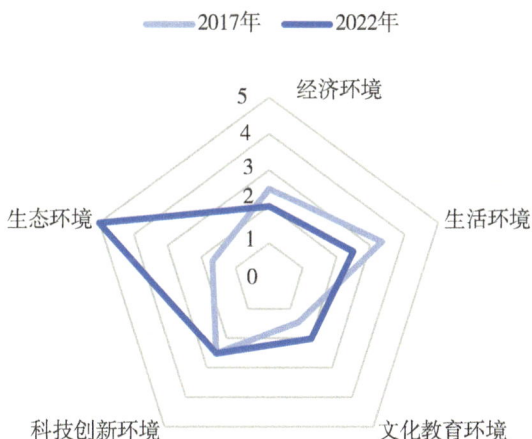

图 10-3 2017—2022 年绍兴市人才环境各维度指标相对优势变化

四、绍兴市人才环境存在的问题

本研究采用部门调研、个案访谈等方式对绍兴市人才环境整体状况、来绍人才对绍兴人才环境主观感受和绍兴市人才环境存在问题等进行了质性分析，本部分将结合人才环境数据评价结果和质性研究资料针对绍兴市人才环境存在问题进行总结。

（一）高端产业发展不足，人才发展空间受限

正如上文所述，当前绍兴市整体经济环境在全省竞争力优势并不明显，主要表现为产业结构有待优化，高科技、高附加值产业和高端服务业发展不足，无法为高技术人才提供足够的就业机会和发展空间。近几年，绍兴市虽然全力推进"腾笼换鸟、凤凰涅槃"产业升级工程，并取得一定成效，但是当前绍兴市传统纺织、印染产业仍占有较大比重，新兴行业发展不足。电子信息、生物医药、精密机械加工、新能源、汽车等新兴制造业整体占比仍然较小，没有形成以高端制造业为主要产业和支撑产业的经济结构，且现有的集成电路、生物医药、化工材料等高技术产业，主要集中在产业链

的较低端环节，产品研发、设计、营销等高端环节参与较少，难以吸引相关领域高端人才。互联网、大数据、人工智能、金融服务等信息技术产业和高端服务业相对薄弱，既无法对制造业进行信息赋能、数据赋能、金融赋能，又无法提供大量的就业岗位，对信息技术、金融服务等领域的人才吸引力有限。

（二）科技创新环境有待优化，高科技人才支撑力度有限

科技创新产业是高投入、高风险行业，一方面科技研发需要大量资本投入；另一方面科技研发具有很大不确定性，高科技产品能否带来足够的回报也存在一定风险，因而科技创新产业需要足够的研发资金支持、高水平的研发平台和宽容度自由度高的科研管理环境。绍兴市金融服务业发展薄弱，缺少科创基金、风投资本、民间融资等成熟规范的创业创新融资渠道和融资平台，科技创新主要依托政府补贴和企业自筹，科技创新金融支撑能力还不够强。2022年绍兴市 R&D 经费支出为 221 亿元，远低于杭州（723 亿元）、宁波（461 亿元），甚至低于嘉兴市（232 亿元）。绍兴市近几年虽成立或引入一些研发平台，但与省内先进城市相比，层级、能级不高，缺少国家级平台引入，比如缺少像中国科学院宁波材料所、浙江清华长三角研究院等国字号、标杆性平台，难以形成高水平科研环境。

（三）生活环境不够便捷，文化业态不够丰富

便捷、舒适的生活环境和丰富多彩的文化生活是人才集聚的重要因素。其中便捷的交通、廉价舒适的住房、丰富便利的购物环境、方便安心的餐饮环境和医疗条件等是高品质生活环境的重要内容，绍兴市近几年在"网络大城市"建设背景下，已经形成了立体化交通网络，正在逐步建设地铁、城际快轨等交通设施，但绍兴市公共交通系统线路仍然较少，一些科创单位和科技企业周边公交运营时间较短，到主城区缺少直达线路，公交系统不够便捷。近几年绍兴市房价上涨速度较快，与收入水平相比购房压力较

大，且针对引进人才提供的人才公寓供给相对不足，人才安居存在一定压力。同时大型商超、便利店分布不够充分，且缺少盒马鲜生、7 Fresh 等一、二线城市广泛分布的高品质零售商店，购物环境一般。而丰富多彩的文化生活除了依靠公共图书馆、博物馆、艺术馆等公共文化空间，更需要酒吧、咖啡馆、书店、小剧场等现代商业化文化空间提供文化生活载体，需要现代化、时尚流行的文化元素进行内容填充。绍兴市虽然有深厚的历史文化底蕴，但现代流行文化业态较为缺乏，酒吧、咖啡馆、书店、小剧场较少，体育赛事、高品质艺术展览、演唱会、音乐节、剧院演出等较少，难以提供较高品质文化生活。

（四）发展开放度、文化包容性有待提升

很多研究表明，开放的经济环境和多元包容的文化环境是人才聚集地区的重要特征之一，与国内外发达城市相比，绍兴市经济开放程度和文化包容性均存在一定差距。绍兴市整体经济发展水平虽然多年位居全省前列，但就经济开放程度而言，仍存在一些不足之处。从贸易结构来看，绍兴市各类主要产业加工出口占比较高，具有典型的外向型经济特征，产品"走出去"表现良好。但是另一方面，绍兴市引入外资、外商企业、外国人才方面，与国内和省内发达城市相比存在较大差距，对国际资本、跨国公司和国际高端人才的"引进来"成效不足。2022 年，绍兴市共引进外商投资企业 163 家，远低于宁波（689 家）、嘉兴（636 家）、杭州（464 家），甚至低于湖州外商投资企业引进数量（177 家），仅从外资引入来看，绍兴市经济开放度相对较低。从文化环境来说，绍兴市文化底蕴深厚，但根据对绍兴市外来人口的访谈，外来人口普遍感受到绍兴本土文化具有较强的保守性，在饮食、语言、文艺活动等方面具有鲜明的绍兴本土特色，文化多元性不明显，文化包容性不足，外来人口融入难度较大。

五、优化绍兴市人才环境对策建议

（一）打造多元稳健的经济基础环境

经济基础环境是地区人才生态环境的核心和根本要素，直接决定绍兴市的人才吸引力和承载力。在国际经济形势愈加复杂，国内经济下行压力犹存的大背景下，绍兴市应着力打造多元稳健的经济基础环境，从而为全市整体人才生态环境的优化提供良好的经济与物质保障。首先，要加快推动产业转型升级。调整优化三大产业结构，降低传统资源依赖型产业比重，大力发展具有"绍兴特色"的现代服务业，全面推进"腾笼换鸟"产业升级，成为绍兴市产业转型升级、人才生态环境整体优化的必由之路。一方面，应依托核心技术，推动传统产业加速转型。发挥绍兴市经济优势和"融杭联甬接沪"区位优势，重点提升各区、县（市）传统支柱产业技术水平，淘汰落后产能与落后工艺，改革传统粗放型生产模式，因地制宜形成各地区适合本土发展的产业集群。另一方面，应结合绍兴市各地实际，积极推动信息技术、文化创意、观光旅游等现代服务业的快速发展，以新兴产业集聚促进人才培养与引进。绍兴市应依托滨海新区建设的重要契机，探索高新技术产业信息化发展的新机制与新模式，以吸引高层次人才集聚。其次，要积极鼓励引导民间投资发展。在中国经济发展新常态背景下，要保持绍兴市经济持续高速增长，亟须高效运用充裕的民间资本，鼓励和引导民间投资健康发展，推动创新创业人才与民间资本实现精准对接，为小微创业人才提供可靠的融资渠道和融资环境。比如，在投资空间上，进一步降低民间资本的市场准入门槛，破除各种形式的垄断；创新和完善金融体制机制，积极开拓民营企业直接融资渠道，降低企业在创新过程中的融资成本；通过建立发展各类创业投资引导基金，协调与对接民间投资供需双方，有序有效地引导民间资本进入创业创新领域，以吸引更多创业人才来绍发展。

（二）构建鼓励创新的科学技术环境

创新是社会发展的不竭动力之源。为此应着力营造鼓励创新的科学技术环境，以推动绍兴市科技持续发展，以先进的科学技术和浓厚的创新氛围吸引更多高端人才集聚绍兴。培育与引进大院大所大企等重大创新平台，是优化地区科学技术环境的载体与基础，同时也是提升绍兴市高端科技人才环境承载力的重要举措。一方面，应充分发挥绍兴文理学院、越秀外国语学院、浙江工业大学树人学院、浙江大学绍兴研究院、集成电路小镇等创新载体的作用，充分汇聚创新资源，培育发展高新技术产业，为高层次创新型人才施展才华、引领区域经济发展提供强力引擎。另一方面，依托集成电路、新能源新材料、生物医药等高新技术产业，加大力度引进、共建一批国家级科研院所、国内一流大学、世界 500 强企业研发机构，对研发实力强、产业化潜力大的科研机构给予重点支持，鼓励创业创新，打造高品质科技生态环境，有效集聚高端科技人才入驻。此外，对于经济与科技实力尚不足以引进或建设国家级创新平台的区、县（市），则应探索将一批小专特创新平台做好做精，立足本地特色，聚焦文化创意、休闲旅游等产业发展，培育一批众创空间与特色小镇，营造具有本地特色的科技生态环境。

（三）创建舒适便捷的人才生活环境

随着物质生活的日渐丰裕，人才群体对于生活环境的质量和水平的要求越来越高，成为人才择地的重要参考因素之一，其中尤以住房、交通等与人才日常生活密切相关的问题备受关注。为此，绍兴市应多措并举，以舒适便捷的生活环境提升人才的安居体验。首先要加强人才住房保障体系建设。面对过高的房价给人才造成的高昂居住成本，当前绍兴市亟须通过加强人才公寓和住房保障体系建设来缓解高房价对人才的"挤出效应"，更加灵活地匹配人才的需求，构建多层次的人才住房保障体系。扩大保障房建设规模，科学规划棚户区改造，释放和盘活土地资源向保障房倾斜。试点建设一批以较大户型和大户型为主的人才公寓，并将其从保障房体系中单列出来，以满足高层次人才引进的需求。加强高端人才住房补贴力度，通过房票、租房补贴、安家费等形式为高端人才安居提供大力资助。其次，要优化智能公共交通系统建设。需加快构建一体化的公共交通系统，以科学合理的交通网络规划为引领，推动土地利用与交通建设协调发展，形成适应公共交通发展的城市形态。强化公共交通服务体系，全面推行城市公交一卡通，并配套设置合理的阶梯式价格优惠政策，以鼓励公交出行。

（四）营造开放优质的文化教育环境

高素质人才一般具有较高的文化涵养，倾向于选择具有文化底蕴和气息的城市，因而地区开放浓厚的文化氛围将会对人才产生极强的吸引力和凝聚力。要大力营造丰富多彩的文化环境。绍兴市历史文化底蕴丰厚，但符合现代年轻人需求的文化设施、文化服务十分薄弱，与一线城市和二线城市所具有的高品质、多元化、现代化文化氛围存在较大差距。要积极推进现代文化场馆建设，充分利用绍兴市本地历史文化遗产，积极打造历史休闲街区，推进博物馆、剧院、展览馆、体育场馆等基础场馆建设，积极引入高品质艺术展览、演唱会、音乐节、话剧舞剧演出活动和体育赛事等，提供多元化、高品质文化服务。另外，还要规划建设现代商业文化空间，如酒吧街、咖啡馆、书店等，依托城市商业文化空间举办文化沙龙、文化讲座、读书会等活动，营造现代时尚文化氛围。

典型案例篇

第十一章

绍兴市人才支撑助力集成电路高质量发展的实践思考

为深入学习贯彻习近平总书记考察浙江时的重要讲话精神，特别是"强化企业科技创新主体地位，推动创新链产业链资金链人才链深度融合"的重要指示精神，紧扣集成电路人才在建设科技强国、人才强国中的重要地位和战略作用，本课题组深入重点平台、企业、科研院所以及周边地区有关科研机构实地调研，积极谋划绍兴打造集成电路产才融合市域范例的思路举措。

一、把握人才支撑集成电路产业高质量发展的战略定位

（一）深刻把握集成电路人才在实现国家高水平科技自立自强中的战略性作用

高水平科技自立自强意味着必须瞄准事关发展全局和国家安全的基础核心领域，特别是全球科技竞争的热点产业。集成电路产业作为引领新一轮科技革命和产业变革的关键力量，是新发展格局下高水平科技自立自强

的重要支柱。

（二）深刻把握集成电路人才在走好浙江新型工业化道路中的牵引性作用

当前形势下，大力支持集成电路产业集聚发展，是浙江建设制造业强省、走好新型工业化道路的必然选择。2022 年以来，浙江省明确将集成电路作为数字经济创新提质"一号发展工程"的重中之重，专门成立集成电路人才工作专班，为集成电路专设赛道、单列名额、专项支持，正是聚力聚焦牵引推动的重要举措。

（三）深刻把握集成电路人才在推动绍兴重点产业集群发展中的基础性作用

目前，全市已累计集聚集成电路领域顶尖人才 1 名、国家和省级领军人才 154 名、市级领军人才 500 余名，涵盖设计、制造、封装、材料等各个环节，在推动绍兴集成电路重点产业集群发展中发挥着关键性、基础性作用。

二、国内外集成电路产业人才发展态势及绍兴实践

（一）集成电路产业人才发展态势及特征分析

1.国际集成电路发展正处竞合博弈的窗口期。集成电路作为现代化产业体系的核心枢纽、高水平科技自立自强的重要保障，已经成为世界各国掌握产业国际话语权的重要战略性产业，集成电路人才则已成为全球关注度最高、支持度最大、争抢最激烈的关键要素。随着韩国《K 半导体战略》、欧洲《芯片法案》、日本《半导体援助法》、美国《芯片与科学法案》等一系列举措出台，全球集成电路产业向逆全球化演变。特别是美国实施芯片出

口管制，开展集成电路技术封锁打压以来，全球在集成电路领域科技竞赛、人才竞争的矛盾日益突出。

2. 我国集成电路产业人才正处跨越突破的关键期。进入新世纪后，我国已经逐步将集成电路产业发展提升至国家层面，重视程度前所未有。从区域分布看，长三角三省一市集成电路设计、制造、封测三业营收占全国总营收比重超 60%；以北京为代表的京津冀地区依托科研机构集中的优势，成为人才培养、技术输出的重要地区；粤港澳大湾区依托广东这一国内最大的集成电路产品集散地和应用市场，正着力打造我国集成电路发展第三极；中西部地区的西安、成都、武汉、重庆等重点城市分别围绕设备、设计、光电、制造等具体环节细分领域正在加速赶超。从人才培养看，我国高校院所培养集成电路专业技术人才供给能力持续攀升。截至 2023 年 5 月，全国已有 25 所高校设立"集成电路科学与工程"一级学科博士学位授权点，超 20 所高校设立集成电路学院，超 9 所高校获批建设示范性微电子学院[1]。从人才流动看，各地"抢人大战"频频上演，特别是具有一定经验的专业人才、技术骨干流动较大。根据权威机构分析测算，2022 年，具有 5 年以上工作经验的技术骨干离职率达到 75% 左右[2]，上海、北京、广州、杭州等一线城市对周边二、三线城市集成电路人才的"虹吸效应"持续加大。

（二）绍兴市围绕集成电路产业链布局人才链的探索实践

绍兴市作为浙江省集成电路产业发展核心区域之一，其集成电路产业创新中心建设已纳入长三角区域一体化国家战略。截至 2023 年底，全市拥有集成电路企业 129 家，从业人员 3.3 万人。2022 年全市集成电路产业实现产值超 530 亿元，同比增长 27.4%。2023 年 1—9 月份，全市集成电路产业链实现产值 462.8 亿元，同比增长 18.5%；实现营收 412.3 亿元，同比增长 24.2%。

---

① 数据来自《2023 年中国大陆集成电路产业人才供需报告》。
② 数据来自《2023 年中国大陆集成电路产业人才供需报告》。

1. 加强顶层设计，提升产才共融"聚合力"。坚持围绕产业链布局人才链，同步编制《绍兴市集成电路产业人才专项规划》和《集成电路产业人才发展专项政策意见》，2022年，全市兑现集成电路产业和人才政策资金近3亿元。以创建国家级海峡两岸数字产业合作区为引领，引进浙江大学绍兴研究院微电子中心、北大信息技术科创中心等共建研究院，签约落地杭州电子科技大学集成电路产业学院。建设绍芯实验室，聘任14位院士专家组建学术委员会。宽禁带半导体及特色工艺产业创新中心纳入省级布局。

2. 坚持授权松绑，打造人才引育"强磁场"。以集成电路"万亩千亿"新产业平台为核心区块，在全省率先建设滨海新区人才管理改革试验区，并将集成电路重点企业纳入人才发展体制机制改革市级试点。制定《集成电路产业人才分类专项目录》《光电信息产业高层次人才分类目录》，开辟"双聘制"、"免评审"、"举荐制"等人才认定"直通车"，为芯联集成、长电科技等集成电路企业引进和认定各类紧缺高端人才980余人。实施绍兴"名士之乡"英才计划集成电路人才专项，开行招才引智集成电路"人才专列"，设立创新创业大赛数字经济赛道，引进落地数字经济（集成电路）领域人才项目460余个。聚焦集成电路工程技术人才培养，高标准建设集成电路产业工程师协同创新中心，入驻工程师746人；开设"中芯班"、"长电班"等校企联合订单班10余个，为集成电路企业输送高技能人才1500余人。

3. 强化精准服务，构筑人才发展"生态圈"。首创实施《集成电路产业人才服务专项计划》，建立集成电路核心企业市领导"一对一"联系机制，配备人才服务专员，"一月一主题"化解集成电路人才困难和问题95项。出台产业基金（人才项目）管理办法，组建百亿级集成电路产业基金和10亿元规模的人才创投引导基金，建立集成电路人才企业上市培育库，芯联集成成功登陆科创板。坚持每年实施人才服务"十件实事"，单列人才房源用于集成电路产业人才，支持和引导集成电路头部企业自建人才公寓超4000套。每年举办集成电路产业峰会，承办2023年全国大学生软件创新大赛，营造集成电路人才创新创业浓厚氛围。

三、绍兴集成电路产业人才发展的瓶颈制约

（一）引培体系不够健全，人才自主供给不足

相较于集成电路产业快速增长的势头，人才供给与产业需求之间存在一定程度脱节。在人才培养方面，虽然全市已有 8 所高职院校设立了 30 个集成电路相关专业，但是培养规模不足、培养层次不高等的问题依旧突出，且仅绍兴文理学院设有集成电路器件物理与工程硕士专业，尚无博士授权点，相较于到 2025 年集成电路产业人才达到 7.5 万人的预测需求仍有较大差距，仅芯联、长电、豪威 3 家企业未来三年的大专及本科以上人才缺口就超 8000 人。在人才引进方面，面对以美国为主导的集成电路技术封锁进一步升级，海外集成电路高层次人才引进难度日益加剧，通过政府主导、机构引才的模式将面临更大风险，急需激发集成电路产业链核心企业等用人主体的引才积极性，鼓励企业走向引才前台。

（二）平台能级有待提升，人才吸附能力不强

绍芯实验室、浙江大学绍兴研究院等集成电路领域科研平台建设进度还不够快、市县联动不够强。要推动集成电路产业人才高质量发展，必须立足各类人才向往的科创高地的战略目标，集中财力、物力、人力，以高能级、标杆性平台提升人才吸引力、吸附力。

（三）企业创新意识不足，人才引领作用欠缺

从产业领域细分布局来看，高层次人才需求更大的集成电路设计领域企业数量偏少、规模偏小。绍兴市 21 家集成电路全产业链核心企业中，仅 4 家企业进入省集成电路重点企业清单，仅有 10 家拥有省级及以上领军人才。制造环节企业普遍反映对于技术工人、产业工程师需求较大，而对于

引进高层次创新人才需求的前瞻谋划不足。在调研中感受到，企业对于科技攻关、人才招引的积极性还未完全激发出来，以人才引领驱动集成电路产业自立自强的发展路径仍需要深入研究。

（四）区域竞争日趋激烈，支持政策趋于同质

相较于上海、无锡、杭州等集成电路产业集聚区，绍兴在长三角区域集成电路产业人才竞争中需"在夹缝中寻求突破"，特别是目前对于集成电路人才的支持政策趋于同质，如无锡对新引进的集成电路顶尖人才团队，按"一事一议"给予最高1亿元资金支持；苏州对首次突破相关年度主营业务收入条件的集成电路设计、制造、封测、设备、材料企业，给予核心团队分级奖励，团队奖励金额最高不超过1000万元，与绍兴集成电路人才政策均十分相似。鉴于此，绍兴想要在集成电路产才融合发展中突围出圈，必须进一步解放思想、加大力度，通过增值式、差异化的支持举措，在区域竞争中赢得一席之地。

四、绍兴市打造集成电路产才融合市域范例的对策建议

绍兴市作为集成电路产业重要集聚地，必须乘势而上、厚植优势，统筹推进教育、科技、产业、人才工作，引领驱动集成电路产业高质量发展，打造集成电路产才融合市域范例。重点要发挥三个关键主体作用、实施六大专项行动。

（一）发挥三个关键主体作用

1. 更好发挥职能部门作用。坚持"管行业就要管人才、抓项目就要抓人才"，迭代实施《集成电路产业人才服务专项计划》，健全由市经信局和市委人才办牵头抓总，市发改委、市教育局、市科技局、市公安局、市财政局、市人力社保局、市人才集团提供要素支撑，滨海新区及相关区、县

（市）具体落实的工作格局，重点发挥部门职能优势，既各司其职又密切配合，凝聚更大工作合力。

2.更好发挥市场主体作用。以创建省级以上人力资源产业园为目标，加快集成电路人才、科技、金融等服务机构导入，引进培养一批集成电路高端猎头机构。实施集成电路企业人才优先发展战略，探索推进集成电路"专精特新"企业人才服务专项、重大项目技能人才保障专项、新生代企业家培训赋能专项，加大集成电路人才企业上市培育力度，推动企业走向引才育才前台。

3.更好发挥人才自身作用。依托集成电路高端人才研究领域聚焦、团队黏性较强等特点，支持人才通过以才引才、学缘引才等方式组建研发团队，实现"引进一名顶尖人才、带动一支科研团队、赋能一方产业发展"的正向效应。分类组建集成电路产业专家咨询委员会，在集成电路整体规划、平台建设、政策制定等方面集智献策，推动开展跨区域交流合作，提升集成电路产业发展精准度、科学性。

（二）实施六大专项行动

1.实施集成电路人才开放提升海纳行动。全面启动海外人才"访学访工访窗口"行动，加强与欧日韩等国家（地区）的集成电路人才合作，争取集成电路领域知名协会和学会在绍设立分支机构。大力实施"名士之乡"英才计划2.0版，拓展集成电路人才项目认定"绿色通道"，加大对相关领域雄鹰企业、"专精特新"企业等人才引进支持力度，"一人一策"集聚"鲲鹏式"灵魂人物。聚焦国家集成电路人才培养基地、国家示范性微电子学院等重点高校重点学院靶向引才，加强集成电路青年人才储备。

2.实施集成电路人才创新提质领跑行动。深化推进战略人才"5232"计划，加快集聚以战略科学家、一流科技领军人才和创新团队、青年科技人才为重点的集成电路高素质人才队伍。鼓励顶尖人才参与集成电路领域国家和省级重大科技专项，允许跨区域调配人才团队、科研设备。支持集成电路领域人才围绕关键核心技术问题开展"揭榜挂帅"，实行"包干制"经费管理，提高领衔项目扶持资金上限，加快形成一批"小而精"、"小而专"、"小而尖"的技术攻关成果。坚持"以用为本、来去自由"导向，健全以项目为纽带的集成电路人才柔性引进机制，加大相关领域"人才特派员"聘用力度，推动产学研深度合作。

3.实施集成电路人才培养提标强基行动。立足提升集成电路人才自主培养供给能力，加快推进高水平应用型大学建设，重点支持市职业教育中心与浙江邮电职业技术学院、绍兴文理学院合作开展"3+2"中高职一体、"3+4"中本一体化培养，建强微电子技术与器件制造专业技能人才队伍。鼓励有条件的职业院校开设集成电路课程。扩大社会化培训、职业技能等级认定资质授予范围，提高集成电路领域紧缺工种培训补贴标准。深化建设集成电路产业工程师协同创新中心，在集成电路头部企业推广"2+N"工程硕博士校企联合培养模式，支持校地共建卓越工程师培养开放式平台和产教融合基地。

4.实施集成电路人才平台提能造峰行动。以创建浙江省实验室为目标，依托复旦大学优势资源，合力打造绍芯实验室2.0版。以打造省级新型研发机构为基本定位，推动有关研究院、技术创新中心等平台提档升级，提升高层次人才吸附力。支持芯联集成、长电科技、晶盛机电等头部企业整合产业链上下游企业资源，组建创新联合体，建设共性技术平台。发挥集成电路行业协会、产业联盟等作用，推动129家集成电路全产业链企业、21家核心企业加强人才交流合作，打造全产业链企业伙伴群体。

5.实施集成电路人才改革提效攻坚行动。把握教育科技人才"三位一体"高质量发展试验区建设契机，推进集成电路人才科技项目融合贯通专项改革，探索"行业推荐、一评两认、奖补贯通"机制，一体配置各类发展要素。开展人才发展体制机制综合改革试点，单列试点名额，给予市级人才计划、专业技术职称、高技能人才技能等级自主评审等权限。优化调整集成电路人才评价机制，延长相关领域急需紧缺人才、基础研究人才、青年人才等评价周期，对于取得突破性成果的允许申请新一轮支持。健全集成电路技术攻关及人才工作容错免责机制，营造鼓励创新、宽容失败的科创氛围。

6.实施集成电路人才生态提优赋能行动。精准实施集成电路产业人才专项支持举措，设立绍兴"人才码"集成电路人才服务专窗，加大人才住房保障力度。扩容组建集成电路人才工作专班，建立健全重点人才工作推进例会制度、集成电路全产业链核心企业市领导联系服务制度、协调解决人才痛点难点问题常态化制度等。加强对集成电路人才的政治引领和政治吸纳，落实人才安全保护工作。持续举办集成电路领域国际化创新创业赛会，着力营造"年轻化、国际化、开放式"城市人才生态。

第十二章

绍兴市工程师协同创新中心建设赋能特色产业发展的实践思考

　　浙江聚焦"全球先进制造业基地"的建设定位，针对传统制造业抗风险能力较弱、发展韧性不足、产业基础能力亟待提升等问题，通过探索试点建设工程师协同创新中心，推动人才更好赋能特色产业"长高长壮"。作为浙江制造业布局的核心板块，绍兴市围绕浙江省委赋予"四个率先"特别是"率先走出'腾笼换鸟、凤凰涅槃'的智造强市之路"的目标要求，在建成首批省级试点印染产业工程师协同创新中心基础上，加快集成电路、珍珠、袜业等市级工程师协同创新中心建设，打造贯穿人才链、创新链、产业链的协同创新生态系统，形成特色产业和高端人才双向赋能、集聚裂变的良好发展态势。

一、具体做法

（一）聚焦企业"单兵作战"引才难，实施"协同共享"新模式

以协同创新中心为纽带，绘制从顶尖到基础、国内到国外、上游到下

游的"工程师分布地图"，让校院人才"接到地气"、小微企业"接上天线"、"土专家"找到"用武之地"，激活产业发展的竞争力之源。一是院士专家"领"人才。针对产业"卡脖子"技术、重难点领域，引进国际顶尖院士专家作为"灵魂人物"，通过顾问指导、短期兼职等方式参与中心技术攻关。如集成电路产业协同创新中心邀请国内外院士30多人，成立集成电路院士专家智库，已牵头攻关多项尖端科技。二是校地合作"聘"人才。印染产业协同创新中心与江南大学、东华大学等4个共建研究院合作，聘请入库印染产业高端人才70余名，打通高校科研成果转化"最初一公里"。建立省内首个集成电路科学与工程学院——杭州电子科技大学集成电路科学与工程学院（杭电绍兴校区），拟聘用师资500人，为集成电路产业协同创新中心提供智力支撑。三是深入车间"挖"人才。通过走访摸排、企业推荐、个人自荐等形式，挖掘散落各企业车间具有很强实操能力的"土专家"565余人，变原来的"单家企业所有"为面向整个中心的"共享工程师"，助力企业打通工程实现"中间段"。如浙江东方缘针织有限公司通过与原料方面的企业工程师合作，自主研发"菠萝袜"、"可乐袜"，成为2019年度"网红袜"。

（二）聚焦行业"共性需求"整合难，打造"资源集约"新场景

集约场地、资源、设备等区域产业发展共性需求，引导区域内单体性、零星化平台有机联动，为工程师开展技术研发和中小企业转型升级提供精准、便捷、经济的配套保障。一是打造最全场景。配套建设工程师工作室、研发实验中心、检验检测中心等多个应用区块，全市4个协同创新中心总建筑面积超5万平方米。其中集成电路产业协同创新中心设置IC测试、研发、实验等空间，兼顾培训、路演、休闲等功能，实现基础研发到落地推广"全流程配套"。二是吸纳最强平台。集成电路产业协同创新中心集聚北京大学、浙江大学、西安交通大学等高校在绍科研院所10家，合作建立IC/MEMS封测平台，IC应用研究平台，EDA/IP、MPW服务平台等优质平台，

并与工信部人才交流中心筹建集成电路产业国际智力创新中心，与清华大学微电子学院筹建国家集成电路产教融合中心，进一步推动优质科研资源导入。三是制定最优机制。制定《工程师协同创新中心运行管理办法》、《工程师协同创新中心人才管理服务制度》等长效机制，保障成果转化、项目交流、保密管理等日常工作规范推进。绍兴市级层面出台全国首个《集成电路产业人才服务专项计划》，建立组织、科技、人社、金融等部门和集成电路产业协同创新中心的联动机制。

（三）聚焦产业"核心技术"攻克难，搭建"成果应用"新通道

发挥工程师协同创新中心人才技术优势，帮助解决一批企业技术难题，推广应用一批成熟技术成果，孵化支持一批工程师创业项目，为产业固链、补链、强链持续赋能。一是"技术攻关"解共难。积极开展项目制、"揭榜挂帅"等关键共性技术攻关活动，全市入库工程师参与技术服务达1.5万余人次，解决企业技术难题3000余项。二是"技术共享"降成本。印染产业协同创新中心针对行业共性技术需求，以"技术团购"方式推广共享"数字印染"、"功能性织物材料"等多项成熟技术，大幅降低企业研发成本，有效减少"前端消耗"。三是"技术孵化"强引领。积极争取资金、渠道等各类资源，支持入库工程师自主创业，累计孵化高层次人才创业企业530余家。

（四）聚焦人才"个人价值"实现难，完善"数字赋能"新体系

围绕数字化改革"制度重塑、数字赋能"等总体要求，协同创新中心常态化组织产业工程师开展"云问诊"、"云培训"，打造工程师的训练营、孵化器、集散地。一是搭建产业工程师"数字仓"。组建印染产业工程师人才库、技术成果库、企业需求库及中国轻纺城印染人才技术网"三库一网"数字仓，搭建集成电路创新网络互助平台和"人才技术超市"，打通协同创新中心和企业的对接渠道。二是打通职称晋升"快车道"。以建设浙江省首个人才管理改革试验区为契机，开展职称制度改革试点，在特色产业共建

研究院、头部企业、高新技术企业中试行中级及以下职称自主评审，并将入库工程师学习参训、实操能力、服务情况等纳入职称考评。三是探索数智服务"全周期"。在浙江省率先探索"越智汇"数字化改革应用体系，实现安家补贴、租赁补贴、人才公寓入住等政策事项"无感兑现"，入库工程师通过认证"绍兴人才码"，可享受 216 家单位提供的交通出行、文体休闲等"全周期"专属服务，切实提升工程师的获得感和便利度。

二、取得成效

（一）实现产业人才"双向赋能"

通过协同创新中心建设，人才引进集聚和产业转型发展均取得较大突破。截至目前，累计引进入选集成电路、纺织印染等特色产业领军人才 1700 余人、其中国家级领军人才 241 人，累计入库工程师 2700 余名。2023 年实现印染产业全产业链产值 2226.7 亿元，同比增长 10.3%；实现集成电路相关产值突破 600 亿元，2024 年 1—6 月平台产值超 430.6 亿元，同比增长 15.4%，主导产业产值 324.8 亿元，同比增长 26%，推动国家级集成电路产业创新中心建设取得积极进展。

（二）推动各类人才"各尽其能"

入库协同创新中心的工程师既包括高校科研院所的院士专家，也包括长期深耕一线车间的"土专家"，同时借助人才发展体制机制改革的创新张力，让各级各类人才都能更好发挥价值、实现进步、获得保障。2023 年，印染产业协同创新中心与江南大学柯桥轻纺产业技术中心、东华大学绍兴创新研究院、绍兴市柯桥区西纺纺织产业创新研究院、浙江理工大学绍兴柯桥研究院等合作开展培训活动 60 余场，培训 2800 余人次。

（三）强化创新要素"协同集聚"

通过积极争取科研平台、服务机构、共性技术、资金渠道等共性资源，实现人才、技术、服务各类要素协同联动、高效配置，给予特色产业发展"闭环式"支持。如珍珠产业协同创新中心购入流量、浮现权等资源，与抖音、快手等电商平台签约成立珍珠直播基地，入驻直播商家5000余家，2023年实现线上销售260亿元；印染产业协同创新中心引入环评、安评、设备维保等第三方服务机构，保障印染项目快速落地。

三、经验启示

（一）加强党委政府引导是推动人才赋能产业转型升级的根本保证

从绍兴市开启传统产业集群化、技术化改造，到打造新时代"名士之乡"人才高地，产业和人才的深度融合始终是绍兴市各级党委政府推动人才事业发展的核心路径。通过建设协同创新中心，我们也深刻体会到，唯有形成党委统一领导，各地积极响应、密切配合的工作格局，才能凝聚组织、经信、科技、人社等条线深度参与的协同合力，才能集聚更多急需紧缺人才，赋能产业升级。

（二）唤醒企业主体意识是推动人才赋能产业转型升级的关键

当今世界百年未有之大变局正加速演变，新一轮科技革命和产业变革风起云涌，而通过技术迭代实现转型升级，成为企业"长高长壮"的必经之路。作为产业转型的有力推动者、主要承载者、最终获益者，企业的主体意识，直接影响人才引进的力度、技术革新的高度、城市发展的进度。在建设工程师协同创新中心过程中，从一开始相关企业的拒绝配合、被动接受，到后来主动对接、享受红利的这一过程可知，必须常态化开展生态推介、政策宣讲、座谈交流，充分唤醒企业招引人才、加快攻关的主体意识，才能更好激发人才链、创新链、产业链的协同联动效力。

（三）深化体制机制改革是推动人才赋能产业转型升级的重要支撑

现阶段，人才竞争已不仅仅是人才能力的比拼，更是体制机制的较量。哪里体制优、机制活，高端人才就流向哪里，产业制高点和发展竞争力就转向哪里。作为协同创新中心，不单单是对人才、技术、平台、资源、服务等创新要素进行功能整合，而是要聚焦产业人才创新创业全周期"闭环"，进行体制机制的系统性、重塑性变革。从推行聚焦工程师发展的职称制度改革，到打造线上供需对接的"人才技术超市"、"云问诊"平台的发展历程来看，唯有通过改革构筑更具"创造性张力"的多元发展路径，方能让更多敢想敢拼的产业人才在转型升级的大舞台上全心拼搏、铸就梦想。

第十三章

滨海新区人才管理改革试验区的实践思考

绍兴市滨海新区是浙江省首批高能级战略平台、绍兴市"双招双引"的首位平台，更是高层次人才创业创新的优选地。2020年9月，滨海新区人才管理改革试验区揭牌。2021年3月，市委人才工作领导小组正式发布《关于建设绍兴滨海新区人才管理改革试验区的意见》，创新推出青年科学家"免评审"落户认定和法人举荐等"20条"举措。2024年6月，滨海新区循次而进，发布《关于迭代绍兴滨海新区人才管理改革试验区建设高水平打造人才开放特区的若干意见》（新"20条"），按照"实绩导向、改革攻坚、不拘一格、开放融通、强化招引、增量增值"为基本原则，力争把滨海新区人才管理改革试验区打造成为"浙江科技人才成果转移转化首位平台、长三角高水平人才开放特区、全国产业人才生态示范高地"。

一、具体做法

（一）坚持开放自由，打造人才队伍

为全力招引各类人才，打造一支高素质高水平高质量的人才队伍助力新区高质量发展，滨海新区以自由开放为导向，不断更新人才政策，扩充

人才队伍。一是推行柔性人才"区域互认"制度，迭代"区域互认"、"柔性双聘"等共用政策，适当放宽人才落地要求和年龄限制，经国内同等级及以上城市评选认定的海内外高层次人才和在外人才也有机会获得人才称号。对国家高新技术企业、重点专精特新企业、上市企业和总投资超 10 亿元的项目柔性引进人才担任首席科学家的，可享受"双聘制"政策。二是实施新型人才"双向举荐"制度，迭代高层次科技人才公司法人举荐认定省级改革试点，符合条件的重点企业、项目方和 A—C 类高层次人才每年各拥有 1—2 名高级人才（E 类）举荐权。三是创新"枫桥式"人才开放共建改革，鼓励以项目合作、联合培养等形式不定期引入海内外大院名校优质师生资源、头部企业技术负责人和专业工程师等优质人才，打造开放式人才共治平台。目前，新区已累计认定法人举荐人才 40 名，累计认定"青年科学家免评审"、"高层次人才双聘制"、"重大招商项目人才认定"等各类试验区特色人才 109 名，累计引育省级以上领军人才约 100 名，集聚各类高层次人才 300 余名。

（二）秉承市场导向，招引人才项目

在人才项目招引方面，新区突出市场导向。形成了市场主导、政府引导、人才公司实操、民营资本参与的人才工作格局。一是开展人才项目市场化招引改革，实施全生命周期市场化引才机制改革，授权国有人才公司以市、区两级现行招商引智等各类政策为上限，与项目方开展人才产业化项目市场化招引，特别优秀的人才项目可按实缴注册资本给予启动资助。二是实施人才项目"绩效论英雄"改革，推行人才项目"以股转奖"激励措施。建立产业化人才项目"市场化路演＋专家投行评审"机制，降低新招引人才项目参评资格及资金申请门槛，鼓励通过人才发展基金、国有公司股权投资等方式支持项目落地，项目落户后根据条件可按投资额的一定比例获得投资额度。三是创新推出"腾笼换鸟"、"民建公助"共建人才平台模式，鼓励民营资本利用腾退用地、闲置厂房改造新建等方式建设人才科创

平台，同时支持国有企业通过"民建公助"的方式共建共营，高品质打造一批全周期的人才科创平台。新区已实质性组建运作规模 50 亿元的人才发展基金，通过"招商 +"、"基金 +"、"平台 +"、"研究院 +"等引才方式，为人才创业创新提供天使直投、市场跟投等个性化服务，已投资梅奥心磁等人才项目和 1 个子基金项目，投资金额 5500 万元。新区现有共建研究院 8.5 家（0.5 家指浙江大学绍兴研究院生命医学分中心），现有"名士之乡"科创中心（筹）、滨海科技城等 6 个人才平台，为人才项目提供从孵化到中试再到产业化的全周期服务。

（三）聚焦"三位一体"，改革人才制度

新区坚持教育发展、科技创新、人才培养一体推进，畅通教育、科技、人才的良性循环，不断推动教育、科技、人才集成改革。一是创新"教科人"大部制机构改革，按"大部制"机构系统集成"教科人"相关职能，打造"三位一体"推动高质量发展的开发区体制特色范例。二是贯通"中高职、政园企"人才培养模式。扎实开展"3+2"中高职、"3+4"中本一体贯通培养改革并向下延伸，构建"中职打基础、高职做提升、政府给支持、园区搭平台、企业用人才"的高技能人才贯通培养模式。三是构建科技和人才项目互认互通机制，对入选省、市科技计划项目的负责人，提供相应类别人才政策支持；对 C 类及以上高层次人才科研项目提供"免评审"立项支持。新区以体制机制优化调整为契机，系统集成了人才、科技、教育、人力资源等相关职能，全新组建人才工作局，同时全省率先组建人才发展公司，通过导入市场化运营模式，积极尝试构建政企联动的人才工作新格局。

（四）突出关键增值，优化人才服务

为保障各类人才在新区安心就业，安稳创业，安家乐业，新区为人才提供医疗、住房和家属增值保障等全方位的服务，解决人才来新区就业创业的后顾之忧。一是创建人才住房开放式保障体系，为柔性人才推出"人

才伙伴酒店 / 公寓"等特色政策。二是深化人才医疗服务体系改革，与绍兴市立医院和绍兴二院等地方重点医疗机构合作共建"1+X"高层次人才诊疗服务中心，为 D 类及以上全职人才、人才企业高管及直系亲属提供专属性增值式医疗健康服务。三是强化人才家属增值式服务保障，A—D 类高层次人才配偶及直系亲属可按人才对应标准共同享受人才公共服务、租赁优惠、一站式医疗服务等。截至 2024 年 8 月，新区已建成政府投资的人才公寓 3 处，共计 4654 套；在建政府投资人才公寓 3 处，共计 2960 套；其他投资主体建设人才公寓共计 2450 套。

二、取得成效

（一）探索了一套开发区组织体系

在全省开发区平台中该区率先设立人才工作局和人才发展公司，通过导入市场化运营模式，积极尝试构建以市场化为导向的政企联动的人才工作新格局。横向对比来看，滨海新区人才管理改革试验区突破了传统开发区的体制机制短板，重塑人才要素组织体系，最大程度释放了开发区的制度红利。

（二）落地了一批标志性改革成果

相继先行先试青年科学家"免评审"、"双聘制"等改革举措，"公司法人举荐制"作为全市唯二入选首批省级科技人才发展体制机制"揭榜挂帅"改革试点名单的改革举措，已累计引育相关人才 78 名。这些标志性举措克服了实用型人才评价与人才使用的脱节问题，以企业实际需求为导向，让人才体制机制改革真正落到实处。

（三）开发了一组多元化招才机制

通过"招商 +"、"基金 +"、"平台 +"、"研究院 +"等引才"组合拳"，依托50亿元人才发展基金，投资梅奥心磁等人才项目和1个子基金项目，投资金额5500万元；签约津镭光电项目并落户滨海；累计引育省级以上领军人才311名、海内外高层次创业创新人才704名。

（四）涵养了一个聚合式产才生态

以"万亩千亿"平台为依托，着力打造"以产促才、以才引产、产才共融"的人才生态，已累计集聚新能源（新材料）、高端装备等产业高层次人才1452名、相关技能人才4.3万名，产业人才的区域影响力明显增强。

三、经验启示

（一）正确处理"人才引进"和"人才留用"各方面的关系

当前，人才作为促进地方经济发展的首要资源，各地乃至各国都加大了人才引进的力度。推动人才招引模式升级，探索多元精准的新型引才模式成为破解引才难题的重要手段。人才工作不仅需要提高人才招引的"输血功能"，还要不断增强人才培育的"造血功能"。加大人才培育力度、创新人才培育模式已成为缓解人才危机的重要方式。事业是激励人才的根本，只有为人才搭建好施展才华的项目平台，才能留住人才，才能将人才真正用到经济社会发展等关键地方。人才工作还要有留才的"后招"，在推出优厚的人才住房、医疗和家属增值等扶持政策的同时切实减少人才扎根发展的后顾之忧，才能形成良好的政策吸引力，更好地留住人才。

（二）正确处理"人才集聚"与"产业发展"的关系

产业发展与人才集聚相互促进、互为补充。人才是产业发展的基石。产业发展需要具备各类技能和专业知识的人才参与生产、管理和创新。优秀的人才将带来先进的技术、管理和创新能力，推动企业发展和产业升级，也能促进区域的经济发展，吸引更多资源和资本流入该地区，产业和区域经济的发展又为吸引和培育人才提供了机会和平台。因此，只有产业发展和人才引育同步推进，着力打造"以产促才、以才引产、产才共融"的人才生态，才能实现人才和产业的良性互动。

（三）正确处理"有形之手"和"无形之手"的关系

处理好政府与市场关系，是增强地区人才发展活力的必然要求。人才工作是一项系统性工程，尤其需要政府与市场协同配合，构建起适应区域发展要求的人才流动机制、竞争机制、激励机制。在政府制定各项引才产才政策的同时，可以更好发挥产业园区、专业协会、领军企业、人才平台、科研平台的作用，用市场化手段充分对接人才创新创业需求，为各类人才创新发展提供更好的环境支持。

（四）正确处理"改革创新"和"守正固本"的关系

创新是发展的动力，守正是发展的方向。政府人才引进工作着眼于为人才服务，守正是必须围绕人才发展开展相应工作；创新则是在推进人才发展工作上推陈出新，不断深化人才管理改革、优化人才服务政策、创新人才培养模式，以更新更多更实的举措提升人才服务质量、创造人才工作新局面，努力为人才搭建更多实现价值、创造梦想的广阔舞台，着力营造"近悦远来"的人才生态，为推动高质量发展注入"人才活水"。

第十四章

越城区产业链与人才链融合发展的实践思考

产业发展与人才集聚相互促进、互为补充，产才融合对于推动经济社会高质量发展具有十分重要的意义。作为集成电路、高端生物医药两大省级"万亩千亿"新产业平台的承载地，浙江省绍兴市越城区深入实施人才强区首位战略，以高水平建设人才管理改革试验区为牵引，深化人才发展体制机制综合改革，"破立并举"纾解产业链与人才链协同发展的制度壁垒，全力推动人才资源在引领驱动产业发展中发挥关键性作用，形成特色产业和人才队伍双向赋能、集聚裂变的良好发展态势，走出"以产引才、以才促产、产才共兴"的"产才融合"发展道路。有关做法得到《中国组织人事报》等中央级媒体报道推广。

一、具体做法

（一）坚持授权松绑，聚焦产业主体改革人才机制

一是在人才评价机制上"放开"。出台集成电路产业人才专项政策，打破人才评价"四唯论"，注重人才的实际工作经验和业内影响力，构建以工作经历、薪酬水平和科技成果为导向的人才认定标准，只要在集成电路领

域有一定工作经验，且年薪达到一定标准的企业高级管理人员和技术骨干，即可认定为集成电路人才。现已累计认定集成电路产业人才 7 批 979 人，落实政策资金超 3.2 亿元。

二是在人才管理机制上"放权"。全省率先实施具有辨识度的"30 条"人才改革举措，创新实施公司法人举荐制，为有技术、有经验的人才搭建顺畅的认定平台，重大招商项目、上市企业、经济贡献大的高新技术企业、重才爱才先进单位等用人主体，可举荐优秀人才认定为市级领军人才。深化职称评审改革，向条件成熟的产业园区、头部企业下放中级及以下职称评审权限，建立体现思想品德、专业能力、学术影响力、创新成效等多维度的职称评审体系，已培育机电制造等 3 个专业中级职称产业社会化评价试点，惠及企业 62 家。

三是在人才激励机制上"放活"。瞄准主导产业重大科技攻关需求，推行"揭榜挂帅"政策，以"企业出题、政府张榜、能者解题"的模式，集中科研要素解决技术需求，2022 年共申报 44 个 6.39 亿元"揭榜挂帅"项目，其中 18 个项目完成立项，总投入 2.3 亿元。探索实施高层次人才"双聘制"，使人才既能为越城服务做贡献，同时能保留原单位身份，人才政策兑现不受编制等条件等限制，切实打通"评、聘、转"等堵点，帮助企业广泛解决各类技术难题。

（二）坚持全链育才，聚焦产业需求打造人才队伍

一是瞄准"高精尖缺"。越城区拓宽协同发展路径，着力提高产才耦合度，推动招商引资和招才引智工作一体谋划、一体推进，将人才引进、人才指标等创新要素作为招商项目签约落地政策支持必谈内容，通过成建制引先进医疗装备创新研究院等载体，以人才链的"强"打造产业链的"优"。如德创环保引进院士团队致力于加强 SCR 催化剂横向研究，使之成为国内最大催化剂出口企业。

二是突出青年才俊。全省率先实施青年科学家"免评审"落户机制，

对 QS 世界大学排名前 100 名高校毕业的青年博士免去专家评审环节，可以直接认定为市级领军人才，同时开通异地转评直接认定"直通车"，目前已有 19 位人才通过"免评审"认定。推行重大招商项目青年骨干"免评审"认定制，为重大项目认定市级领军人才、高级人才 12 人。

三是引育工程师人才。充分利用绍兴文理学院、浙江邮电职业技术学院、绍兴市职业教育中心等本地院校资源，增设微电子"3+4"中本一体化招生模式，紧扣芯联集成、长电绍兴龙头企业需求，靶向培养技能人才，开设对口人才"订单式"特色班 3 个，招生规模超 130 人。对标重大产业布局，迭代建设集成电路工程师协同创新中心，引进紧缺急需的海内外技术人才，已柔性引进集成电路产业工程师超 110 人。

（三）坚持雁阵布局，聚焦产业升级构筑人才平台

一是构筑基础研究平台。立足产业发展基础研究，专门成立集成电路领域研发平台绍芯实验室，由 14 位院士组建顶尖科学家团队，建立关键工艺支撑平台，打造国内唯一的 MEMS 全产业链科研平台，打通产品公司从产品研发到量产的关节。

二是搭建人才创业平台。依托绍兴水木湾区科学园、生命健康科技产业园等高层次科创平台，配套建设 5 个省级产业创新服务综合体，构建智慧服务、成长服务、综合服务三大创新服务体系，为中小型科技企业提供便捷高效的精准化服务，累计汇聚高层次创新企业 230 余家。注重人才创建物理空间布局，构建大学生见实习基地 76 个，市级以上孵化器 7 家，孵化器面积达 26 万平方米，推动越城区在国家、省、市级孵化器数量均位居全市第一。

三是拓展产研协同平台。引进浙江大学、上海交通大学等 11 家知名高校共建研究院，加强科教资源转化、大型设备共享，持续提升产业创新策源力。优化共建研究院建设与运行综合评价体系，加强研究院分类管理，通过共建研究院平台向主导产业企业派驻科技特派员 27 人，协助开展各领

域的科技创新与应用性研究，协同搭建磁导航手术机器人、温室气体及碳中和监测评估中心等各类研发实验平台。

（四）坚持精准服务，聚焦产业发展营造人才生态

一是把握产业发展"关键环节"。建立招商项目全周期人才服务机制，开展重大项目人才服务专项行动，人才部门事前介入产业项目洽谈，事中保障项目建设期间人才引进，事后推动人才政策落实落地，把保姆式服务贯穿始终。特别是对于落地投产项目，主动以"一项目一方案"，有针对性地协调解决人才招引、人才住房、政策匹配等问题，为重大项目提供全方位、立体式人才保障。

二是瞄准人才创业"关键缺口"。实施金融陪跑计划，盯紧融资难、融资贵等创业发展大事，组建集成电路、生物医药两个百亿级产业基金和累计150亿元的人才发展基金，提供100亿元规模的人才创业银行信贷授信支持，深化人才创业项目金融需求调研并协调风投、银行等及时予以跟进，定期召开人才资本对接会，着力培育上市储备人才企业15家。

三是办好生活保障"关键小事"。建立紧缺高层次专业人才、贡献突出人才子女就学机制，2022年为各类人才解决子女教育问题126项。实施人才租赁住房建设专项行动计划，努力保障在越城创新、创业的各类人才的住房需求，目前全区建成投用的人才公寓共10074套，以住有安居保障人才在越城安心创业发展。

二、取得成效

（一）提升了人才规模量级

截至2022年底，累计入选国家重点人才工程人才44人、省级重点人才工程人才63人、省领军型创新创业团队5个，市"名士之乡"英才计划人

才项目 400 余个，其中创业类人才项目 276 个。近两年新增高校毕业生超过 3 万人，培育高技能人才超过 1 万人，全区人才总量不断跃升，人才竞争力指数稳步提升。

（二）增强了主导产业能级

积极招引集成电路、生物医药等主导产业人才项目，助推 50 余个人才项目实施产业化，90 余家次人才企业成长为专精特新、国家高新技术企业和省科技型中小企业，自主培育全市仅有的 2 家海外人才创业上市企业，推动集两大"万亩千亿"新产业平台 2022 产值突破 827 亿元、年度考核分获全省第一、第四。

（三）助推了创新环境升级

强化创新链、产业链、人才链环环相扣，引进浙江大学等共建研究院 10 家，与杭州电子科技大学共建全省首个集成电路科学与工程学院。成功创建 5 家省级产业创新服务综合体，数量列全省第一。绍兴集成电路产业创新中心获评全市首家省级产业创新中心，目前正在加快建设国家级集成电路产业创新中心、绍"芯"省级实验室。

三、经验启示

（一）正确处理"立足当下"与"着眼长远"的关系

当今世界正经历百年未有之大变局，人才全球流动、全球配置、全球争夺的发展态势更加明显，新时代人才工作面临深度转型。谋划和推进人才工作，既要立足当前产业发展的实际需求，直面产业转型升级方面的困难，在解决当前问题上下功夫；又要着眼未来产业布局方向，面向未来 5—15 年，面向全国乃至全球化竞争的高度找目标、找定位，在加强统筹谋划、强化顶层设计上着力，推出一系列牵一发而动全身的实招硬招。

（二）正确处理"关键少数"与"绝大多数"的关系

当前，新一轮科技革命和产业变革加速演进，人才成为关键变量，人才竞争的激烈程度前所未有，人才治理体系改革进入"深水区"。高端人才作为"关键少数"，决定着人才质量，能够起到驱动产业发展的引领作用；基础人才作为"绝大多数"，决定着人才总量，能够支撑产业规模经济发展。既要坚持"高精尖缺"导向，不断引育顶尖人才、领军人才；又要树立"大人才观"，注重自主培养和招揽大批青年人才、技能人才等各方面人才，不断丰富人才谱系，统筹推进各支人才队伍建设。

（三）正确处理"待遇引才"和"环境留才"的关系

当前，国家之间、城市之间的人才竞争日趋激烈，德国、英国等发达国家开始更新人才政策精准引才，上海、深圳等特大城市对人才的需求也越来越大，政策比拼、待遇比拼愈演愈烈。既要采取经费激励的手段，保持与国际同行、同能级地区的竞争力；更要在打造最优环境上下功夫，探索建立适合人才发展的评价、使用、激励机制，形成"谁有本事就谁上"的鲜明导向，为更多人才提供"梦想舞台"。

第十五章

柯桥区"创业型城市"人才生态赋能高质量
发展的实践思考

2023年9月，习近平总书记在浙江考察调研时指出，浙江"要在以科技创新塑造发展新优势上走在前列"，"强化企业科技创新主体地位，推动创新链产业链资金链人才链深度融合，加快科技成果落地转化"。近年来，随着我国经济进入高质量发展阶段，创新驱动发展已成为整个社会的广泛共识。绍兴市柯桥区坚持"产才融合，创新发展"，围绕"柯·创"人才品牌，构建起一流的创业生态系统，为人才创新创业提供全周期保障服务，有效推动人才链、创新链、产业链和资金链深度融合。为破解"柯·创"城市打造过程中遇到的项目招引、平台建设、服务保障等问题，课题组专题调研金柯桥科技城、临空示范区，召开座谈会3次，访谈人才企业、人才园区、投资机构及人才工作者等共72人，了解人才项目在项目落地、政策落实、后续发展等过程中遇到的实际问题和意见建议，对柯桥区推进"柯·创"城市IP建设进行客观研判，形成此调研报告。

一、现实背景

（一）打造"创业型城市"是柯桥引才差异化竞争的现实要求

在现代经济体系中，人才作为最为核心、最具活力的生产要素，已成为经济发展和创新研究的主要推动力。2018 年被认为是"人才大战元年"，从这一年开始，各地纷纷出台人才新政。为了在白热化的"人才争夺战"中脱颖而出，不少城市开始重新思考自身发展定位，打造特色化人才生态品牌，开展差异化竞争、错位引才。例如，中国"硅谷"深圳提出"才聚鹏城"人才品牌，打造创新人才心目中的"理想之城"；成都塑造了深入人心的"蓉漂"品牌，也是全国第一个申请商标注册的城市人才工作品牌；"互联网之都"杭州擦亮"杭向未来"人才品牌，奋力打造未来产业新天堂。中国国际人才专业委员会负责人表示，"各地只有根据自身特点制定人才战略，注重差异化，不盲目跟风随大流，突出当地核心优势，才能实现最佳引才引智目标。"

（二）打造"创业型城市"是柯桥城市气质内涵提升的重要载体

中国轻纺城从改革开放初期的"马路布街"到如今成为享誉全球的"国际纺都"，柯桥历来就有着"创业"的基因。早在 20 世纪 80 年代初，在柯桥设摊从事布匹买卖的个体商户就超过 200 家，"若要富，去卖布"，成为当时柯桥地区的流行语。正是靠着这种早期的全民创业实践，初代柯桥创业者们完成了创业经验和原始资本的积累。"四千精神"也正是在这时候开始萌芽。近年来，柯桥区将"人才强区、创新强区"上升为首位战略，致力于打造创业型城市，从"纺织"到"科创"，柯桥创业内涵升级到了 2.0 阶段。

（三）打造"创业型城市"是柯桥创新驱动产业迭代的必经之路

步入新发展阶段，科技创新正在成为推动产业转型升级，促进经济社会发展的核心力量。产业转型升级是一个长期、动态的演进过程，包括存量调整、增量培育两部分，其中，前者是转型升级的基础环节，后者是重要手段。以柯桥为例，纺织业作为传统优势产业，存在产业比重高、产品附加值低等特点，2022年大纺织产值为1296亿元，占规上工业总产值的55.8%。纺织产业的"高端化、数字化、绿色化"发展就是对存量进行调整，而在此基础上，培育新材料、生物医药、光电信息产业三大新兴产业，则是增量培育的具体表现。创业型城市的提出，是柯桥立足产业需求，以创新驱动高质量发展的必然之路。

二、"创业型城市"理论基础及生态架构

人才型科技企业作为科技创新的主力军，是打造"创业型城市"聚焦的重点。人才型科技企业是指由人才引领，符合高科技企业条件且具备自主研发、成果转化能力的企业，具有知识和技术领先、风险和收益并存、孵化和扶持迫切等特点。与一般企业相比，人才型科技企业在产品和服务上更具有创造性、竞争性，可有效推动产业发展，提升经济活力，但也面临着研发投入大、资金需求多、创业风险高等生存压力。优质的创业生态环境是人才型科技企业"长高长壮"的基础条件，如美国的"硅谷"，正是凭借着世界级的创新生态系统，才保持着源源不断的创新活力。苏州市围绕"产才融合"，在创新平台引领、人才金融赋能、苏式爱才服务等多维度开展创新实践探索，构建起"你只需要一个背包，其他'包'在苏州身上"的优质创业生态，推动人才实现从"科学家"到"科创企业家"跨越，以"四链"共生耦合，不断壮大"城市创新丛林"。

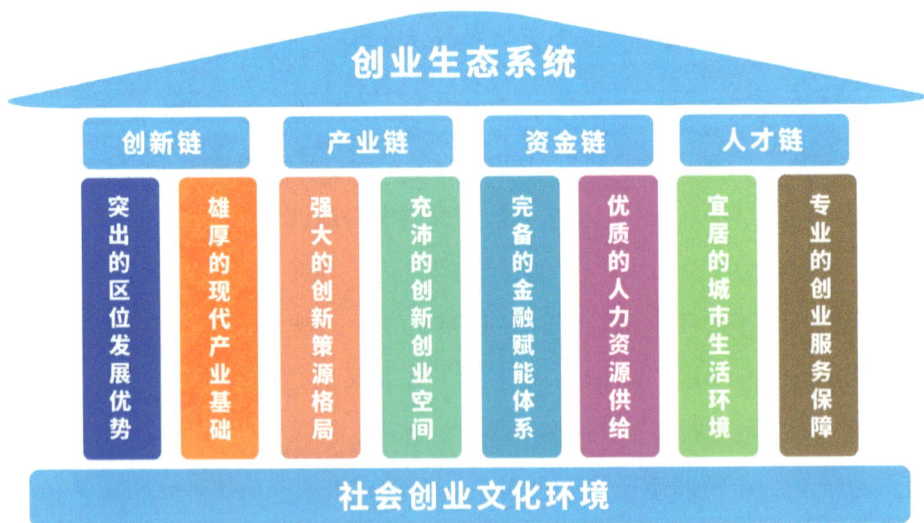

图15-1 "四梁八柱"示意图

"创业型城市"的核心创业生态支持系统，可归纳为"四梁八柱"。其中，"四梁"是指创新链、产业链、资金链、人才链"四链融合"，其中，产业链是主要载体，创新链是重要动力，资金链和人才链是关键因素。"八柱"是指促进人才科技企业发展的八大关键要素，具体为："融杭接沪"的区位发展优势，以"1+3"支柱产业为基础的现代产业基础，依托"一廊两核三中心"的创新策源格局，以"双十"工程为抓手的创新创业空间，以"人才＋基金"为核心的金融赋能体系，以"海外＋青年＋产业"人才梯队为主体的人力资源供给，以全方位优质、均衡为特色的城市生活环境，以"专业化、增值式"为导向的创业服务保障。社会创业文化环境是整个创业生态的"沃土"，需要长期涵养，久久为功。

三、"创业型城市"要素发展现状分析

基于上述理论及典型案例分析，我们提出"创业型城市"八大关键性要素，经过深入调研，对柯桥上述要素禀赋现状分析如下。

（一）"创"的先天禀赋优越

1.区位发展优势。柯桥区位优势核心体现在融杭接沪。柯桥地处长三角金南翼，位于杭州 0.5 小时经济圈和上海 1.5 小时交通圈，是绍兴接轨沪杭都市圈的桥头堡，杭甬一体化发展的关键节点区，近年来锚定长三角综合枢纽目标，以"一个高速圈、一张快速网"为骨架的路网体系初步形成，"336"（市域 30 分钟、杭甬 30 分钟、上海 60 分钟）交通圈基本形成，柯桥在长三角的区位优势更加凸显。

2.现代产业基础。柯桥产业立足点是"1+3"现代化产业体系（以现代纺织为核心，重点培育新材料、生物医药、泛半导体三大新兴产业）。据统计，2022 年，全区地区生产总值实现 1901.36 亿元，人均 GDP 约为 25350 美元。全区共有上市公司 17 家，国家级专精特新小巨人企业 14 家，省级专精特新企业 97 家，规上工业企业 1319 家，规上工业企业数量在浙江省 90 个县市区中排名第 8 位，民营资本充沛度位居全省乃至全国前列。

3.城市生活环境。目前柯桥常住人口已超 110 万，正逐步迈入大城市能级规模，近年来，柯桥以 2023 年杭州亚运赛事为契机，以"办好一个会，提升一座城"为理念，超前开展城市建设和公共设施配套，建设国际会展中心、羊山攀岩馆等重点项目，加速柯桥区块与镜湖区块在城市形态与功能上的融合。率先开通杭绍地铁、引入浙大二院等，建设杭绍临空经济一体化示范区，实质性推动杭绍同城化发展，在历史文化、生态环境、经济发展、社会和谐、医疗卫生、教育住房等越发显示出全方位的优质与均衡。

（二）"创"的政策优势明显

1.项目资助含金量高。2022 年，柯桥区创新出台区级"人才＋"专项支持政策，紧盯新材料、生物医药、泛半导体等战略性新兴产业，设立"人才＋大赛"、"人才＋基金"、"人才＋平台"、"人才＋产业"4 大专项支持计划，分类别分等次精准支持人才创新创业项目，赋予用人主体评审自主权，推动高质量人才项目引进。对入选人才给予最高项目资助 1000 万元、场地补助 600 万元、销售奖励 500 万元、股权融资奖励 500 万元、后续发展扶持 500 万元，政策含金量居全国领先水平。截至目前，已开展 15 次"人才 +"项目评审，引进落地的 58 个高质量人才项目均属三大新兴产业范畴。

表 15-1　人才创业资助政策

资助内容	享受额度
人才项目资助	100 万—1000 万元
场地租金补贴	最长 6 年、每年最高 100 万元
企业销售奖励	按销售额 3% 奖励，最高 500 万元
创业投资奖励	按投资额 10% 资助，最高 500 万元
创业发展扶持	按投入 10%—15% 资助，最高 500 万元
银行贷款贴息	最高 1000 万元额度按一年期基准利率给予 3 年全额贴息
股权上市奖励	除享受面上政策之外最高再奖励 300 万元

2.引才资助增值性强。全职到岗人才还可享受最高 500 万元房票补贴、100 万元安家补贴及租房补贴等。对新引进的大学生，柯桥区给予"就业大礼包"。从博士到专科（高职），三年内每年可享受 6000 元—4 万元不等的安家补贴。大学生购房，可以享受 3 万—50 万元的房票补贴。在此基础上，柯桥区于推出了"增值式"人才新政，通过"七增值三减免"为人才政策重磅加码。人才夫妻共同来柯或投靠来柯的，在区内购房可享受到"房票叠加"和"房票上浮"双重优惠。如果是双博士夫妻来柯，即可享受到总额 150 万元房票补贴。夫妻双方都是普通本科学历，也能拿到 15 万元的房票补贴。

（三）"创"的平台资源充沛

科创平台是区域创新体系的重要基础，创业创新空间是培育科技型企业、集聚科技创新资源、赋能产业转型升级的关键载体。在 2023 柯桥首届人才科创周活动开幕式上，柯桥重磅发布"一廊两核三中心双十工程"的平台发展格局，在此指引下，柯桥大力推进科创平台提能造峰，加快创业创新空间扩容赋能，成功入选"科创中国"省级试点。

"两核"：围绕临空示范区、科技城两大重点平台发展升级，推进平台、设施等硬环境建设，强化规划、政策等软环境支撑。加快临空示范区出台《杭绍临空人才合作创新区发展规划》和"创十二条"，并首发光电产业人才目录；持续擦亮浙江绍兴人才创业园名片，聚集了省级以上领军人才251名，省级领军型创新团队6个，高质量人才项目400余个，全面建设总占地275亩的杭州湾科创中心。

"三中心"：近年来，柯桥积极引入高校创新资源，全区共有校地共建平台14个，以省现代纺织技术创新中心（鉴湖实验室）、重庆医科大学绍兴检验医学研究中心、绍兴光电中心"三大中心"为代表，其中鉴湖实验室建设推进成效初现，已成功入驻2个国内外院士团队和7个高层次人才团队，拥有科研人员200余人，博士60余人，成功入选国家级重点专项2项。

"双十"工程：在不断推进政府主导平台建设提能的基础上，2018年以来，柯桥以"M0新型用地试点"为破题之举，引导民营企业盘活闲置低效工业用地，高标准建设民营人才创业园。截至目前，全区已规划建设民营人才创业园11家，总投资超135亿元，地上建筑总面积超160万平方米，亩均投资强度超1400万元，其中东盛、美佳、壹迦等多个园区已投用，累计引进人才科技项目184个，奠定了辖区内创业创新空间格局。

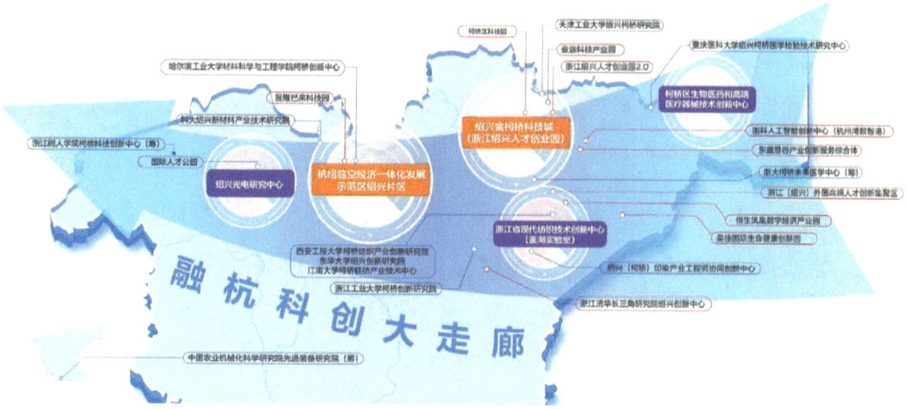

图 15-2　"一廊两核三中心双十工程"的平台布局

（四）"创"的服务要素齐全

1. 金融资本支持

近年来，柯桥区致力于引导企业、银行、创投资金向人才集聚，为人才创业创新提供强有力的金融支撑。在金融资本支持方面，柯桥在"人才＋基金"体系上具有先发和积累优势。围绕三大产业分设 3 只投资基金，总规模为 100 亿元，深化"基金＋园区"引才，成立 3 只总规模 2.8 亿元的人才基金，出台人才金融服务"星伙计划"，引导人才企业与金融资本共同成长。

2. 人力资源供给

人才资源是强化创新驱动、抢占未来发展制高点的根本支撑。柯桥在人力资源供给上，初步形成了"海外＋青年＋产业"人才梯队建设。2022 年，新增全职院士团队 3 个，引育省级以上高层次人才 51 名，每年新增青年大学生超过 4 万名，技能型人才超过 5000 名。加快柯桥区现代人才服务产业园开园运营，集聚高端人力资源机构不少于 30 家，打造"人力资源中枢站、高端人才集聚区、优质服务生态圈"。

3. 发展服务保障

为解除人才后顾之忧，柯桥在创新服务保障上着重围绕"专业化、增值式"两方面展开。一方面，通过市场化方法，充分发挥基金、服务机构等专业背景和能力，在人才"发展大事"上提供专业化服务，如首创人才服务券补贴政策、引入专业团队运营外国高端人才集聚区、人才服务产业园等。另一方面，依托政府及其附属资源，为人才及家庭"关键小事"提供暖心保障，如实施"3+X"团队式服务模式，建立人才事项"纵向到底、横向到边"的服务体系，常态化解决人才问题 60 项以上。

四、初步成效

（一）一批高估值人才项目加速成长

通过打好赛会引才、政策保障、基金赋能等一系列"组合拳"，全区已有一批高估值人才项目顺利落地发展，人才型企业累计实现融资超44.3亿元，估值超亿元人才型企业突破24家，瀚为、致良、森曼泰等估值超5亿元人才型企业突破15家，仅2023年一年就新增6家。一些优质企业逐步迈向成熟产业化阶段，如迅实科技占据美国齿科市场50%以上，致良新材料新投产"磷酸锰铁锂"项目投资50亿元以上，材华科技、瀚为科技先后斩获"创青春"中国青年创新创业大赛金奖。

表15-2 估值超亿元人才企业

序号	人才企业名称	人才层次（类）	累计融资（亿元）	最新估值（亿元）
1	浙江迅实科技有限公司	C	10	50
2	瑞创生物技术有限公司	C	3	15
3	浙江绍兴鼎晶生物医药科技股份有限公司	D	2.2	15
4	深迪半导体（绍兴）有限公司	B	10	14
5	亚申科技（浙江）有限公司	B	5	13
6	浙江瀚为科技有限公司	D	0.5	10
7	浙江迈纳士智能诊断科技有限公司	D	0.88	9
8	森曼泰冷链科技（绍兴）有限公司	D	2	8
9	绍兴橙氧科技有限公司	C	1.7	6.7
10	绍兴君万微电子科技有限公司	B	0.45	6
11	蓝廷新能源科技（浙江）有限公司	C	1.4	6
12	中科致良新能源材料（浙江）有限公司	B	1.1	5
13	浙江材华科技有限公司	C	0.561	5
14	浙江联芯致康生物科技有限公司	B	1.093	5

续表

序号	人才企业名称	人才层次（类）	累计融资（亿元）	最新估值（亿元）
15	浙江美华鼎昌医药科技有限公司	C	1.04	5
16	齐力半导体（绍兴）有限公司	C	1.5	3.8
17	浙江迈亚塔菌检智能科技有限公司	B	0.3	3
18	酷凌时代科技（浙江）有限公司	D	0.25	3
19	璞璘材料科技（绍兴）有限公司	D	0.3	3
20	绍兴长木新材料科技有限公司	C	0.065	2
21	浙江望安科技有限公司	C	0.2	2
22	东方磐石（绍兴）新材料有限公司	E	0.33	1.65
23	浙江技立新材料股份有限公司	D	0.01	1
24	融固新材料科技（绍兴）有限公司	C	0.2	1

（二）产业创新生态正逐步重构

不同于传统的纺织印染、建筑、机械装备等生产制造型企业，人才型企业具有较为突出的创新能力和产业引领作用，为柯桥新兴产业培育奠定了创新基础。如以致良新材、瀚为科技、橙氧科技等为代表的新能源产业，以材华科技、长木新材料、森曼泰为代表的新材料产业，以齐力半导体、璞璘科技、深迪半导体为代表的集成电路产业，以美华鼎昌、鼎晶生物、迈纳士科技为代表的生物医药产业等，集聚了大量优质创新资源，不断夯实新兴产业培育的土壤。

（三）"柯·创"品牌影响力不断提升

近年来柯桥区致力于打造一流创业人才生态，建设了全市唯一省级人才创业园，连续八年成功举办绍兴海创人才大赛，人才集聚度、政策开放度、平台发展水平等均走在全省前列，相关做法多次列入全国人才工作优秀案例。在柯桥区举办首届人才科创周系列活动，以"创在柯桥·无限柯能"为核心主题，通过"1+4+N"模式，举办1场开幕式、组织"创才篇、创赛篇、创投篇、创城篇"4个主题篇章及多场衍生活动，全力打响"创业型城市"人才生态品牌。

五、存在问题及原因分析

（一）产业聚焦度不够，人才项目引进方向"面面俱到"

近年来，柯桥区重点围绕新材料、生物医药、泛半导体、光电信息等新兴产业引进高端人才，但存在人才分布行业相对平均、重点不够突出等问题，与越城区、上虞区等地区相比，缺少能够"带动一个产业链发展"的链主型企业，导致引才方向"面面俱到"。目前全区人才创业创新空间总面积已达120万平方米，涵盖政府平台、民营平台、院校平台及"飞地"平台等多种类型，但单个平台规模偏小、点状分布的问题比较明显。已落户的院校合作平台如西安工程大学、东华大学、天津工业大学等，普遍存在能级不高的问题，对人才项目引进贡献度不高。

（二）资源整合度不强，人才项目支持力度"蜻蜓点水"

当前，开发区"招商引资"和"招才引智"两条线相对独立，对重点人才产业化项目，以面上人才政策和"一事一议"两种支持方式为主，人才基金配套，人才公寓、中试场地等配套保障还不是很充分，对"面上政策不解渴、一事一议又够不上"的优质人才项目，缺少体系化招引，比如某开发区招才引智工作负责人反映，人才项目早期估值较低，迫切需要政府引导型基金支持，但现行基金管理要求下开发区平台不得组建人才基金，由于缺少基金这一有力的引才抓手，很多优质项目无法引进落地。尽管区级人才政策工具箱持续迭代优化，面上已组建多只人才基金，引导招才方式从政策招才向基金招才转变，大力引进成熟产业化项目，但开发区平台能动性和成效还不够明显。

（三）服务专业度不足，人才项目持续发展"资源分散"

对于绍兴市这样科创产业尚在起步阶段的城市来说，人才服务主体是政府机关单位，包含部门、开发区平台、属地镇（街）等，人才服务质量往往取决于具体服务人员的能力素质，不确定因素较大。项目引入后，服务事项分散问题比较突出，如政策兑现、住房申请、融资对接、员工招聘等，人才需要与多个部门交涉，各类资源分散且存在一定信息壁垒，开发区难以统筹利用，导致人才项目普遍磨合期较长，不利于企业快速发展。在座谈会中，某科技公司负责人反映，由于园区企业缺少固定的人才服务专员联络方式，每次有问题想找政府帮忙，效率还是不够高。

六、对策建议

（一）以系统化思维探索创业型城市建设路径

创业型城市建设以科技、社会、经济、生态、文化多维度价值融合为导向，重点关注创新要素之间、系统与环境之间的互动、协同与演进，是一项系统工程。一方面要发挥政府引导作用，政府主要负责制定政策和提供公共服务，强化"四梁八柱"，形成创业型城市建设合力，为人才项目集聚创造有利条件，如人才办做好人才政策的制定、升级和落实，经信部门负责推动产业发展，金融部门在改善融资环境上下功夫、人社部门加大优质人力资源的挖掘、规划和建设部门加快基础设施建设等。另一方面要发挥市场主体作用，以民营人才创业园为代表的一批本地企业家是支持人才创业发展的重要力量，同时市场化机构如金融投资机构、引才服务机构、园区运营机构等，也在创业型城市建设中扮演重要角色。要充分激发各方面主体能动性，通过资金支持、专业服务、资源整合等共同培育人才创业生态。

（二）以项目化实体孕育创业型城市建设成果

创业型城市发展，要立足"项目为王"，加大创业人才园区建设和项目引育力度。一要打造一批标志性园区。围绕"一廊两核三中心"双创空间新格局，以浙江绍兴人才创业园、临空人才合作创新区为主阵地，加快杭州湾科创中心、十大民营人才创业园、临空智创城等重点创业平台建设，强化省现代纺织技术创新中心（鉴湖实验室）项目孵化功能，引入新加坡南洋理工大学等全球一流创新资源，为集聚高端人才要素提供平台支撑。二要引育一批标志性项目。迭代"人才+"专项支持计划，打好"平台引才"、"基金引才"、"赛会引才"组合拳，推动更多拔尖人才和领军型团队落地。聚焦高科技细分赛道，构建"大赛专项基金、平台专项基金、人才+专项基金"立体式人才基金体系，推动成熟产业化人才项目"带资落户"。加大"增值式"金融服务力度，推动重点项目优先保障、精准支持，推动人才企业股改上市，加快形成"人才→项目→产业"的双向循环互动。

（三）以品牌化理念凝聚创业型城市发展共识

一要以"柯·创"为主题，聚焦创业，联动创新，精心策划组织第二届人才科创周系列活动、第九届绍兴海创大赛、"万亩千亿"光电信息专项赛等重大赛事，发布一批重点引才需求和揭榜挂帅项目，促成一批国内外人才创新成果落地，争取更多高端赛会永久落户。二要推动高层次创业人才发展促进会、青年博士联谊会实质性运作，推出一批高品质人才创客厅、青年驿站，常态化开展创业分享会、财智交流活动，实施"3+X"团队式服务模式，常态化解决人才困难和问题。三要大力挖掘典型人物和经验做法，推出"柯·创未来、产才融合、我在柯桥挺好"三部曲系列报道，大力宣传人才好声音、创业好故事、发展好榜样，营造崇尚创业、尊重创新的社会环境，让柯桥"创业"基因不断"表达"，凝聚成"人人知晓，人人认同，人人实践"城市发展共识。

第十六章

上虞区新材料产业中试基地的实践思考

近年来，浙江陆续出台了《浙江省促进科技成果转化条例》、《关于加强高校院所科技成果转化的实施意见》等法规文件，对优化科技成果转化政策环境和司法环境，提升科技成果转化水平意义重大。上虞区作为全省新材料产业发展的重要板块，目前，全区已集聚新材料领域优质企业130余家，新材料产业产值破千亿，占全区工业总产值的一半。统计数据表明，中试成功的新材料项目产业化成功率能达80%—100%；而未经过中试验证的项目，产业化成功率低于30%，为此，上虞区积极探索化工行业中试转化路径，联合中国科学院控股有限公司共同打造国内新材料领域首个市场化运营的专业化中试平台，通过创新安环审批机制、建设通用配套设施、配备专业研究团队、实施全场智控管理，跨越投资大、风险高、体系不完备的中试"死亡之谷"，着力解决科技成果向生产力转化"最后一公里"的共性难题。

一、具体做法

（一）建立高效率入驻机制，同审同批破解新材料人才项目落地要素保障难、审批程序长难题

一是开辟空间吸引落户。针对绝大多数新材料人才项目在产品合成过程中涉及化学反应，落地需要三类工业用地的实际情况，上虞区将中国科学院控股有限公司新材料创新基地建设在杭州湾上虞经济技术开发区绿色化工区块，占地204.7亩，以解决新材料人才项目落户空间问题。

二是联合评审简化手续。针对涉化人才项目安全环保申报程序复杂、周期长等问题，上虞区安全、环保相关部门会同国科控股，在保障工艺安全和环保的情况下大幅度简化办理手续。对入驻的新材料人才项目无需做单独的项目环评，安全预评价不用备案，安全设施设计和试验方案可自主组织，极大地缩短办理安环评的时间。

三是安全环保一体监管。中试阶段条件不稳定，参数需要反复调整，安全和环保风险较高。基地通过建设安全分级管控和专业化分析模型，实施安全应急仿真模拟演练，建立中试基地信息安全体系，实现新材料创新基地安环监管一体化、公共设施管理一体化、中试操作管理一体化和管理创新服务一体化。

（二）建设高质量配套设施，共享共用破解新材料人才项目中试前期投入大、失败风险高难题

一是高标准建设基地。总投资共6.8亿元，按国内化工园区最高标准进行建设，配有管理服务区（综合运维楼、综合分析楼、信息集成化中心和中心控制室）、中试运营区（11个中试车间，建筑面积2000—7000平方米不等）、物流仓储区（2座甲类物资仓库、1座危废库、1个化工品罐组）和动

力配套区（动力车间、循环水系统和三废处理区）。

二是合理配置物理空间。根据新材料人才项目中试共性需求，在创新基地建设中最大限度模拟实际生产环境，建设通用型公辅配套，搭建通用型的设备平台，在高度、防爆、防腐、"三废"处理等方面上均能为入驻的中试人才项目提供多样化的承载空间和服务。同时，将"三废"处理区设计在基地西北角，靠近经开区污水处理厂，便于污水与之衔接。

三是基地数据系统管理。依托"互联网＋"、大数据等技术，采用传感设备、LOT物料网、AI人工智能、大数据收集等，将基地公共设施、安全应急、能源环保、中试操作、保密信息、管理创新服务等多个子系统整合到智慧化系统中，由专业团队进行智能化、数字化、信息化管理。

（三）配备专业化研究队伍，专业操作破解新材料人才项目工程化团队缺乏、实操技术弱难题

一是组建专业工程化管理团队。新材料人才项目都是原创项目，团队成员有限，缺少同时精通技术和实操的专业化工程化研究团队。为帮助入驻项目完成工程化转化，创新基地组建了由国家级特聘专家领衔，国内知名工程化研究专家为核心的工程化管理团队，聚集了一批来自中石化、中石油等知名企业的专业工程师团队。核心岗位工程师大多具有15年左右的产业化和企业生产运维管理经验。

二是编制工程化成套技术方案。基地工程化研究团队自行编制完成《新材料工程化研究建设方案》，帮助入驻人才项目对新材料生产的工艺、催化剂制备等进行中型试验和工程放大实验研究，应用综合的理论、方法、平台，系统开发、综合集成为全流程、连续化、可直接工程放大和工业应用的成套技术，并把该技术编制成基础数据包或工艺设计包（成套技术工艺包），真正为入驻项目工程化提供技术支撑。

三是承接中国科学院优质技术项目。积极发挥中国科学院在高端创新资源和技术成果的桥梁和纽带作用，加快引进优质高精尖技术项目，首期

设立规模 1 亿元的科创发展基金，为中试项目提供从实验室到工业化、产业化的全周期孵化服务。

二、主要成效

自建立新材料创新基地以来，为新材料人才项目成果化转化提供了专业平台，梳理完成创新基地中试项目管理办法，明确中试项目立项、报备、建设、退场等具体要求，为基地合规运营提供了制度保障，解决了传统中试过程散、乱、小等问题，实现了集中、共享、可监管，新材料产业链创新基本打通。

（一）审批手续简约化，入驻效率显著提高

新材料中试人才项目如按往常的工业化项目管理，从立项到完成安全环保所有评审流程，需用时近 18 个月。而在新材料创新基地，由于在保证安全环保的前提下简化了审批程序，入驻只需 3—4 月时间，不仅极大地缩短办理安全环保评审的时间，更有效提高了新材料人才项目落地效率，提升了人才创业的体验感。

（二）使用空间集约化，项目成本大幅降低

基地配备的各类车间、仓库等空间都能提供给不同项目进行共用，做到最大程度的空间集约。如由省级领军人才领衔的聚酰亚胺树脂项目，原计划采用自建模式预计用地 3—5 亩，入驻创新基地后仅需甲类中试平台 500 平方米、配套的甲类原料 5 吨仓储、基础公辅配套等服务，大大降低了人才创业成本，提高了人才创业成功率。

（三）配套资源整合化，工程化能力有效提升

基地有效整合各方优势资源，分别与中石化洛阳技术研发中心、宁夏宁

中国科学院过程所、天正设计院、青岛安工院、浙江工业大学、杭州碧空环境等在工程技术研究、工程运维、工程技术研究、工艺模拟、可研编制、安环评估等方面开展合作，充分借助外部力量，有效提升了基地工程化能力。

三、经验启示

（一）要坚持以安全保障为关键点

中试往往处于工艺验证和寻找最佳参数的过程中，条件不稳定，各类风险隐患均显著高于成熟技术。要严守安全环保底线，在配备高标准功能区和配套公辅方面下足功夫，同时将安全环保管理渗透到日常基地运营中，利用好数据智能化，建立全面、全方位的安全环保管理体系，筑牢安全防线，确保项目全过程风险可控在控。

（二）要坚持以项目服务为切入点

人才招引平台先行，新材料创新基地作为人才项目承载平台，拥有优质服务是争取更多人才项目落地的重要因素之一。坚持从服务切入，充分考虑项目实际需求，在不突破安全环保红线的基础上，为项目入驻、试验、生产等提供最大程度的便利和优质的服务，有效提高入驻效率，降低项目成本，为人才争取更多优惠。

（三）要坚持以工程化转化为落脚点

中试平台的建设，目的就是降低新材料研发成本，提高科技成果转化率，打通科技成果转化之路。只有充分利用好外部力量，整合相关资源，发挥好专业工程化团队的管理能力，才能不断提高基地工程化研究能力，为入驻项目工程化提供技术支撑，切实提高新材料创新项目中试成功率，为成功实现产业化打下坚实基础。

第十七章

诸暨市制造业青年人才发展要素与路径的实践思考

2023 年，诸暨市印发《诸暨市推进先进制造业强市建设促进高质量发展政策意见》，作为全国"百强县"第 12 名，2022 年诸暨市规上工业企业实现利税 83.55 亿元，占全市税收的 77.6%，第二产业增加值结构占比 48.8%，占主导地位。青年人才是助力制造业企业转型升级、提质增效的重要保障，本章旨在通过剖析诸暨市制造业青年人才发展现状，探索制造业青年人才引育、成长路径，赋能经济社会高质量发展。

制造业青年人才是指具备专业知识、技能、创新能力，在制造业企业从事项目研发生产的 40 周岁以下人才，一般应具有大专及以上学历。近年来，诸暨聚焦传统产业迭代升级，深入实施制造强市"229"计划，扎实开展智能制造五年提升行动，持续推动传统产业提能增效。在新的区域竞争、发展态势中，制造业人才结构性矛盾愈发凸显，制造业产业需求与人才供给现状面临较大偏差，直接影响诸暨市重点产业发展水平和升级进程。本文以全市 40 周岁以下社保缴纳人员（行政事业编制人员除外）为调研样本，通过数据分析、问卷调查、座谈走访，全面了解制造业青年人才规模、结构、引育情况及个性需求，进一步探索增强制造业青年人才集聚的优化路径。

一、诸暨市青年人才发展现状

（一）诸暨市制造业青年人才整体规模

全市40周岁以下社保缴纳人员（行政事业编制人员除外）126948人，涉及企业21741家。其中缴纳人数前1000名的企业员工共计62073人，占比48.89%，涵盖了行业头部企业。62073名青年中，人才码显示大专及以上学历的有17182人，其中制造业青年人才6310人，占比36.72%，估算全市制造业青年人才数量46000人左右。

（二）诸暨市制造业青年人才结构分析

1. 年龄及学历结构分析

制造业青年人才中，大专学历占比最高，超过半数，硕士学历仅有182人，占比3%。"85后"到"00后"年龄段制造业从业人员比例逐步下降，而"85后"到"95后"年龄段青年人才比例却在逐步提高，两者走向呈现"剪刀差"。由此可见，越年轻的就业人员从事制造业的越少，但随着年龄的减小制造业从业者的整体学历水平在不断提升，即新入职的制造业从业人员质量越来越好。

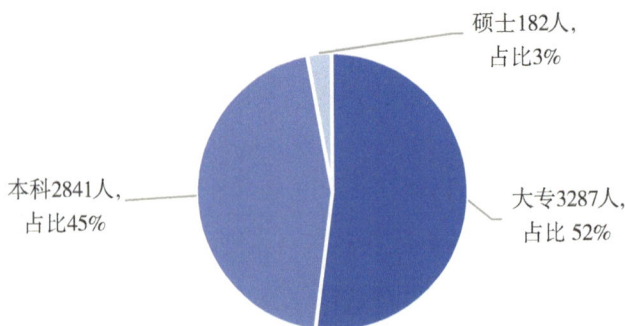

硕士182人，占比3%

本科2841人，占比45%

大专3287人，占比52%

图 17-1　诸暨市制造业青年人才学历情况

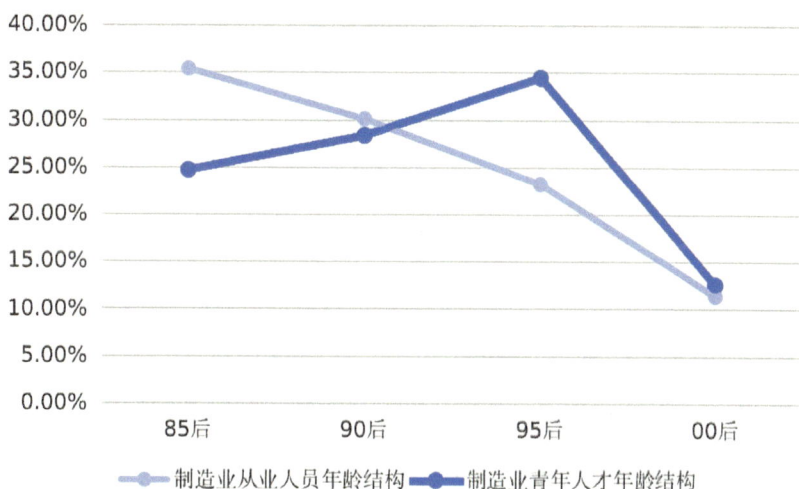

图 17-2　诸暨市制造业从业人员与青年人才年龄分布

2. 户籍结构分析

据 2022 年浙江省人口主要数据公报显示，全省城镇化率为 73.4%，绍兴市为 72.1%。但诸暨市制造业青年人才呈现本地户籍人口多、外来户籍人口少，农村户口人数多、城市户口人数少的态势。农村户口制造业青年人才数量达到城市户口的 4—5 倍。其原因在于农村劳动力相对受教育程度较低，但更加吃苦耐劳，因此农村户籍人员向制造业集中的倾向性更明显，城市青年越来越不愿意入职制造业企业。

表 17-1　诸暨市制造业青年人才户籍情况表

户口类型	人数	占比（%）	人数	占比（%）
本地农业户口	4038	63.99	4948	78.42
本地居民户口	910	14.42		
外地农业户口	1133	17.96	1362	21.58
外地居民户口	229	3.63		
合计			6310	

3. 产业及企业结构分析

（1）从诸暨市整体产业情况来看，规模以上工业企业数量排位前 25

的行业共计有企业 811 家，占全市规上企业的 65.25%，且均非制造业高新技术产业。其中，以纺织服装为代表的轻工业产业相关的企业共计 429 家，占排位前 25 行业企业数量的 52.89%，全市整体产业结构仍以劳动密集型为主。

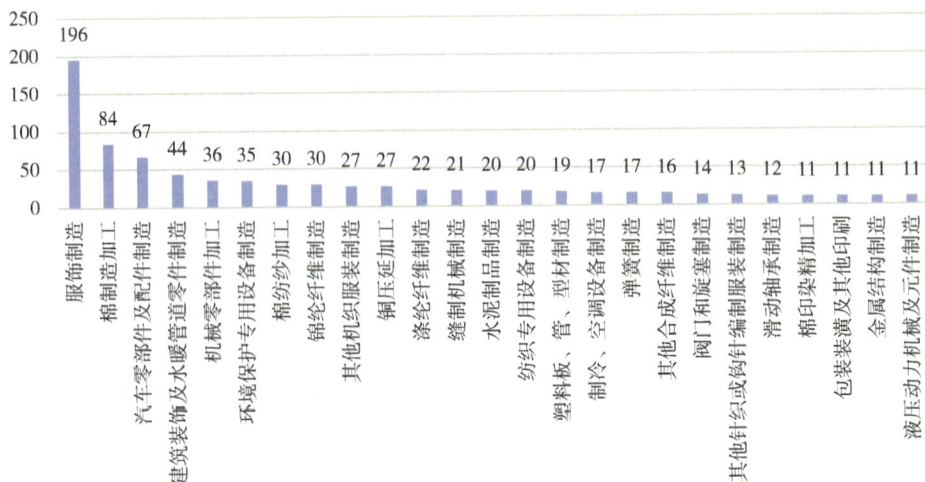

图 17-3　诸暨市规模以上工业企业数量排位前 25 行业分布情况

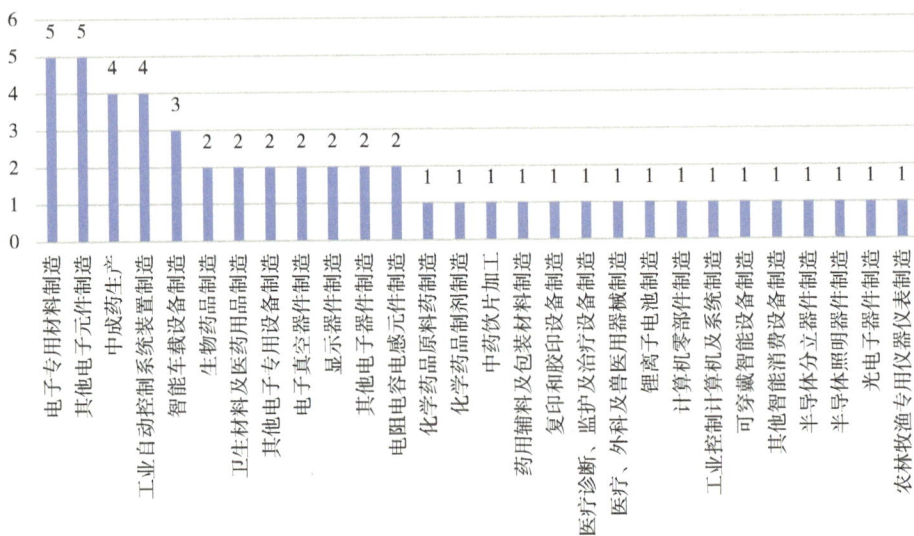

图 17-4　诸暨市制造业高新产业规模以上工业企业数量情况

（2）制造业青年人才中，在高新技术产业从业的共计 1644 人，占比 26.05%，在非高新技术产业从业的共计 4666 人，占比 73.95%。制造业青年人才数量排名在前 20 位的行业中，属于高新技术产业的仅 2 个（电子元件制造、锂离子电池及原材料制造），涉及企业 7 家，占相关行业所属企业的 5.6%，青年人才 999 名，占比 21.33%。与传统产业相比，高新技术产业的纳才能力较为强劲，以 5.6% 的企业数量占比吸纳了近五分之一的青年人才，但是由于诸暨市高新产业的规模整体不够大，导致青年人才在高新产业就职人数的绝对值不够高。

4.薪资待遇及配套保障分析

（1）薪资待遇方面，制造业青年人才的平均社保缴纳基数为 4621.63 元，研究生学历比大专学历高出 955 元左右，呈现出青年人才学历越高社保缴纳基础越高的趋势，但其总体社保基数水平较第三产业低 7.8 个百分点，即制造业整体薪资水平不如第三产业。2022 年浙江省单位就业人员年平均工资统计公报的数据显示，非私营单位制造业从业人员平均月薪为 8524.17 元，私营单位为 5832.67 元，折算为社保缴纳基数，均高于诸暨市研究生制造业青年人才平均水平，可见制造业青年人才待遇水平有待进一步提升。

表 17-2　诸暨市制造业青年人才平均社保缴纳基数表

学历	大专	本科	研究生
平均社保缴纳基数（元）	4380.53	4862.43	5335.22
较平均水平（%）	−5.22	+5.21	+15.44

（2）职务晋升方面，根据抽样调查发现，博士人才、海归人才等高学历青年人才入职即可担任企业高管职务，比如研发总监、研发副总，硕士、本科青年人才大多从事行政岗位，工作 5 年以上可能获得晋升机会，担任车间班组长、中小企业企管部部长和财务部部长等职务，而真正从事技术工作的多为专科生，被安排在重复机械性的底层工位，鲜有升职机会。

（3）生活保障方面，通过座谈和问卷调查，目前制造业青年人才最为关注的事项主要集中在住房和子女就学方面。住房方面主要集中在安家补贴、购房补贴和人才公寓申请等方面，子女就学方面主要集中在择校方面。

（三）诸暨市制造业青年人才引育情况

1.高层次人才引进情况

诸暨市不断迭代升级人才招引政策，扩大覆盖面和帮扶力度，目前已更新至5.0版，突出青年人才引进导向，"加码"补贴、百万博士招引补贴、人才公寓先租后售、人才子女自主择校等硬核举措层出不穷，打响了"诸才云集"品牌。截至目前，诸暨市入选国家级领军人才175名，省级领军人才108名、省领军型创新创业团队5个，绍兴"名士之乡"英才计划人才（团队）436个，其中，入选制造业青年领军人才103人，已落地到岗45人，涉及39家企业，涵盖国家重点支持的新一代信息技术、新材料、生物医药、高端装备制造等多个领域。

2.本土人才培养情况

在制造业青年人才社会地位的提升方面，目前已经基本形成了从绍兴工匠到浙江青年工匠再到浙江工匠、浙江杰出工匠、浙江大工匠的晋升通道。企业培养方面，通过问卷调查发现，只有极少数企业拥有完备且明确的青年人才培养计划，如海亮集团启动的"千帆计划"，通过统一规划、统一招聘、统一培养、统一调配的方式建立培养海亮集团新一代团队，打造新时代人才集聚高地；浙江申发轴瓦股份有限公司自2019年3月开始推行新型学徒制，与诸暨技师学院合作开办为期2年的"申发高技能工匠班"，设立机械加工专业班和机电技术应用专业班。其余超过95%的企业只有相对简单的培养计划甚至没有青年人才内部培养计划。通过座谈了解发现，问题根源在于大部分企业缺乏自主培养意识，还有部分企业认为青年人才培养回报周期过长，产出效益过低。

3.诸暨籍学子回流情况

（1）根据2011—2021年诸暨籍大学生调研分析发现，毕业的34572名大学生中，返回绍兴工作的有 13135 人，返回诸暨工作的有 11165 人，占比 32.2%，换言之，近七成诸暨籍大学生毕业后选择在外工作。

（2）从学子就业行业分布来看，返诸大学生就业时偏爱"稳定型"、"体制内"工作单位，在制造业企业就职意向不高。返诸工作的 11165 名大学生中，近四分之一选择在党政机关、医院学校、银行工作，合计 2591 人，占比 23.2%。

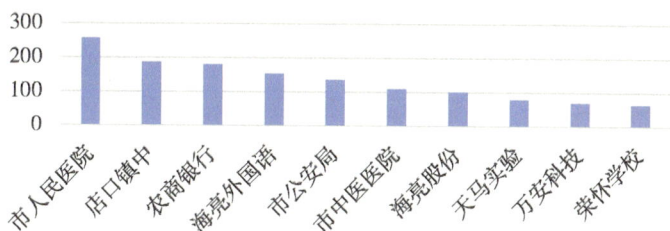

图 17-5　大学生返诸后主要就业单位（前 10 位）

（3）在企业工作的 7404 人中，制造业青年人才有 1715 名，73.5% 的人毕业于省内院校，省外返诸制造业青年人才有 455 名，涉及 28 个省，较省外就学人数比例低 10 个百分点，可见省外就学的诸暨籍学子返乡率还需提高。

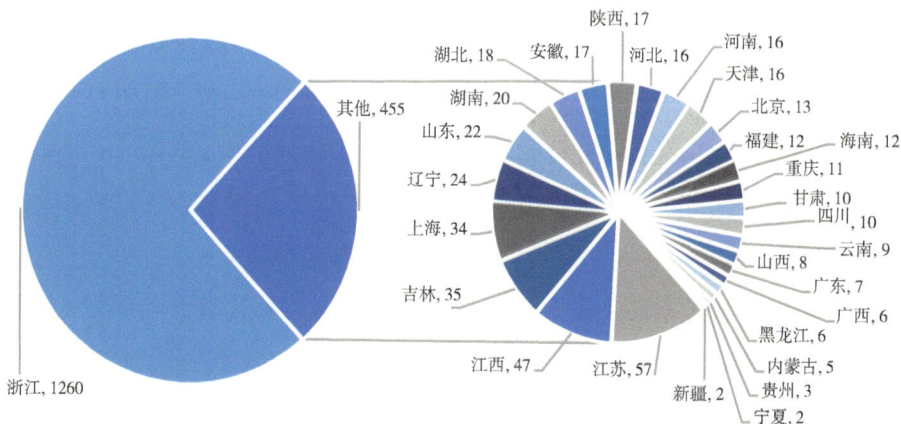

图 17-6　返乡制造业青年人才毕业院校分布

二、存在问题

（一）城市能级不够高导致人才留诸意愿不强

诸暨市虽是全国百强县，但相较于杭州、宁波等地市，知名度仍不够高，区域发展不平衡不充分、整体实力仍不够强，且受周边大城市"虹吸效应"影响明显。一方面是高端人才存量不足。据调研，诸暨市制造业企业青年人才中，大专学历、流水线技工人数"本地人"多于"外地人"，拥有高学历、高职称、高技能的"外地人"多于"本地人"。另一方面是诸暨籍学子回流少。据相关调研数据显示，近10年诸暨籍毕业大学生中，近七成学生毕业后选择在外工作。返诸学生中本科毕业生基数最大，在诸就业比例也最高，且返诸学生偏爱"稳定性"、"体制内"，在制造业企业的就职意向不高。

（二）产业实力不够强导致人才承载力相对有限

特色产业是县域经济发展的重要支撑力量。诸暨市在过往发展中多以袜业、珍珠、五金制造等劳动密集型产业为主，而今以航空航天、智能视觉、新材料等为代表的战略性新兴产业迅速崛起。从调研数据看，诸暨高新技术产业的纳才能力较强，但青年人才就职绝对数较低，难以满足高新技术产业快速发展需求，企业仍然面临招工、留人难题。

一是中低端制造企业集聚，行业吸引力不高。诸暨制造业青年人才数量前20名的125家企业中，属于高新技术产业企业的仅7家，尚未形成龙头引领、梯队协同、优势互补的产业集群态势，行业整体的"蓄水"能力有待提升。诸暨制造企业的薪资缺乏强大竞争力。调研中发现，普通应届博士毕业生在诸暨制造企业年薪大概是20多万元，但去北上广深的研究所年薪更高，而且诸暨制造企业的科研环境以及大项目数量等资源配套也不及

一、二线城市科研机构。

二是供需两端不够适配，人才适配度不高。据调研，当问及"目前企业迈向高质量发展，主要困难有哪些"时，高达73%的企业选择"技术人才缺乏"，不仅缺少科技领军人才、复合型人才等"掐尖儿"的人才，也缺少基础的技术人才。从实际情况来看，诸暨制造业人才中博士、硕士比例低，研发人员少、管理人员少、一线人员多，相当部分人才"懂机器不懂软件，懂软件不懂机器"，技术人才需求缺口正越来越大。

三是企业主体作用发挥不够，引育人才自主性不足。当前，诸暨市引才力度不断加大，也导致部分企业引才，尤其是引进行业领军人才出现"政府走在前台、企业退到后台"的"倒置"现象。在"58同城"等招聘网络平台上，诸暨制造业技术、研发相关的岗位招聘信息仅有8条，其中工业企业仅有2家在进行招聘，且薪酬基本在5000元左右。

（三）创新生态欠优导致人才工作积极性不高

部分单位在薪资待遇、职称评聘、绩效指标和科技成果转化收益等方面，囿于体制机制原因，难以激发青年人才工作积极性。

一是企业育才机制不完善，人才激励不明显。问卷调查结果显示，制造业青年人才对工作满意情况排在末三位的是工资待遇偏低、职务职称上升通道狭窄、培训或继续教育机会少。受限于职场学历枷锁，较低学历人才几乎很难有脱颖而出的晋升机会。而学历相对较高的人才握着这张"敲门砖"虽然在刚加入企业时就能担任中层及以上职务，但未来发展后劲不足，企业对通过人才提升企业核心竞争力的认识不到位，导致对人才的使用方向不明确、规划不到位，出现人才梯队分布不合理现象。

二是专业人才培养周期长，年轻人不愿意学。制造业人才的培养周期比其他行业都要长。专技人才的培养往往要经历萌芽期、探索期、成长期、成熟期四个阶段，很多工种如果没有两三年的坚持，连入行都难，如果想由普通技术人员进阶到高技能人才更需要经过10年以上的时间打磨历练。

三是配套保障机制不完善，人才获得感不高。经调查，40岁以下的青年人才中，有47%的人认为本单位的工作项目、经费中用于支持青年人才的比例不够高，有41%的人认为本单位评优选优方式不够科学，有39.5%的人认为本单位在用人中存在论资排辈的现象。此外，制造业青年人才普遍存在对配偶安置、子女入学、周转住房、就医问诊等"关键小事"的顾虑。

三、对策建议

（一）聚焦招才引智，促进存量增长

一是融合周边资源，做大人才"蓄水池"。充分利用杭州、上海、南京等周边城市人才科技工作的领先优势，通过高校联盟、校地合作、产教融合联盟等平台和机制，推动落实人才培养、科学研究、社会服务、制度建设等方面的合作。依靠诸暨市人力资源服务产业园，推进双城、多城人力人事人才资源共享，提高制造业岗位从业率，以此吸引青年人才在诸暨干事创业的意愿。

二是差异要素供给，激活发展"主引擎"。通过亩均效益评价，加快"腾笼换鸟"，实施差异化要素供给，倒逼一批企业转型升级，腾出一些空间"筑巢引凤"，孵化培育出"吃得少、产蛋多、飞得高"的高质量高价值企业。探索以项目引才方式，加大航空航天、智能视觉、新材料等为代表的战略性新兴产业的招引力度，通过高端产业培育扶持，推出一批技术要求高、薪酬待遇好、发展前景好的优质岗位，让制造业青年人才能够有更多选择机会和空间。

三是创新引才模式，构建高能"朋友圈"。探索"以才引才"新模式，大力实施"诸才云集"伙伴计划，集聚一批助力诸暨人才招引体系升级的合作伙伴，拓宽"学术圈"、"校友圈"、"师门圈"，打好"乡情牌"、"亲情牌"、"友情牌"，深入挖掘依靠伙伴链接的隐性人才资源，释放高层次人才

多米诺骨牌效应，吸引更多制造业青年人才扎根诸暨。

（二）聚焦培养锻炼，促进成长提升

一是重视发展规划，释放人才潜能。青年时期是人才潜能的探索期，也是其明确发展方向的关键期。制造业企业可根据青年人才的性格特点、兴趣爱好、能力特长、发展规划等情况，为他们制定中长期职业生涯规划，同时有计划、有方向、有预期地开展职业生涯研讨、技能提升培训，探索"因人制宜"、"百花齐放"的制造业青年人才内部培育办法，建立企业与青年科技人才长期协同发展的利益共同体，让企业成为青年"愿意来、不想走"的地方。

二是重视联合培养，建强后备力量。形成暨阳学院为核心、各职业院校为基础的培养体系，根据诸暨制造业产业特点，充分释放大专院校的教育潜力，提高正规化、职业化、专业化培养水平。鼓励企业与高职、技校合作办学，制定制造业青年人才提升计划，建立培训考核与评价机制，帮助部分人才实现技术升级、职业转型，并通过为部分学生提供培训补贴、助学金等方式定向培养技工。

三是重视成长激励，保持良性竞争。优化制造业专业技术人才评定方式，由政府牵头，增加用人主体，与人力资源机构和专家学者合作，采取"共性指标＋个性指标＋辅助性指标"、"主要指标＋次要指标"等形式，细化分类评价标准，扩大人才评定范畴，使政策能覆盖更多低学历的技术技能人才，构建社会、政府与企业内部评价体系相互促进、与市场经济相适应的人才评价体系。同时建立兼具外部竞争性和内部公平性的薪酬激励体系，实行绩效薪酬与业绩、贡献紧密挂钩制度，充分调动青年科技人才的工作积极性。

（三）聚焦服务保障，增强根植意愿

一是提升城市宜居水平。打造与诸暨精神、诸暨产业、诸暨城市息息

相关的城市 IP，以环境宜居、设施齐备、生活便利为主要目标，提高青年人才工作生活的舒适度。利用诸暨房价优势和落户政策吸引人才，为刚毕业的大学生提供良好的就业乐业环境。通过人才绿卡、积分制管理、首席服务等方式，有针对性地解决制造业青年人才在住房、子女入学、医疗健康方面的需求。迭代"才 BA"、"才荟四季"等系列人才特色活动，打造最优人才生态。

二是完善专业配套服务。优化"首席人才服务官"机制，分产业、行业、专业建立诸暨市制造业首席服务官队伍，关注制造业青年人才团队建设、融资担保、贷款贴息和有关配套奖励等方面的落实情况，提供个性化、定制化的制造业创新创业青年人才服务，推动人才链与产业链、创新链的无缝对接，彻底打通制造业青年人才集聚的"最后一公里"。

三是加大政策宣传力度。明确宣传重点，找准自身的定位和优势，挖掘手边资源、利用现有平台，用制造业转型升级的强大动力和新兴产业的美好前景为人才生态氛围宣传造势。做好宣传策划，加强招才引智工作与海亮集团、天洁集团、科大讯飞等知名企业的品牌绑定，提升区域影响力和号召力。扩增宣传主体，广泛发动各领域领军人才、引才大使、人才特派员、青年博士等"伙伴"推介诸暨制造业惠企引才政策，重点解读企业关注、人才关心的热点问题，进一步提高人才获得感和满意度，助力诸暨先进制造业高质量发展。

第十八章

嵊州市乡情引才打造新时代人才高地的
实践思考

育才造士，为国之本；济济多士，乃成大业。党的二十大报告提出，要"完善人才战略布局，坚持各方面人才一起抓，建设规模宏大、结构合理、素质优良的人才队伍。加快建设世界重要人才中心和创新高地，促进人才区域合理布局和协调发展，着力形成人才国际竞争的比较优势"。近年来，嵊州市一直坚定不移推进人才强市、创新强市首位战略，精准聚焦嵊籍人才这类关键群体，深挖乡情"富矿"，创新"乡情引才"、"乡情招商"新模式，以"乡情"为支点撬动人才回归、资金回流、产业回迁，激活打造人才高地的强大动能。

一、乡情引才简介

在推进县域引才工作的语境下，本章中的"乡情"指在外事业发展有建树、有较大社会影响力、心系家乡发展的本地人才对于家乡的深厚感情，这些本地人才包括政府官员、高校教授、企业家、艺术家、科学家等领域杰出人才，具有资金、人脉、资源等多重优势，相较于一般意义上的"以才引才"，"乡情引才"因有乡情"牵线"，能有力提升引才效率、加强引才可持续性，对加快打造人才高地具有重要的现实意义。

当然，每个地域都有在外的本地人才，但这并不必然形成引才合力，要发挥乡情作用，需要内生需求和外部力量的双向驱动。内生需求方面，人才要有引领发展的内生使命、发挥权威的能力禀赋和反哺家乡的意愿驱动。外部力量方面，需要城市的发展机遇驱动、政策导向驱动、配套服务驱动。外部力量和内生需求交互影响，城市发展环境好、支持力度大，则进一步激发人才回报桑梓的热情，而人才回引的资源又进一步激活城市的产业发展，推动培育创业就业的沃土。

当前，各地日益重视凝聚乡情力量，笔者通过对浙江省内相关区、县（市）的横向研究发现，较为典型的有：金华市金东区成立发展新乡贤经济工作领导小组，出台加强乡贤工作、发展乡贤经济的实施意见，并将全流程新乡贤工作纳入干部考核；绍兴市上虞区成立乡情研究会和虞商联谊总会，全力挖掘虞商人力资源优势；台州市黄岩区成立新乡贤学院，以此为载体开展乡贤活动，鼓励引导乡贤回引资源。总体而言，各地不同程度从组织领导、制度保障、载体打造等方面入手激活乡情能量。但就人才工作而言，更多的是在现有框架内加入"乡情元素"，尚未就"乡情引才"形成具体可操作、绩效可衡量的工作机制，这也是下一步极具探索价值的内容。

二、乡情引才的意义

与大城市相比，县域城市由于历史积累、资源禀赋、区位条件和财政资源等方面的差异，在硬实力方面存在差距，直接引入顶尖人才、顶尖团队难度较大。当前，各地往往通过中介引才、赛事引才、活动引才等途径，但这几种方式也存在弊端。例如，第三方机构引才，容易受利益驱动而忽略人才项目的长远发展潜力，且第三方对地方情况不熟悉，易造成引才结构错配的问题；赛事引才成本较高，"广撒网"的方式吸引的参赛项目质量差异较大，入选项目落地率无法保障，也未必与当地产业发展相契合。总的来说，常规引才方式的引才成果未必能高效转化为经济发展效益。

而乡情引才可以补足这些短板：各行各业的在外精英人才，既有专业领域前沿的战略眼光，又了解本地经济社会发展状况；既能接入外部高校或企业的"资源库"，又能架起政企、才企沟通的"连心桥"；既能充当人才项目的"引路人"，又能充当政府引才的"把关人"，有助于政府在引才过程中把准方向、拓宽渠道，更科学地评估项目质量，更有效地提升才地匹配度，更大程度节约引才成本。因此，对于县域城市而言，激活"乡情动能"是事半功倍的关键之举，是在激烈的竞争中"弯道超车"的加速器。

县域城市要深度开发乡情资源，通过乡情"链接"高端资源，弥补顶尖研究院、顶尖企业较少，平台吸纳能力较弱的不足。利用"杠杆效应"，找准"乡情"支点，撬动一个企业乃至一个产业的发展。以嵊州传统产业——厨具产业为例，当发展遇到同质化竞争激烈、缺乏原创开发能力、品牌附加值低等瓶颈时，嵊州市引进乡情项目——嵊州市浙江工业大学创新研究院，通过校地合作引入工程师队伍，集中攻克降低噪声、油烟净化等关键难题，打造出差异化竞争优势，在市场角逐中站稳脚跟，是乡情带动传统产业"新生"的典型案例。

三、嵊州市乡情引才的发展现状

新形势新背景下，嵊州市将"乡情引才"作为突破大都市"虹吸"效应的着力点，从机制、平台、服务、生态等方面入手，全方位纳贤、暖贤、惠贤、安贤，汇聚起乡情助推打造新时代人才高地的强大合力。

（一）全域摸排"识贤"，绘制行业"分布图"

面对在外嵊籍人才底数不清的难题，建立常态化乡情走访摸排机制，开展全域大起底。坚持"线上摸排＋线下走访"，由组织、统战、教体、科协、工商联等部门分线负责，细化落实到镇街村社，深入摸排全球范围内经济有实力、社会有影响、学术有成就的嵊籍人才，分区域、分领域绘制乡情"全球分布图"、"行业分布图"、"年龄分布图"、"性别分布图"，建立乡情总资源库和院士、央企国企、上市企业、高层次人才、名校学子等乡情分类库，并通过走访动态更新。截至目前，共收录人才2000余名，摸排相关在外企业1.3万家，其中上市企业20家，亿元企业500余家，3年来掌握的乡情信息增加约37%。

面对重要乡情信息掌握难的问题，由市主要领导带头，建立主要领导联系在外嵊籍人才制度。梳理出重点人才名单，由市领导、部门主要领导、乡镇（街道）主要领导常态化进行联系沟通，做到"回乡即访"、"有需即访"、"重大事项必访"，实时跟进乡情发展动向，深入了解其社会关系、主要资源、最新需求、发展瓶颈等信息，为各领域重点人才建立个性化档案，并动态跟进、及时更新。截至目前，已为300余位重点人才建立个人档案，收录信息3600余条，其中已有1200余条信息在论坛举办、项目咨询、人才对接等事项中发挥重要作用。

（二）传递乡情"暖贤"，激发反哺"向心力"

常态联谊深化桑梓情。嵊州市将传递"乡音"、联结"乡情"作为做好乡情引才工作的第一步。在15个重点省份、16个重点地市高标准打造以"高层次人才联谊会"、"异地商会"、"校友会"、"引才工作站"、"剡青e站"、"海外联络站"等平台为主体的"三会三站"，构建点多面广的乡情组织矩阵。同时加强站会之间的互动，着力畅通"政府—联谊会—商会—企业—学校"五方交流渠道，切实加强政府与在外人才的常态化联络联谊。近年来，已布局成立北京、杭州、深圳三地嵊籍高层次人才联谊会，组建嵊州中学等高中校友会，新建杭州、南昌等地"剡青e站"，通过在外嵊籍人才推荐各类人才数十人。

暖心关爱提升获得感。调研发现，在外人才最放心不下的是家乡的父母长辈，尤其忧心家人的健康养老问题。针对这个现象，嵊州市进一步突出"嵊情家味"，更加关注对人才家属的慰问和照顾。在重阳、中秋、春节等重要节假日，以市委、市政府名义对在外人才家属进行慰问；面对突发紧急状况，及时开通绿色医疗通道，积极引介沪杭优质医疗资源；每年为人才直系亲属送上健康体检套餐，安排专家进行一对一健康咨询，帮助加强健康管理；日常邀请人才家属参加各类休闲娱乐文艺活动，丰富其精神生活。通过做精做细服务，减少人才在外创业奋斗的后顾之忧。

共谋发展激发荣誉感。将乡情作为优化社会治理的重要力量，激发其建设家乡的自豪感和荣誉感。推荐相关代表参加两会及其他重大会议，在重大项目出台、重要政策制定过程中充分征求在外人才意见；在重大活动、重要节假日期间组织开展乡情茶话会、恳谈会，坚持乡镇（街道）每年召开乡情大会，成立线上"乡情会"，邀请在外人才为家乡发展把脉问诊、建言献策。实施"青蓝工程"，积极组织院士专家、名校学子开展"母校行"、"家乡行"活动，与师生面对面交流、演讲，推动乡情文化的传承发展。同时，加强对贡献突出人才的宣传表彰，近年来，已有多位人才获评回乡创业、招商引资"两大功臣"，形成较好的示范效应。

（三）升级平台"聚贤"，构建回归"强磁场"

赛事活动提档升级。举办高规格、高层次的赛事活动是聚焦乡情目光最有效的途径。近年来，嵊州市加大"走出去"引才步伐，策划系列赴一线城市的赛事和活动。仅 2023 年就举办了上海·嵊州人才周、浙江大学"嵊州日"、西安交大嵊州高层次人才研修班等高能级活动 10 余场，组织了赴京、沪、深、杭、海外的"万亩千亿"新产业平台全球创业大赛新能源装备专项赛，进一步打响"才聚嵊州"金名片。在活动间隙，围绕"越响行动"、"富乐嵊州·越来越好"等主题举办嵊籍企业家、高层次人才交流座谈会，讲述嵊州故事、对接发展需求、挖掘人才项目，得到在外人才群体的肯定和支持。

建强校地合作平台。面对本地无高校，技术研发条件不够，产业转型升级难的困境，嵊州市积极对接大院名校，根据产业图谱针对性引入"外脑"，共建了一批校地研究院。为推进传统厨具产业转型升级，引进嵊州市浙江工业大学创新研究院；为提升丝产品附加值开拓"新蓝海"，引入浙江理工大学嵊州创新研究院。此外，为布局新能源、生物医药、高端装备等新兴产业，嵊州市还计划与同济大学共建新能源汽车嵊州创新中心，与西安交通大学共建长三角产教融合研究院。嵊州市依托"政府＋高校＋企业"创新平台建设，加快原创技术开发和成果转化，为传统产业转型和新兴产业壮大提供强大助力。值得一提的是，各大研究院的引进均不同程度依托高校乡情的推动，研究院的落地又反过来为乡情引才提供了更具承载力的平台。

着力招引重大项目。具有发展潜力的产业是人才最好的"蓄水池"。近年来，嵊州市瞄准"大好优"项目，围绕"产业链招商"，着力招引龙头企业，注重补齐产业链的高端环节和关键缺失环节，形成重点突出、优势互补、链条完整的产业格局。在项目招引过程中，一方面，发挥在外人才智力、人脉、资金等优势，优选80余名人才组建招商引才顾问团，通过产业规划征询、商会联谊交流、客商及项目引荐等方式，广泛收集契合嵊州产业发展的人才及项目信息回流500余条。另一方面，推行重点建设项目"施工预许可＋承诺制"容缺受理等改革，成立在外人才项目"全生命周期"服务团。对于意向入驻的优质项目，通过专班化推进项目、个性化定制服务、全要素倾力保障，全流程跟进保障项目极速落地。如针对总投资130亿元的人才项目——比亚迪动力电池项目从签约到投产仅用不到10个月时间，跑出了项目建设的"嵊州速度"。

（四）服务管理"留贤"，打造营商"最优态"

在打造产业"硬实力"的基础上，嵊州市深入推进营商环境优化升级"一号改革工程"，聚焦打造"嵊利办"品牌，唱响"服务"、"管理"、"政策"三部曲，为乡情引才提供优质"软环境"。

服务升级，"增值增速"优化服务链条。开通"民情日记直通服务"、"市长直通车"、"纪委书记直通码"，落实领导干部、重点部门联系企业制，搭建政企高效沟通平台。根据才企需求推进政务服务改革，完成覆盖全市的"一网通办"网点建设，做到90%民生事项可在镇街办理。推进企业开办"一件事"，通过"个人全生命周期档案"应用实现档案证明无纸化。打造企业综合服务中心，按招商、人才、涉外、金融等功能分类，提供一站式、集成式综合服务。组建企业"管家团队"，全流程提供"店小二"式代办服务。同时推进解决急难愁盼问题，明确164项跨省办事项、打造"24小时不打烊"政务大厅，有效回应各类人员和企业需求。

细化管理，"有力有度"维护市场秩序。注重保障人才、企业的合法权益，探索司法改革护企，推出公检法司领域30余条定制化服务，成立中小企业创业基地服务站共享法庭，构筑民营企业合法权益保护法治闭环。深化"大综合一体化"改革，全面推行"双随机、一公开"、"综合查一次"联合执法机制，切实做到"进一次门、查多项事、一次到位"。同时注重拓展企业信用修复范围，已帮助修复200余条不良信息，提振企业信心。在法律援助方面，组建买卖合同人民调解委员会，形成"行业纠纷协会解、商人纠纷商会解"工作模式，实现涉企纠纷诉前化解。在服务的基础上科学管理、有效监督，营造公平、公正、透明的市场环境，有利于企业和人才"安下心"，扎根嵊州干事创业。

完善政策，"开放包容"优化发展生态。出台《关于对"三大回归"工作进行专项考核的通知》，迭代升级"1+9+X"政策体系，发布特色惠企、人才招引奖补政策。重点在以下几方面进行优化完善：一是破除市场"隐形壁垒"。严格落实市场准入负面清单，取消企业差异化待遇，做到"非禁即入"。深化招投标领域改革，上线电子交易系统，提升流程的规范性和透明度。推行"公共资源交易＋电子保函"服务，以少量手续费替代大额保证金，节约企业成本。

二是强化项目"要素保障"。扩大制度开放，推动各领域规则、标准、政策、机制与先进地区协调统一。在要素流动、项目招引等领域推出一批创新举措，对符合条件的乡情项目在土地指标、人才认定、用工保障等方面提供绿色通道。

三是加强乡情"奖补激励"。对全职引进高层次人才的在外人才给予一定激励，并对回流人才和引介的人才在健康医疗、子女教育、住房补贴、交通出行等方面进行政策倾斜，最大程度便利其在嵊州的生活。

经过上述几个方面的齐抓共管，嵊州市的乡情引才工作取得了较大进展：

一是人才领域层次更加分明。通过建立"三会三站"组织网络，构建在外人才分层分类管理新格局，成功打造重点城市招才引智桥头堡。引才网络涵盖优秀企业家、专家教授、行业精英、名校学子等群体，实现了在外嵊籍人才全球覆盖。

二是乡情产业引领作用更加显著。近年来，嵊州市共引进弗迪电池、贝达药业、长鸿生物等亿元以上乡情项目近百个，总投资超 1000 多亿元，引进各级领军人才数十人、高校毕业生 3 万余人，创造就业岗位 2 万余个。乡情企业成为嵊州新兴产业的领头企业，如比亚迪聚焦新能源领域，贝达药业、长鸿生物引领生物医药产业发展，以他们为核心的产业集群正在加速成型。

三是乡情引才金字招牌更加闪亮。通过完善资源回流政策通道，"乡情引才"逐渐成为一种共识与常态，在外人才主动引荐意识不断增强，陆续引介推动晶越半导体、涵清科技等优质人才项目落地，多名国家级、省级领军人才入职嵊州，"才聚嵊州"的影响力不断增强。

四、县域乡情引才存在的问题

尽管纵向来看，嵊州市乡情引才成果显著。但是，近年来，为响应国家"打造人才高地"的号召，各地人才和项目竞争日趋激烈，尤其是有长远投资价值、能引领带动产业发展的项目，各地之间竞争激烈。在一线城市逐渐"放低姿态"，大幅提升奖补力度的背景下，以嵊州市为代表的县域城市引才依然面临诸多困境，具体到"乡情引才"维度，可阐述为以下几对矛盾：

（一）项目人才回流和产业承载力不够之间的矛盾

相较于一线城市，县域城市虽然通过政府支持和政策倾斜，在地价、税费等方面具有一定优势，但还是面临着最重要的阻碍因素，即产业承载力不够的问题。具体而言：第一，高等院校、研究机构、检测机构等缺乏，企业难以便利且低成本地获得技术、资源支持，尤其是生物医药、信息通信、新材料等新兴技术行业，项目回流阻碍较多。第二，交通日渐便捷，县域城市劳动力向大城市流动，原先的劳动力成本优势下降，而除招工难之外，企业还需面对因员工素质参差不齐带来的培训成本上升问题。第三，规模效益形成之前，运输成本、营销成本等难以压缩，大部分非头部企业不愿冒风险转移产业，而新的创业企业则更依赖于当地已有的产业基础，重新开辟一片天地显然挑战较大。

（二）人才思归情切和配套服务跟不上之间的矛盾

随着"月影剡溪"城市 Logo 的发布和"越嵊州·越有戏"口号的不断喊响，越来越多在外人才被环境优美、底蕴深厚、有烟火气的家乡吸引。然而，配套资源、设施和服务与一线城市的明显差距阻碍了人才的回乡路。越商大会上，不少在外人才提到，有创业创新潜力的人才，大部分处于"上有老、下有小"的状态，对于医疗和教育资源的需求最为迫切。而目前，嵊州和杭州、上海相比，还是缺乏名医名校。除此之外，在文化馆、歌剧院、体育馆等文化、休闲、娱乐、健身设施和服务方面的供给也尚未完全满足人才的多样化需求。

（三）乡情引才工作重要性和成效难以及时显现的矛盾

乡情引才工作需要绵绵发力，久久为功。嵊州市已将乡情引才工作纳入考核，但具体执行中存在一定困境。一方面，相较于人才入选数、项目落地数等刚性指标，人才走访次数等指标无法真实体现工作成效。另一方面，由于行政村撤并、岗位调整等因素，很多干部对本地乡情了解不够，尤其对金融界、文艺界、新闻界等领域的在外人才关注较少。要做到全域乡情的多维度信息开发和关系的常态化维护，还需建立和完善行之有效的考核激励机制。

五、激活乡情引才动能的创新路径

（一）做强做优全产业链，以规模优势提升项目承载吸附力

培育好引才"沃土"是乡情引才的基础，强大的产业链和优势产业集群便是这片"沃土"。县域城市要因地制宜制定产业发展规划，聚焦优势产业、新兴产业、未来产业引进"龙头企业"，打造高能级产业平台，做优做强全产业链，打磨出优势明显、规模庞大、影响显著的产业集群，不断增强对优质企业、项目的吸引力。以嵊州市为例，要聚焦生物医药、新能源等重点领域，把握义甬舟开放大通道建设契机，依托5G产业园、生命健康产业园、"万亩千亿"通道产业园等重大载体，加快剡溪创新带建设，引进更多"链主"型企业，补足上下游配套项目，连点成链，集点成群，形成规模效应，产业之"花"盛开，人才之"蝶"自来。

（二）优化人才发展生态，系统提升全域公共服务配套水平

"发展生态"之于人才，如同"产业基础"之于企业。留"贤"、留才的关键在于提供宜业、宜居的发展生态。具体来说，包括公正平等的市场环

境、简洁高效的政务环境、开放包容的人文环境、健康平安的人居环境、绿水青山的生态环境等。县域城市要保持生态、人文、服务等方面的优势，努力打造医疗、教育等方面的新优势，以近悦远来的人才生态引才、留才。例如，嵊州市坚持写好"服务"文章，当好"店小二"，让人才感受到政府的效率，更感受到政府的温度。同时，不断加大优质公共服务供给，推进教育优先发展，深化健康嵊州建设，通过引进镇海中学嵊州分校、升级镇街卫生院等措施，加强优质资源引进和基础设施建设，让人才安居嵊州。

（三）优化升级政策体系，探索出台乡情回归激励政策

要真正激活在外人才群体在招才引智方面的持续动能，超越偶然的"牵线"，必须用"乡情感召"和"制度激励"双管齐下，形成乡情引才的体制性优势。可在现有人才、招商政策的基础上，开发"乡情模块"，出台乡情回归、乡情引才、乡情招商的激励政策，对乡情概念、招引方式、成果界定、奖补类别和额度进行明确，将在外人才纳入奖补范围，让助力打造人才高地的每一个人才都能共享人才助推发展的成果。此外，对于各行各业的在外人才，特别是两院院士、国内外顶尖专家、500强企业企业家等杰出乡情群体，可在政策允许范围内，对住房配备、宅基地审批、名医资源结对等方面予以照顾和倾斜，既欢迎其回乡安居养老，也鼓励其以柔性回归的方式为家乡传输智力和资源。

（四）营造崇贤尊贤氛围，深入培养干部群众招才纳贤意识

深化乡情是持之以恒的事业，需要干部群众的协同努力。面向干部群众，通过乡情荣誉颁发、杰出乡情事迹宣传、举办乡情讲堂等形式，广大干部群众能深切感受到在外人才对家乡发展的引领力和推动力，在全社会营造崇贤尊贤的氛围，引导干部群众在日常工作、生活中，做"有心"的"识贤人"，全方位挖掘各个领域的乡情信息。面对在外人才，搭好"情"字平台，做足"情"字文章，积极当好组织员、联络员、服务员，增设联络联谊

平台，丰富联谊联络手段，激发人才思乡爱乡之情，如定期多形式、全方位地介绍家乡新变化，积极开展信函往来、寄送贺卡、发送微信，帮助解决实际困难和问题。同时，加强对回归企业和在外成功人士的宣传，激发乡情回归的荣誉感和投资热情。总之，做好一切"关键小事"，让乡情"日久弥坚"。

（五）建强用好"飞地"资源，创新发展乡情"地瓜经济"

对县域城市而言，产业的成熟和基础设施的进步无法一蹴而就，在此之前，要减弱基础条件薄弱对引才造成的影响，最大程度开发乡情资源，可以加强对一线城市"飞地"载体的开发和利用，创新发展乡情"地瓜经济"。可优先引进符合县域产业发展规划、轻资产、非劳动密集型的企业和团队，但当地暂时无法承载的创业创新团队或初创企业，先进行技术孵化和市场开发，待成熟后再努力引入当地，缓解企业和团队因水土不服带来的阵痛，提升人才和项目落地的可能性和对当地的贡献率。以嵊州市为例，驻杭研发飞地在 2023 年新增入驻企业 25 家，孵化 8 家，其中乡情企业占50% 以上，大大提升了嵊州对乡情资源的有效利用。

第十九章

新昌县新时代卓越工程师培育路径的实践思考

近年来，新昌县持续深化卓越工程师"引、育、留、评"全链培育机制，持续深化"1+2"工程硕士联合培养新昌模式、产业工程师协同创新中心等工作机制，并取得了一定成效。为进一步总结新昌县在卓越工程师培育工作中的经验做法，了解制约其作用发挥的瓶颈，并提出行之有效的优化提升措施，课题组开展了深入调研。本章聚焦产才融合，探索和思考如何依托卓越工程师培育工作载体，构建起与新型工业化相匹配的人才引育体系，为推进经济高质量发展建设提供人才智力支撑。

一、新昌县卓越工程师队伍及平台现状

近年来，新昌县深入实施"人才强县、创新强县"首位战略，以打造"天姥英才"创新策源高地为主线，全方面培养、引进、用好人才，为经济社会高质量发展提供强大的人才支撑和智力保障。在卓越工程师队伍培育方面，新昌县围绕"39X"产业集群，在引进培育产业人才，特别是国家级领军人才、省级领军人才、绍兴"名士之乡"英才计划人才方面已取得明显成绩，在创新平台搭建方面也取得突破。

二、新昌县卓越工程师培育的主要做法和成效

（一）广开渠道"引才"，赋能提质增效硬实力

树立开放引才视野，优化统筹国内、国外引才渠道，加大高素质技能型人才引进力度。

一是坚持产才融合，精准服务企业。围绕"产业链"布局"人才链"，紧密结合新昌县"39X"产业发展需求引进所需人才，建立企业人才需求库，形成了以产聚才、以才兴产的良好态势。发挥平台优势，成立浙江大学—新昌联合创新中心（天姥实验室），依托浙江大学动物医药、智能制造、县域创新等领域优势，构建"3+N"研究体系，为新昌高端智能装备、生命健康、汽车零部件（大交通）等支柱产业搭建起更高能级的工程师引育平台。

二是优化引才模式，扩大人才队伍。强化全职引才，深化以赛引才、活动引才、乡情引才、双招双引等选才机制，开展高端智造人才发展论坛、科学家走进新昌等"531 科技日·人才周"系列活动，拓宽企业引才渠道。坚持"不求所有，为我所用"的柔性引才模式，深化"飞地＋高创园＋基金"引育模式，以科技项目、创新平台为载体，有效解决企业技术创新问题。

三是落实政策奖补，降低引才成本。对企业紧缺急需的顶尖人才，经认定可实行"一人一策"奖补政策。迭代升级人才新政，全面落实工程师引进、落地、培育、安家等方面落实政策保障，推进各类型各层次工程师引育，集聚"双一流"高校优质毕业生，大力引育技能型人才，实施"天姥雁栖"计划，在津贴补助、贷款担保、职称评定等方面予以优先支持。

（二）固本强基"育才"，提升技术创新支撑力

关注人才的全面发展，在提高产业技术的同时提升其创新思维、团队

协作和跨学科思维能力，实现从"理论＋"到"实践＋"再到"应用＋"的跃升。

一是从理论到实践，把"课堂教学"变为"车间践学"。深化校地合作，建立工程硕士"1+2"联合培养机制，根据专业学位研究生联合培养需要，在新昌40多家企业建立研究生实践基地。研究生入学后，一年在学校进行专业知识学习，两年到新昌企业开展技术难题攻关，根据企业提出的技术难题清单，建立以教授导师为课题责任人、企业导师配合指导、研究生团队组织实施的培养机制，同时采用以企业技术项目为牵引，以专业培养目标为基础的培养原则，研究课题从基础理论转向企业发展亟待解决的"卡脖子"问题，企业技术难题由"虚位以待"变为"教授＋研究生团队联合攻关"，相关成果第一时间应用在产品工艺改良、技术瓶颈攻克及新产品开发等领域。

二是从车间到课堂，把"土技工"培育为"工程师"。在外引进人才的同时加大对本土人才的挖掘培养力度，依托浙江工业大学、浙江理工大学新昌技术创新研究院等高校资源，开展"学历＋职称"双通道提升行动，针对本地企业技能型员工开设学历提升函授班（专升本、本升硕），将大学课堂搬到家门口，并开设职称进阶专业课程和专题政策解答培训，帮助技能型人才获得专业培训指导，促进个人全方位发展。

三是从横向到纵向，把"专业单技"转为"综合培养"。强化链式跨学科综合理念，以产业链协同创新为工作手段，以产业链协同创新中心为工作平台，鼓励支持龙头企业开展产业链上下游协同创新，完善专业技能人才的知识协同体系，通过成立联合体等方式，以研发项目为载体进行联合培养，目前已在纺机、轴承等产业领域开展了项目探索。立足"两化融合"对数字技术的需求，依托全国工业和信息化重点领域产业人才基地开展数字化人才培养，深化装备数字化产教融合，为装备数字化创新发展提供人才支撑。

（三）优化机制"留才"，集聚氛围促进向心力

一是强化机制引导，压实企业主体责任。出台《激发企业引才活力专项服务计划》，针对企业引才意识不强、人才科创资源分散等问题，创新推出企业自主引才"伯乐奖"、人才亩均效益评价机制、企业职称自主评审等举措，不断激发企业"引育用留"人才主体效能。发挥考核指挥棒作用，将人才密度和创新强度作为新昌规上工业企业亩均效益评价重要指标，对于符合要求的企业予以直接提档升级，通过科学测评企业人才创新指数，推动能源、土地等资源要素向人才工作先进企业倾斜。

二是强化政企联动，搭建留才用才平台。构建"平台共同培育、项目联合攻关"的协作机制，推进各类企业科技创新平台建设，为全县重点产业和战略性新兴产业发展提供平台支持。聚焦产业共性技术研究，投建公共研发平台，以轴承产业工程师协同创新中心为载体，建立企业攻关课题"揭榜挂帅"机制，引导同类企业之间人才共享，有效促进各类要素良性循环。

三是优化人才服务，构筑良好发展生态。依托创新服务"云局"，跨界整合多个部门创新职能，重塑人才科创工作流程，实现创新服务"一网融合、一门办事、一键协同、一链闭环、一体赋能"，开展"增值式"创新服务。推进全球科学家静思社区建设，建成投运高层次人才之家，构建"1+N"人才之家体系，打造"天姥英才"创新策源高地。成立10亿元规模的人才科创投资基金，组建人才集团，并围绕企业人才需求，实施"项目引才"工程，建立服务专班制度，实行人才工程建设项目"拿地即开工"审批和"审批服务共同体"机制，提供全程帮办代办服务，搭建人才项目审批"直通车"。

（四）完善机制"评才"，激发跃升发展恒动力

一是打通职称晋升通道。开展职称评审制度改革，在特色产业共建研

究院（协会）、头部企业中试行中级职称自主评审，三花智能、新和成分别被列为"机电工程"和"石化工程"中级职称评审点，评价点的设立将大幅提升企业积极性，打造一支属于自己的工程师队伍。依托轴承协会申请"机械工程"中级职称评审点，探索将工程师学习参训、实操能力、服务情况等纳入考评，破除学历、资历条件制约，让更多技能型人才享受更好的人才待遇。

二是搭建以赛选才平台。建立健全高素质技术技能人才选拔方式，开展行业技术技能竞赛等活动，鼓励企业开展内部员工技能比武，组织优秀技能选手参加国家级技能大赛，达到以赛提升专业素质的目的。

三是做好职称评审工作。规范职称评审工作程序，推动企业建立以职业能力为导向、以工作业绩为重点，注重职业道德和知识水平的技能人才评价体系，并稳步推进企业技能人才评价制度推广工作，扩大评价试点工作范围。

三、制约卓越工程师培育实效发挥的瓶颈

（一）协同合力有待加强

工程师的培养是一项系统性工作，需要部门、高校、企业、行业协会多方联动，三方需更加深入合作，精心设置培育体系，在学科教学、实践教学、后勤保障等多个环节有机统筹、有效衔接，更好发挥多方力量，而当前在多方信息实时共享和紧密合作方面仍然存在一定不足，导致了协同合力尚未得到充分发挥。

（二）培育模式有待优化

现代工程不再是单一学科的领域，而是需要多学科综合应用的，在这一背景下，培育一名卓越工程师需要有多学科的背景和交叉融合思维，培

育模式应该更加注重综合能力的提升，将创新型、综合化、全周期工程教育理念贯穿人才培养全过程、各环节。而当前立足于培育模式还较为单一，一定程度制约人才培育的全面性。

（三）评价机制有待完善

从目前来看，卓越工程师计划工作已经启动多年，但尚未明确定人才分层分类评价标准，浙江省已启动的卓越工程师推荐评选工作，尚未明确培育支持的具体政策措施，一定程度上影响了卓越工程师人才的培养。

四、新形势下推进卓越工程师培育工作的意见建议

在高速发展的科技时代，卓越工程师的培养显得尤为重要，加快卓越工程师队伍培育建设，是形成"产业激励人才、人才成就产业"良性发展格局的关键。结合新昌县工作实际，提出三点建议：

（一）聚焦联动机制，落实产学研用深入合作

强化高校培育阵地作用，聚焦工科类技能型人才培育，依托已有的校地合作研究院，建立长期合作关系，共同制定卓越工程师培养计划，提供专业指导和资源支持。发挥企业实践载体作用，进一步深化"1+2"工程硕士联合培养机制，完善在校学生实训培育和在职技工的学历提升双向通道，以项目为依托，深化校企人才共育共培，为企业输送更多技能型人才。建立部门联动保障机制，形成上下联动、横向到边的工作合力，由组织部门牵头抓总，教育、经信、科技、人社等条线深度融合，形成多跨协同发展的工程师培育新格局。

（二）聚焦培育体系，落实科学量化培育模式

突出专业知识技能的培养，通过系统化的培训计划和课程，提升工程

师的专业知识和技术能力，使其能够应对复杂的技术问题和项目挑战。突出创新意识和能力的培养，鼓励工程师积极探索和创新，提供自主创新的平台和机会，提升创新思维和解决问题的能力。突出团队合作和沟通能力的培养，组织团队合作项目，培养工程师的团队协作和沟通能力。突出实践经验和项目管理能力培养，在培训方式上探索线上线下联动，建立"理论＋"、"数字＋"、"实践＋"三个体系，让工程师获得实践经验和项目管理能力。突出跨学科培养，探索与不同学科的高校合作，加强工程师的跨学科培养，开设交叉学科的课程和实验室，培养工程师的创新思维和综合能力。

（三）聚焦激励评价，落实保障人才发展活力

探索制定对卓越工程师的激励和评价机制，鼓励支持在创新研究和工程实践方面取得成就，并对其进行表彰和奖励。后续新昌县将以轴承产业为试点，探索岗位能力评价标准和培训体系，建设制定产业人才技能／岗位评价标准体系，构建以岗位能力要求、岗位能力评价方法和评价等级等为主要内容的评价模式。

后 记

人才是富国之本、兴邦大计。习近平总书记在党的二十大报告中强调，必须坚持"人才是第一资源"，深入实施"人才强国战略"，坚持"人才引领驱动"。2023 年 9 月，习近平总书记亲临浙江考察，为浙江的发展指明了方向，要求浙江在以科技创新塑造发展新优势上走在前列，提升对人才的吸引力，把浙江打造成为各类人才向往的科创高地，赋予浙江在中国式现代化新征程上勇当先行者、谱写新篇章的新定位新使命。在新的历史起点上，浙江坚持人才引领发展的战略地位，聚天下英才而用之，作出全面加强高素质干部队伍、高水平创新型人才和企业家队伍、高素养劳动者队伍的重要部署，旨在形成浙江成就人才、人才成就浙江的良性互动格局，为奋力谱写中国式现代化浙江新篇章提供有力人才支撑。

近年来，绍兴市深入学习贯彻习近平总书记考察浙江重要讲话和考察绍兴重要指示精神，深刻领悟使命导向、战略意涵、实践路径和方法策略，紧扣"谱写新时代胆剑篇"新定位新使命，按照"图更强、争一流、敢首创"要求，强力推进创新深化、改革攻坚、开放提升，积极贯彻落实省委新春第一会精神，把全面加强"三支队伍"建设作为谱写新时代胆剑篇、勇闯现代化新路子的突破性抓手，推动各类人才在绍兴各尽其才、大显身手、奋发进取、竞相奔腾。

组织编写《绍兴人才发展蓝皮书（2024）》，是中共绍兴市委党校作为党委的重要部门，在党的二十届三中全会召开前后，更好发挥党的思想理论建设的重要阵地、党和国家的哲学社会科学研究机构和重要智库作用的责任所在、使命所系，也是党校在新征程上勇担使命、展现新作为的体现。

本书通过总论、政策法规篇、产业人才篇、企业人才篇、人才环境篇、典型案例篇六个篇章，共计二十章的详细论述，系统回顾了近年来绍兴市深入实施科技创新和人才强市首位战略、加快打造新时代"名士之乡"人才高地的一系列实践探索，综合运用描述性研究、案例分析、数量分析与系统总体归纳相结合等科学方法，全面总结经验成效、剖析短板弱项、提出对策建议。这些成果凝聚了编写团队的集体智慧和心血，是对绍兴市人才工作的一次全面梳理和深刻总结。编写工作在中共绍兴市委党校校委会的领导下、举全市党校系统之力进行，校委会将本书编写工作列入学校2024年重点工作清单，多次召开会议讨论书稿编写和书籍出版的具体工作。常务副校长孟志军提出全书的总体思路和编写要求；副校长戴大新修改审定编写提纲和全书书稿；人才发展研究中心和研究室承担了具体的组织协调、稿件编校和集中统稿等工作；全体作者数易其稿、精益求精，按时高质量完成书稿，为本书的顺利出版付出了劳动和汗水。

全书各章节作者如下：

总论：王麒麟；第一章：陈芳敏；第二章：王麒麟；第三章：王麒麟；第四章：杨宏翔；第五章：闪月、王麒麟；第六章：丁赛姐、王麒麟；第七章：王麒麟；第八章：王麒麟；第九章：丁丁、王麒麟；第十章：杨焕兵；第十一章至第十九章：王麒麟。

本书的问世，还得益于绍兴市各级党委、政府及相关部门的大力支持与积极协助。在此，谨对所有支持和帮助本书编写工作的领导、专家和同志们表示衷心的感谢！

本书系绍兴发展研究中心"解读绍兴"系列的第27部成果，也是干部教育培训的参考教材，尽管编写团队倾注大量心血，书中仍可能存在疏漏或不足之处，恳请社会各界的专家学者和广大读者予以批评指正。

中共绍兴市委党校编写组

2024 年 8 月